FiNALE Prüfungstraining

Mittlerer Schulabschluss /
Erweiterte Berufsbildungsreife 2017
Berlin und Brandenburg

Mathematik

Bernhard Humpert
Prof. Dr. Dominik Leiss
Dr. Martina Lenze
Dr. Bernd Liebau
Ursula Schmidt
Peter Welzel
Prof. Bernd Wurl
Prof. Dr. Alexander Wynands

westermann

Liebe Schülerin, lieber Schüler,

FiNALEonline.de ist die optimale Ergänzung zu diesem Heft. Hier findest du folgende Zusatzmaterialien:

- die Original-Prüfungsaufgaben 2016 nach Eingabe des Codes: **MAr18za**
- den kostenlosen FiNALE Online-Test
- allgemeine Tipps zur Prüfungsvorbereitung

Mach den Test!
Mit dem kostenlosen **FiNALE Online-Test** kannst du vorab deinen Leistungsstand ermitteln. Das Testergebnis verweist dann auf bestimmte Seiten in diesem Heft, mit denen du zu deinem Fehlerschwerpunkt üben kannst.

Unser Download-Angebot für Lehrer und Lehrerinnen:
die FiNALE Lehrerhandreichung zum optimalen Einsatz dieses Heftes im Unterricht

Einfach mal reinschauen: www.finaleonline.de

Bildquellenverzeichnis:
41.1: Expert Gear UG, Mönchengladbach; 46.1, 63.1: wvgw Wirtschafts- und Verlagsgesellschaft Gas und Wasser mbH, Bonn; 47.1 (dpa), 47.2 (dpa): Picture-Alliance GmbH, Frankfurt/M.; 51.1 u. 2: Prof. Dr. D. Leiss, Lüneburg; 65.1: wikimedia.commons; 65.2: Dr. Martina Lenze, Berlin; 77.1: Prof. Dr. D. Leiss, Lüneburg; 77.2: Dr. Bernd Liebau, Leipzig; 83.1: Dr. Martina Lenze, Berlin; 86.1 u. 2: Prof. Dr. Alexander Wynands, Königswinter; 87.1: ddp images GmbH, Hamburg (AP/Seth Wenig).
Trotz entsprechender Bemühungen ist es nicht in allen Fällen gelungen, den Rechtsinhaber ausfindig zu machen. Gegen Nachweis der Rechte zahlt der Verlag für die Abdruckerlaubnis die gesetzlich geschuldete Vergütung.

© 2016 Bildungshaus Schulbuchverlage
Westermann Schroedel Diesterweg Schöningh Winklers GmbH, Braunschweig
www.westermann.de

Das Werk und seine Teile sind urheberrechtlich geschützt. Jede Nutzung in anderen als den gesetzlich zugelassenen Fällen bedarf der vorherigen schriftlichen Einwilligung des Verlages.
Hinweis zu § 52 a UrhG: Weder das Werk noch seine Teile dürfen ohne eine solche Einwilligung gescannt und in ein Netzwerk eingestellt werden. Dies gilt auch für Intranets von Schulen und sonstigen Bildungseinrichtungen.
Für Verweise (Links) auf Internet-Adressen gilt folgender Haftungshinweis: Trotz sorgfältiger inhaltlicher Kontrolle wird die Haftung für die Inhalte der externen Seiten ausgeschlossen. Für den Inhalt dieser externen Seiten sind ausschließlich deren Betreiber verantwortlich. Sollten Sie daher auf kostenpflichtige, illegale oder anstößige Inhalte treffen, so bedauern wir dies ausdrücklich und bitten Sie, uns umgehend per E-Mail davon in Kenntnis zu setzen, damit beim Nachdruck der Verweis gelöscht wird.

Druck A[1] / Jahr 2016
Alle Drucke der Serie A sind im Unterricht parallel verwendbar.

Redaktion: Dr. Heike Bütow
Kontakt: finale@westermann.de
Layout: Druckreif! Sandra Grünberg, Braunschweig
Umschlaggestaltung: Janssen Kahlert Design & Kommunikation, Hannover
Zeichnungen: Peter Langner; Illustrationen: Dietmar Griese
Druck und Bindung: westermann druck GmbH, Braunschweig

ISBN 978-3-14-**171788**-4

Inhaltsverzeichnis

Vorwort zur Arbeit mit FiNALE 4

Teil A: Basisaufgaben 6

Eingangstest 6
Lösungen zum Eingangstest und Übungsaufgaben 12
Abschlusstest 36

Teil B: Komplexe Aufgaben 42

Eingangstest 42
Lösungen zum Eingangstest und Übungsaufgaben 52
Abschlusstest 78

Teil C: Zentrale Aufgaben Berlin/Brandenburg 88

Prüfungsarbeit 2016: **www.finaleonline.de**
Prüfungsarbeit 2015 88
Prüfungsarbeit 2014 96
Prüfungsarbeit 2013 100

Formelsammlung 104

Stichwortverzeichnis 108

Die Lösungen zu den beiden Eingangstests (S. 6 – 11 und S. 42 – 51) befinden sich hier im Arbeitsheft (S. 12 – 34 und S. 52 – 77).

Die Lösungen zu allen anderen Aufgaben befinden sich im beigelegten Lösungsheft.

Vorwort

Was erwartet dich in diesem Heft?

Zum Abschluss des Schuljahres 2016/2017 wird wieder eine einheitliche Abschlussprüfung im Fach Mathematik zum Erwerb der erweiterten Berufsbildungsreife bzw. des mittleren Schulabschlusses (MSA) durchgeführt.
Für den Erwerb der erweiterten Berufbildungsreife müssen grundlegende Aufgaben sicher gelöst werden, für den Erwerb des MSA zusätzlich noch anspruchsvollere (Teil-)Aufgaben. Diese Aufgaben sind in diesem Arbeitsheft – wie auch in den zentralen Prüfungen – durch ein Sternchen * gekennzeichnet.
Dieses **FiNALE-Arbeitsheft** mit dem zusätzlichen *Lösungsheft* unterstützt dich bei deiner selbstständigen Vorbereitung. Es enthält drei Teile A, B und C mit den Lösungen zu allen Test- und Übungsaufgaben sowie zu den Prüfungsarbeiten aus früheren Schuljahren.
Bevor wir den Aufbau des Heftes erläutern, noch ein wichtiger Hinweis für deine Vorbereitung:
Arbeite in Etappen von höchstens 90 Minuten! So vermeidest du Konzentrations- und Ermüdungsfehler!

Teil A

In diesem Teil wird das Bearbeiten von **Basisaufgaben** trainiert. Am Anfang steht ein **Eingangstest zu den Basisaufgaben** (S. 6 bis 11). Hinter jeder Aufgabenüberschrift ist vermerkt, auf welcher Seite des Arbeitsheftes du die **ausführliche Lösung der Testaufgabe** findest.

Im anschließenden Abschnitt (S. 12 bis 35) findest du jeweils Doppelseiten. Auf der linken Doppelseite stehen in der **linken Spalte ausführliche Lösungen zu den Testaufgaben.** Hier kannst du überprüfen, welche Aufgaben des Eingangstests du richtig gelöst hast.
Wir empfehlen dir dringend, auch bei richtiger Bearbeitung, die ausführliche Lösung der jeweiligen Aufgaben des Eingangstests durchzuarbeiten, da es dort bisweilen auch wichtige Informationen gibt, die über die Aufgabe selbst hinausgehen.
Neben den Lösungen stehen in der rechten Spalte passende **Übungsaufgaben**.
Die ausführlichen Lösungen zu den Übungsaufgaben findest du im **beiliegenden** *Lösungsheft*.
Die rechten Doppelseiten sind Musterbögen, die dir helfen, **deine Lösungen zu den Übungsaufgaben übersichtlich darzustellen** und Endergebnisse von Zwischenrechnungen deutlich sichtbar zu trennen. Zu deiner Arbeitserleichterung findest du dort bereits Platz für Rechnungen und Lösungen vor, aber auch Zahlengeraden, Koordinatensysteme und Zeichnungen.

Ist das Vorbereitungstraining abgeschlossen, steht ab S. 36 ein **Abschlusstest zu den Basisaufgaben** bereit. **Die ausführlichen Lösungen** dazu findest du wieder **im beiliegenden** *Lösungsheft*. Der Abschlusstest ist aufgebaut wie der Eingangstest – natürlich mit anderen Basisaufgaben – und zeigt dir, wie viel dir das Vorbereitungstraining gebracht hat.

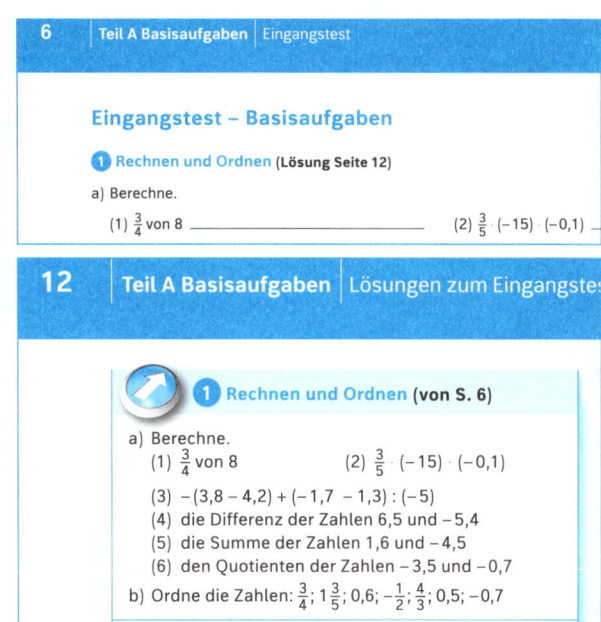

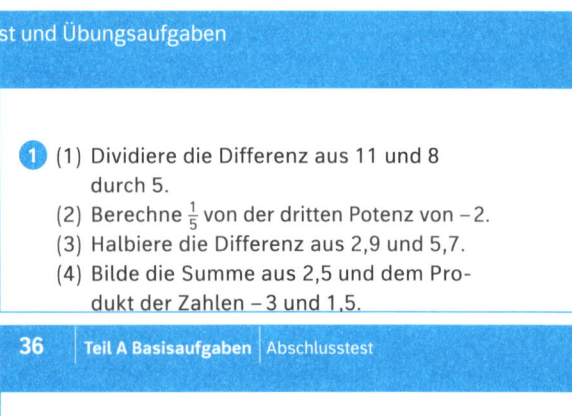

Hast du ernsthaft und gründlich gearbeitet, wirst du mit dem Nachweis einer erheblichen Leistungssteigerung belohnt werden!

Teil B

In diesem Teil wird das Bearbeiten von **komplexen Aufgaben** trainiert. Der Aufbau ist genauso wie im Teil A. Zu Beginn findest du einen **Eingangstest zu den komplexen Aufgaben** (S. 42 bis 51). Er ist umfangreicher als der Eingangstest im Teil A, und die Aufgaben sind aufwändiger und meist schwerer.
Hinter jeder Aufgabenüberschrift ist wieder vermerkt, auf welcher Seite des Arbeitsheftes du **die ausführliche Lösung der Testaufgabe** findest.
Im anschließenden Abschnitt (S. 52 bis 77) findest du **ausführliche Lösungen zu den Aufgaben des Eingangstests der komplexen Aufgaben**, und zwar auf jeder Seite in der linken Spalte nur die Lösung zu einer Aufgabe. In der rechten Spalte findest du wieder passende Übungsaufgaben, die dir ein intensives Vorbereitungstraining ermöglichen. Bearbeite diese Übungsaufgaben jetzt in einem DIN-A4-Heft mit karierten Seiten, auf denen du deine Zwischenrechnungen, Lösungen, Grafiken, Antwortsätze usw. nachvollziehbar und gut strukturiert notierst – wie in Teil A auf den Musterbögen. Eine solche Strukturierung erleichtert dir den Vergleich mit den **ausführlichen Lösungen zu den komplexen Übungsaufgaben im beiliegenden** *Lösungsheft*.
Am Ende des Teils B erhältst du durch einen **Abschlusstest zu den komplexen Aufgaben** (ab S. 78) eine Rückmeldung darüber, welchen Leistungszuwachs das Vorbereitungstraining auch für die komplexen Aufgaben gebracht hat. Die **ausführlichen Lösungen** findest du wieder im **beiliegenden** *Lösungsheft*.

Wegen der besonderen Bedeutung komplexer Aufgaben solltest du ein **Übungstagebuch** anlegen. Wir empfehlen dringend, zu jeder komplexen Aufgabe im Übungstagebuch zu vermerken, wie sicher und erfolgreich du die Aufgaben gelöst hast. Dann weißt du später, welchen Aufgabentyp du kurz vor der Abschlussarbeit noch einmal gründlich durcharbeiten solltest. Eine Vorlage dafür findest du unter **www.finaleonline.de** mit dem Codewort **MAr18za.**

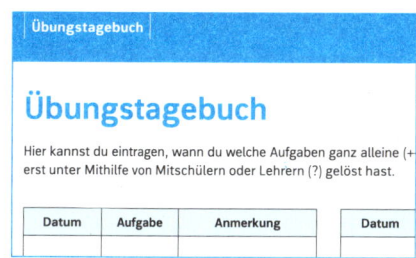

Teil C

Hier sind komplette Prüfungsarbeiten zum MSA in Berlin und Brandenburg aus früheren Jahren als weiteres Übungsmaterial zusammengestellt. Für deine optimale Vorbereitung sind hier nachträglich die Aufgaben mit einem Sternchen ★ gekennzeichnet worden, die vorrangig auf den Erwerb des mittleren Schulabschlusses abzielen. Mindestens eine dieser Arbeiten sollte zum Anlass genommen werden, den „Ernstfall" zu proben. Die komplette Prüfungsarbeit sollte genau mit den vom Ministerium zugelassenen Hilfsmitteln in der vorgeschriebenen Zeit bearbeitet werden. Die **ausführlichen Lösungen** findest du auch hier **im beiliegenden** *Lösungsheft*.
Zum Zeitpunkt der Drucklegung dieses Arbeitsheftes ist die zentrale Prüfungsarbeit im Fach Mathematik 2016 noch nicht geschrieben worden. Sobald die Prüfungsaufgaben zur Veröffentlichung freigegeben sind, können sie zusammen mit ausführlichen Lösungen kostenlos im Internet unter **www.finaleonline.de** und dem Codewort **MAr18za** heruntergeladen werden.

Formelsammlung:
Bei der schriftlichen Abschlussprüfung zum MSA im Fach Mathematik ist eine **Formelsammlung** zugelassen. Du findest eine solche Formelsammlung auf den Seiten 104 bis 107 und solltest sie verwenden, wenn du **FiNALE** durcharbeitest.

Lösungsheft:
Am Ende des Arbeitsheftes findest du eine Einlage (*Lösungsheft*) mit **ausführlichen Lösungen** in detaillierten Schritten **zu allen Übungsaufgaben in den Teilen A und B, allen Aufgaben der Abschlusstests in den Teilen A und B** sowie **allen Aufgaben in Teil C.**

Basiskenntnisse:
Passend zu diesem **FiNALE**-Arbeitsheft gibt es ein extra erstelltes Begleitmaterial **FiNALE-Basiswissen** (Bestellnummer 978-3-14-170011-4), das du zum Nachschlagen und intensiven Trainieren von Basiskenntnissen in Mathematik aus den vorangegangenen Schuljahren nutzen kannst.

*Das **FiNALE**-Team wünscht dir damit eine erfolgreiche Vorbereitung auf die Abschlussprüfung 2017!*

Eingangstest – Basisaufgaben

1 Rechnen und Ordnen (Lösung Seite 12)

a) Berechne.

(1) $\frac{3}{4}$ von 8 _____

(2) $\frac{3}{5} \cdot (-15) \cdot (-0,1)$ _____

(3) $-(3,8 - 4,2) + (-1,7 - 1,3) : (-5)$ _____

(4) die Differenz der Zahlen 6,5 und −5,4 _____

(5) die Summe der Zahlen 1,6 und −4,5 _____

(6) den Quotienten der Zahlen −3,5 und −0,7 _____

b) Ordne die Zahlen: $\frac{3}{4}$; $1\frac{3}{5}$; 0,6; $-\frac{1}{2}$; $\frac{4}{3}$; 0,5; −0,7

___ < ___ < ___ < ___ < ___ < ___ < ___

2 Rechteck (Lösung Seite 12)

Ein Rechteck ist 8 cm lang und hat einen Umfang von 30 cm.
Wie groß ist sein Flächeninhalt?

Flächeninhalt: A = _____

3 Nutzflächen in Deutschland (Lösung Seite 14)

In dem Diagramm rechts wird dargestellt, wie die Flächen in Deutschland genutzt werden.

a) Wie viel km² entsprechen 1 mm auf der x-Achse?

1 mm ≙ _____ km²

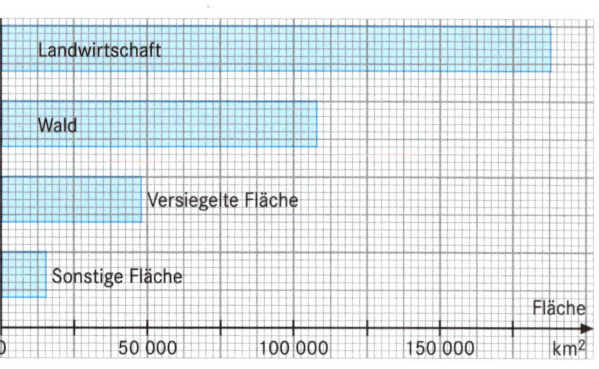

b) (1) Lies aus dem Diagramm ab und fülle die Tabelle aus. *Berechne die Gesamtfläche.*

(2) Bestimme die relativen Häufigkeiten und trage sie in die Tabelle ein. Runde auf volle Prozent.

	Flächen-inhalt (in km²)	Relative Häufigkeit (in %)
Landwirtschaft		
Wald		
Versiegelte Fläche		
Sonstige Fläche		
Gesamtfläche		

(3) Stelle die Anteile in einem Kreis- und einem Streifendiagramm dar.

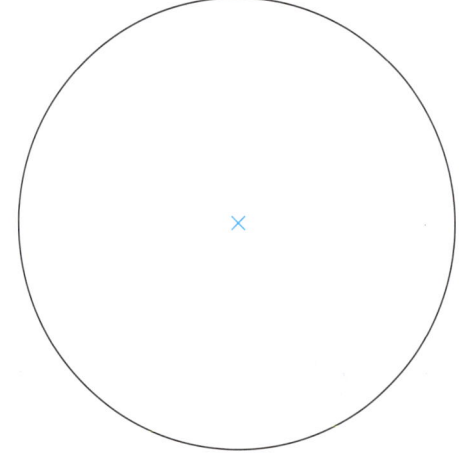

Streifendiagramm:

4 Zuordnungen (Lösung Seite 16)

In welchem Graphen erkennst du proportionale (p) oder antiproportionale (a) Zuordnungen?
Wo liegt keines von beiden (k) vor?
Kreuze jeweils p, a oder k an.

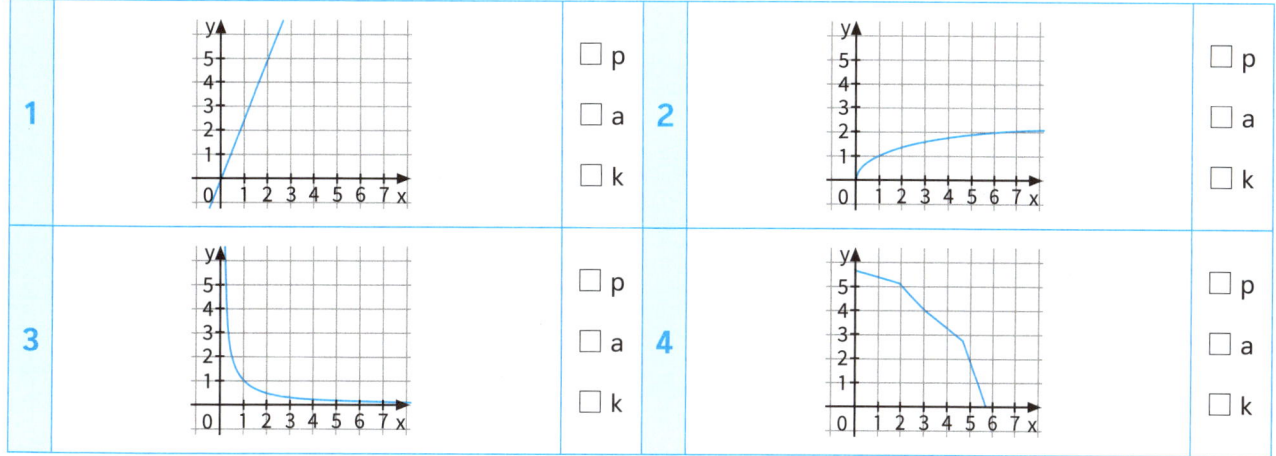

5 Prozente (Lösung Seite 16)

a) Wie viel sind 30 % von 250 €?

b) Wie viel Prozent sind 25 cm von 5 m?

c) Von wie viel Kilogramm sind 5 % genau 10 kg?

d) Ein Kapital von 620 € wird ein Jahr lang mit 4 % verzinst.
Berechne die Jahreszinsen.

6 Wintercheck (Lösung Seite 18)

Frau König lässt ihr Auto in der Werkstatt auf den Winter vorbereiten. Für Materialien und Arbeitsleistungen erstellt die Werkstatt die Rechnung mithilfe einer Tabellenkalkulation.

	A	B	C	D
1	Artikelbezeichnung	Menge	Einzelpreis	Gesamtpreis
2				
3	Reifen 195/65R WinterGrip	4	70,92 €	283,68 €
4	Glühlampen	2	2,03 €	4,06 €
5	Motoröl (in Liter)	1,5		24,75 €
6				
7	Winterräder montieren			18,91 €
8	Wintercheck durchführen			16,72 €
9				
10	Zwischensumme			348,12 €
11	Mehrwertsteuer (in %)	19		66,14 €
12				
13	Rechnungsbetrag			414,26 €
14				

a) In welcher Zelle findest du den Einzelpreis für einen Reifen?

Zelle: _____

b) Gib an, wie teuer 1 Liter Motoröl (ohnw MwSt.) ist.

c) Gib eine Formel an, mit der man die Zwischensumme in Zelle D10 berechnen kann.

D10: _____

d) Welche Formeln könnten in D11 stehen? Kreuze an.

☐ = D10 * 0,19   ☐ = D10 / B11*100   ☐ = D10*B11/100   ☐ = 348,11 € / B11

7 Gleichungen und Graphen (Lösung Seite 18)

Ordne den Graphen (g_1, g_2, ...g_6) die zugehörige Funktionsgleichung zu. Zwei Gleichungen passen zu keinem Graphen.

$y = -0{,}5x^2$	
$y = x - 2$	
$y = -x - 2$	
$y = x^2 + 2x + 2$	

$y = -2x^2$	
$y = 2x^2$	
$y = -x + 2$	
$y = 0{,}5x^2$	

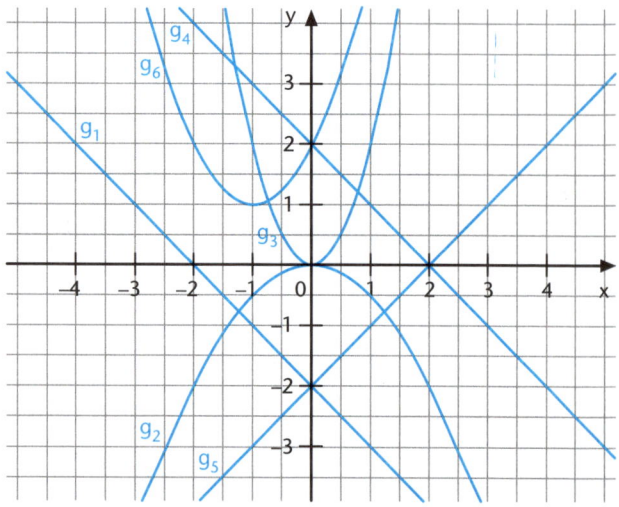

8 Tablet (Lösung Seite 20)

Im Internet wird ein Tablet zu folgenden Preisen angeboten.

256 €   252 €   320 €   269 €   279 €

a) Gib den Median (Zentralwert), die Spannweite und das arithmetische Mittel der Preise an.

Median: _____

Spannweite: _____

Arithmetisches Mittel: _____

b) Berücksichtigt man noch ein sechstes Angebot, beträgt das arithmetische Mittel nur noch 264 €. Wie teuer ist das Tablet aus diesem Angebot?

_____

★ 9 Gleichungssysteme (Lösung Seite 22)

a) Löse das Gleichungssystem.

  I. $x - 2y = 4$
  II. $3x + y = 5$

x = _____   y = _____

b) Ein Rechteck hat den Umfang 30 cm, wobei die eine Seite 2 cm länger ist als die andere Seite. Wie lang sind die Seiten?

Länge: _____   Breite: _____

10 Dreieck im Koordinatensystem
(Lösung Seite 22)

a) Gib die Koordinaten der Punkte P, Q und R an.
P(|), Q(|), R(|)

b) Welchen Flächeninhalt hat das Dreieck PQR?

A = _____

c) Trage den Punkt S(4|4) in das Koordinatensystem ein. Wie heißt die Figur PQRS?

_____

d) Bestimme den Flächeninhalt der Figur PQRS.

A = _____

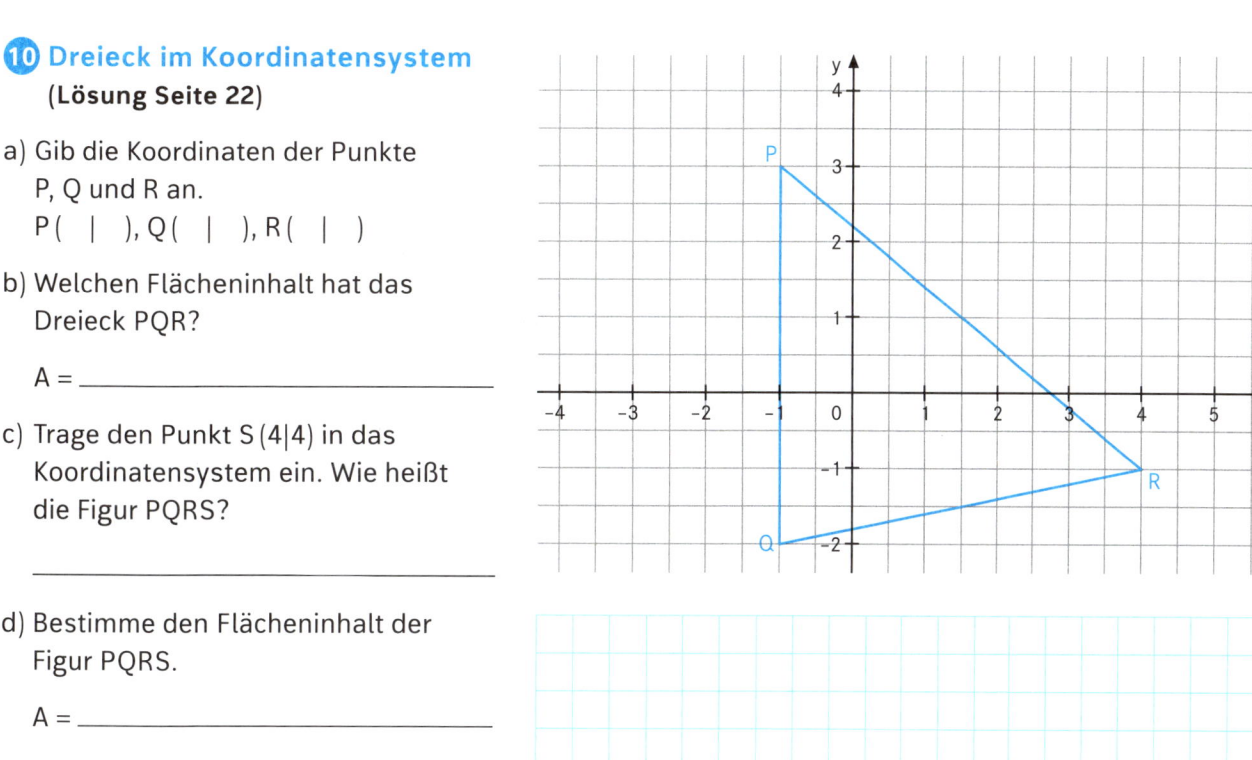

11 Schätzen (Lösung Seite 24)

Kreuze an, welche Maßangabe stimmen könnte.   **TIPP:** Schätze zuerst die Maße.

Oberfläche   *Volumen des Badewassers*   *Höhe eines Kirchturms*

☐ 200 dm²   ☐ 20 cm²   ☐ 550 l   ☐ 55 000 cm³   ☐ 850 mm   ☐ 85 dm
☐ 0,2 m²   ☐ 20 000 mm²   ☐ 5,5 m³   ☐ 5 500 000 mm³   ☐ 85 000 cm   ☐ 0,085 km

12 Umzug (Lösung Seite 24)

Für den Transport von 70 Umzugskartons sucht Familie Meyer bei einer Leihfirma ein geeignetes Fahrzeug. Ein Karton hat folgende Abmessungen (in mm): 600 x 330 x 340. Es stehen Transporter mit einem Ladevolumen von 5,8 m³, 6,7 m³ und 9,5 m³ zur Auswahl. Welchen Transporter würdest du empfehlen? Begründe rechnerisch.

13 Aussagen (Lösung Seite 26)

Welche der folgenden Sachtexte passen zu der Gleichung x + (x – 3) = 60? Kreuze an.

1	Vera ist drei Jahre jünger als Max. Zusammen sind sie 60 Jahre alt.	☐ Ja	☐ Nein
2	Eine Lostrommel enthält dreimal so viele Nieten wie Gewinnlose. Insgesamt sind 60 Lose in der Trommel.	☐ Ja	☐ Nein
3	Familie Maier legt auf ihrer zweitägigen Radtour insgesamt 60 km zurück. Am zweiten Tag fahren sie 3 km weniger als am ersten Tag.	☐ Ja	☐ Nein
4	Ein 60 m² großer Saal wird mit Parkett ausgelegt. Länge und Breite des Raumes unterscheiden sich um 3 Meter.	☐ Ja	☐ Nein

★ 14 Parabeln in verschiedenen Darstellungen (Lösung Seite 26)

Eine Parabel hat den Scheitelpunkt S(3|–15) und ist gegenüber der Normalparabel um den Faktor a = 2 gestreckt.
Gib die Scheitelpunktform der Parabel an und wandle diese in die Normalform um.

15 Farbige Kugeln (Lösung Seite 26)

Aus einem Behälter mit 3 roten, 5 grünen und 2 blauen gleichartigen Kugeln wird eine verdeckt gezogen. Berechne die Wahrscheinlichkeiten für „blau" und „nicht rot".

a) P (blau) = _____

b) P (nicht rot) = _____

16 Zylinder (Lösung Seite 28)

a) Skizziere das Netz eines Zylinders.

b) Ein Zylinder hat eine Grundfläche mit dem Radius 14 cm und ist 8 cm hoch. Bestimme die Oberfläche des Zylinders gerundet auf ganze cm².

Oberfläche: _____

17 Gehaltskürzungen (Lösung Seite 28)

Eine Tageszeitung schrieb am 18. Juli 2012 folgenden Artikel:

Spaniens König kürzt eigenes Gehalt

Unter dem Druck der Finanzkrise nimmt auch Spaniens König Juan Carlos Gehaltseinbußen in Kauf. Wie das Königshaus am Dienstag mitteilte, sollen die staatlichen Zuwendungen für den spanischen Monarchen um 7,1 Prozent gekürzt werden. Dies entspreche jährlichen Gehaltseinbußen von 20 910 Euro. Das Jahresgehalt von Kronprinz Felipe wird um 10 455 Euro gekürzt.

Kreuze alle Fragen an, die man mithilfe dieses Artikels beantworten kann:

(1) ☐ Wie viel Euro jährliche Gehaltseinbußen hatten der König und der Prinz zusammen?

(2) ☐ Wurden beide Gehälter um denselben Prozentsatz gekürzt?

(3) ☐ Wie hoch war das Jahresgehalt von Felipe vor der Kürzung?

(4) ☐ Wie hoch war das Jahresgehalt des Königs nach der Kürzung?

(5) ☐ War das Jahresgehalt des Königs vor der Kürzung doppelt so hoch wie das Jahresgehalt von Felipe?

18 Dynamischer Flächeninhalt (Lösung Seite 30)

Mit einer dynamischen Geometrie-Software wurde die Strecke $\overline{AB}$ mit der Länge 4 cm erstellt und ein Kreis um A mit dem Radius $\overline{AB}$ gezeichnet. C ist ein Punkt auf dem Kreis um A. Das Dreieck ABC hat für α = 110° einen Flächeninhalt von 7,52 cm². Wie verändern sich die Seitenlängen, die Winkelgrößen und der Flächeninhalt des Dreiecks, wenn du den Punkt C auf dem Kreis um A bewegst? Begründe.

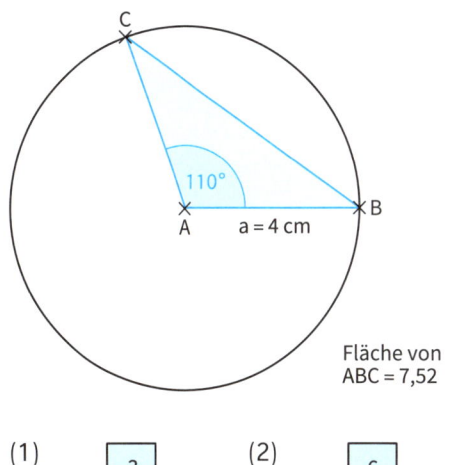

Fläche von ABC = 7,52

19 Würfel (Lösung Seite 32)

Rechts siehst du die Netze zweier Würfel.
Der Würfel (1) hat nur die Zahlen 3 und 4, der Würfel (2) die Zahlen 3, 4 und 6.

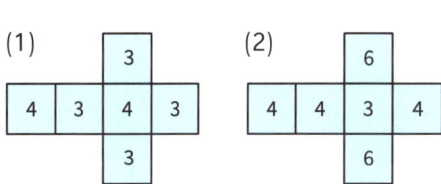

a) Wie groß ist die Wahrscheinlichkeit, mit Würfel (1) eine Vier zu würfeln? _____

b) Wie groß ist die Wahrscheinlichkeit, mit Würfel (2) eine Augenzahl größer als 3 zu würfeln?

c) Mit einem der beiden Würfel wurde 1000-mal gewürfelt und dabei 324-mal die Vier erzielt. Welcher Würfel ist das vermutlich gewesen? Begründe.

20 Buchstaben-Design (Lösung Seite 34)

Emil ist Designer und entwirft neue Schriftarten für den Computer. Er beginnt mit dem Entwurf des Buchstabens A (siehe Abbildung rechts). Den noch fehlenden Querstrich möchte er aus ästhetischen Gründen so einzeichnen, dass er
- $\frac{1}{3}$ der unteren Breite des Buchstabens als Länge hat und
- parallel zum Boden verläuft.

Berechne zunächst, wo Emil den Querstrich einzeichnen muss. Zeichne den Buchstaben auf ein extra Blatt. Zeichne den Querstrich ein und überprüfe an der Zeichnung deine Berechnung.

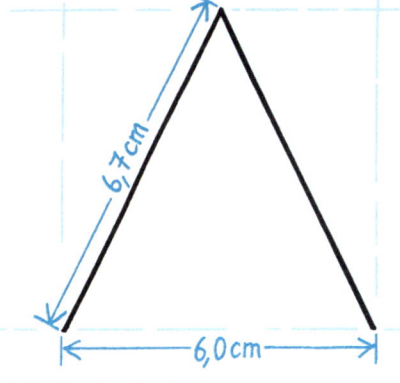

★ 21 Lineare Funktion (Lösung Seite 34)

Die Graphen der Funktionen f mit der Gleichung y = 0,5x − 3 und g mit der Gleichung y = −2x − 3 wurden in einem Koordinatensystem dargestellt.
Beschreibe – ohne zu zeichnen – Lage und Verlauf der beiden Graphen.

1 Rechnen und Ordnen (von S. 6)

a) Berechne.
(1) $\frac{3}{4}$ von 8   (2) $\frac{3}{5} \cdot (-15) \cdot (-0{,}1)$
(3) $-(3{,}8 - 4{,}2) + (-1{,}7 - 1{,}3) : (-5)$
(4) die Differenz der Zahlen 6,5 und −5,4
(5) die Summe der Zahlen 1,6 und −4,5
(6) den Quotienten der Zahlen −3,5 und −0,7

b) Ordne die Zahlen: $\frac{3}{4}$; $1\frac{3}{5}$; 0,6; $-\frac{1}{2}$; $\frac{4}{3}$; 0,5; −0,7

Zu a)
(1) $\frac{3}{4} \cdot 8 = \frac{3 \cdot 8}{4} = \mathbf{6}$
(2) $\frac{3}{5} \cdot (-15) \cdot (-0{,}1) = \frac{3}{5} \cdot 1{,}5 = 0{,}6 \cdot 1{,}5 = \mathbf{0{,}9}$
(3) $-(3{,}8 - 4{,}2) + (-1{,}7 - 1{,}3) : (-5)$
  $= -(-0{,}4) + (-3) : (-5) = 0{,}4 + 0{,}6 = \mathbf{1}$
(4) $6{,}5 - (-5{,}4) = 6{,}5 + 5{,}4 = \mathbf{11{,}9}$
(5) $1{,}6 + (-4{,}5) = 1{,}6 - 4{,}5 = \mathbf{-2{,}9}$
(6) $-3{,}5 : (-0{,}7) = 3{,}5 : 0{,}7 = 35 : 7 = \mathbf{5}$

Zu b)
$-0{,}7 < -\frac{1}{2} < 0{,}5 < 0{,}6 < \frac{3}{4} < \frac{4}{3} < 1\frac{3}{5}$

2 Rechteck (von S. 6)

Ein Rechteck ist 8 cm lang und hat einen Umfang von 30 cm.
Wie groß ist sein Flächeninhalt?

Skizze:
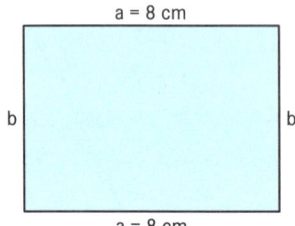

Gegeben:
Länge einer Rechteckseite: a = 8 cm
Umfang des Rechtecks: u = 30 cm
Gesucht: Flächeninhalt A des Rechtecks
Um A = a · b zu ermitteln, wird die Länge der zweiten Rechteckseite b benötigt.

$\quad$ u = 2 · a   + 2 · b
30 cm = 2 · 8 cm + 2b
30 cm = 16 cm   + 2b | − 16 cm
14 cm = 2b | : 2
7 cm = b

$\quad$ A = a · b
$\quad$ A = 8 cm · 7 cm
$\quad$ **A = 56 cm²**

1
(1) Dividiere die Differenz aus 11 und 8 durch 5.
(2) Berechne $\frac{1}{5}$ von der dritten Potenz von −2.
(3) Halbiere die Differenz aus 2,9 und 5,7.
(4) Bilde die Summe aus 2,5 und dem Produkt der Zahlen −3 und 1,5.
(5) Welche Zahl muss mit 4,8 multipliziert werden, um −1,2 zu erhalten?
Stelle die Ergebnisse an der Zahlengeraden dar.

2
Ordne der Größe nach, beginne mit der kleinsten Zahl.

a) 0,4 $\frac{3}{6}$ 0,38 $\frac{1}{4}$ $\frac{3}{8}$ 0,44
b) $-1\frac{1}{2}$ $-\frac{7}{5}$ $-\frac{3}{4}$ −0,8 $-\frac{11}{8}$ −1,3
c) 0,7 $-\frac{3}{4}$ −1,34 $\frac{4}{5}$ $-\frac{4}{3}$ $\frac{17}{20}$

3
Ein Rechteck ist 7 cm breit und 3 cm länger als breit. Berechne Flächeninhalt und Umfang dieses Rechtecks.

4
Ein Baugrundstück ist rechteckig und hat die Maße 32 m x 24 m.

a) Wie viel Quadratmeter ist es groß?
b) Wie teuer ist das Grundstück, wenn es pro Quadratmeter 75 € kostet?

5
Ein alter Sportplatz wird umgebaut. Im blau gefärbten Teil wird ein Bolzplatz mit einem Kunststoffboden angelegt. Auf dem restlichen Teil des alten Platzes wird Rasen gesät.

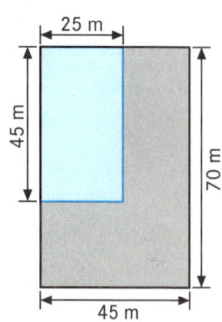

a) Der Bolzplatz wird von einem hohen Drahtzaun eingefasst. An drei Stellen im Zaun sind ein Meter breite Türen eingelassen. Berechne, wie viel Meter Drahtzaun benötigt werden.

b) Wie viel Quadratmeter Kunststoffboden werden benötigt?

c) 25 kg Rasensamen reichen für 800 m². Ermittle, wie viel Kilogramm Rasensamen für den neuen Rasen gekauft werden müssen.

Meine Lösungen zu den Übungsaufgaben Seite 12 | Teil A Basisaufgaben

1 *Nebenrechnungen:*

2 a) ☐ < ☐ < ☐ < ☐ < ☐ < ☐

 b) ☐ < ☐ < ☐ < ☐ < ☐ < ☐

 c) ☐ < ☐ < ☐ < ☐ < ☐ < ☐

Nebenrechnungen:

3 a) Flächeninhalt A = _____

 b) Umfang u = _____

Nebenrechnungen:

4 a) *Antwortsatz:* _____

 _____

 _____

 b) *Antwortsatz:* _____

 _____

 _____

5 a) *Antwortsatz:* _____

 _____

 _____

 b) *Antwortsatz:* _____

 _____

 _____

 c) Größe der Rasenfläche: _____ m^2

 Antwortsatz: _____

 _____

 _____

14 Teil A Basisaufgaben | Lösungen zum Eingangstest und Übungsaufgaben

3 Nutzflächen in Deutschland (von S. 6)

In dem Diagramm rechts wird dargestellt, wie die Flächen in Deutschland genutzt werden.

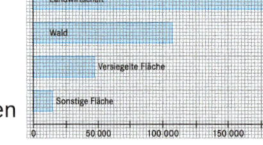

a) Wie viel km² entsprechen 1 mm auf der x-Achse?
b) (1) Lies aus dem Diagramm ab und fülle die Tabelle aus.
   (2) Bestimme die relativen Häufigkeiten und trage sie in die Tabelle ein. Runde auf volle Prozent.
   (3) Stelle die Anteile in einem Kreis- und einem Streifendiagramm dar.

Zu a)   20 mm ≙ 50 000 km²
         1 mm ≙ 2 500 km²

Zu b)

	Flächen-inhalt (in km²)	Relative Häufigkeit (in %)
Landwirtschaft	187 500	52 (52,4)
Wald	107 500	30 (30,1)
Versiegelte Fläche	47 500	13 (13,3)
Sonstige Fläche	15 000	4 (4,2)
Gesamtfläche	357 500	99 (100)

Die relative Häufigkeit berechnet man, indem man den Teilflächeninhalt durch den Gesamtflächeninhalt dividiert. Bei der Summe der relativen Häufigkeiten fehlt 1 %, weil gerundet wurde.
(3) Kreisdiagramm (1 % ≙ 3,6°)

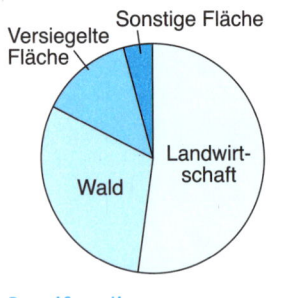

Landw.: 189°
Wald: 108°
vers. Fläche: 48°
Sonst. Fläche: 15°

Streifendiagramm

(5 cm lang)

Beim Streifendiagramm von 10 cm Länge ist jeder Abschnitt doppelt so lang: 1 % entspricht dann 1 mm.

---

1 In der Anne-Frank-Schule wurde unter den Schülerinnen und Schülern eine Umfrage gemacht, wie sie in die Schule kommen:
öffentlicher Nahverkehr   391
Fahrrad, Roller etc.   254
Auto der Eltern   214
zu Fuß   99

a) Die Daten sollen in einem Kreisdiagramm dargestellt werden. Notiere einen Term, mit dem man die Größe der Winkel der Kreissektoren berechnen kann.

b) Berechne die vier Winkelgrößen und erstelle das zugehörige Kreisdiagramm.

2 Ein Online-Händler hat dargestellt, wie sich der Umsatz auf verschiedene Bereiche verteilt:

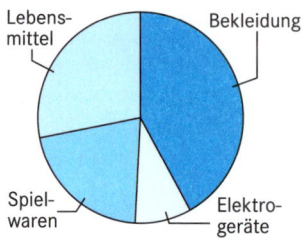

a) Bestimme, wie viel Prozent des Umsatzes er jeweils in den vier Bereichen gemacht hat.

b) Insgesamt hat der Händler 128,6 Mio. Euro Umsatz gemacht. Wie verteilt sich diese Summe auf die vier Bereiche?

3 Das Statistische Bundesamt ermittelte für 2013 die Ursachne für Autounfälle durch Umwelteinfluss. Ein Drittel wird durch Regen, ca. die Hälfte durch Schnee und Eis, zwei von Hundert durch Nebel und jeder Zehnte durch Wildwechsel verursacht. Die restlichen 5 % haben ganz unterschiedliche Ursachen. Stelle diesen Sachverhalt in einem Kreisdiagramm dar.

4 2012 verbrauchte jeder Einwohner in Deutschland im Durchschnitt 121 Liter Trinkwasser. Davon entfielen 40 Liter auf die Toilettenspülung, 37 Liter auf Baden und Duschen, 17 Liter auf Wäsche waschen. Der Rest wird für Putzen, Spülen, Kochen usw. verbraucht. Stelle diese Anteile in einem Kreisdiagramm dar.

Meine Lösungen zu den Übungsaufgaben Seite 14 | Teil A Basisaufgaben | 15

1 a) Winkel:

b)

Transportmittel	Winkelgröße
öffentlicher Nahverkehr	
Fahrrad, Roller etc.	
Auto der Eltern	
zu Fuß	

Nebenrechnungen:

2

Bereiche	Winkel (gemessen)	a) Anteil am Umsatz (in %)	b) Anteil am Umsatz (in Mio. €)
Bekleidung			
Elektrogeräte			
Spielwaren			
Lebensmittel			

Nebenrechnungen:

3 *Nebenrechnungen:*

4

	Liter	Anteil	Winkel
Toilettenspülung			
Baden und Duschen			
Wäsche waschen			
Sonstiges (Rest)			

Nebenrechnungen:

16 Teil A Basisaufgaben | Lösungen zum Eingangstest und Übungsaufgaben

④ Zuordnungen (von S. 7)

In welchen Beispielen erkennst du proportionale (p) oder antiproportionale (a) Zuordnungen? Wo liegt keines von beiden (k) vor? Kreuze jeweils p, a oder k an.

1) Da der Graph eine Gerade ist, die durch den Ursprung verläuft, handelt es sich um eine proportionale Funktion; richtig ist also p.
2) Mit wachsenden x-Werten wachsen auch die y-Werte (nicht antiproportional), aber nicht mit konstanter Steigung (nicht proportional); richtig ist also k.
3) Der Graph verläuft nicht durch den Ursprung (nicht proportional). Man erkennt anhand der Wertepaare der Hyperbel, dass $x \cdot y = 1$ gilt; richtig ist also a.
4) Der Graph verläuft nicht durch den Ursprung (nicht proportional). Der Graph lässt sich in drei Abschnitte einteilen, in denen er jeweils eine konstante Steigung hat (nicht antiproportional); richtig ist also k.

⑤ Prozente (von S. 7)

a) Wie viel sind 30 % von 250 €?
b) Wie viel Prozent sind 25 cm von 5 m?
c) Von wie viel Kilogramm sind 5 % genau 10 kg?
d) Ein Kapital von 620 € wird ein Jahr lang mit 4 % verzinst. Berechne die Jahreszinsen.

Prozentrechnung:
– Grundwert G
– Prozentwert W
– Prozentsatz p %

3 % von 800 € sind 24 €
| | | |
p % G W

Formeln: $W = G \cdot p\%$ $p\% = \frac{W}{G}$ $G = \frac{W}{p\%}$

Zinsrechnung:
Kapital K ↔ G; Zinsen Z ↔ W $Z = K \cdot p\%$

Zu a)
W ist gesucht.
W = 250 € · 0,30
   = 75 €

Zu b)
p % ist gesucht.
$p\% = \frac{0{,}25\,m}{5\,m} = 0{,}05$
= 5 %

Zu c)
G ist gesucht.
$G = \frac{10\,kg}{0{,}05} = 200\,kg$

Zu d)
Z ist gesucht.
Z = 620 € · 0,04
  = 24,80 €

---

① Vervollständige die Wertetabellen zur proportionalen Zuordnung a) und b) bzw. zur antiproportionalen Zuordnung c) und d).

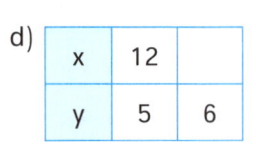

a)
x	1,5	3
y	4,5	

b)
x	1	
y	5	15

c)
x	7	0,5
y	3,5	

d)
x	12	
y	5	6

② Skizziere zu den folgenden Beispielen jeweils den zugehörigen Graphen. Um welchen der folgenden vier Funktionstypen handelt es sich jeweils:
(I)   proportionale Funktion,
(II) konstante Funktion,
(III) antiproportionale Funktion oder
(IV) lineare Funktion (mit $m \neq 0$ und $b \neq 0$)?

1	Eier werden hartgekocht: *Anzahl Eier → Kochdauer (in min)*
2	Taxifahrt mit 3 € Grundgebühr: *zurückgelegte Strecke (in km) → Fahrpreis (in €)*
3	10 km Autofahrt: *durchschnittliche Geschwindigkeit (in km/h) → Fahrdauer (in h)*
4	Einkauf auf dem Markt: *Menge Kartoffeln (in kg) → Preis (in €)*

③ Berechne.
a) 40 % von 650 €   b) 23 % von 40 m

④ Der Entwickler einer App (Preis: 0,89 €) geht davon aus, dass in den ersten Monaten die Verkaufszahlen jeden Monat um 8 % steigen. Im ersten Monat wurde die App insgesamt 6480-mal verkauft. Mit wie vielen Apps wird vier Monate später gerechnet? Kreuze den Term an und begründe deine Antwort.

☐ 6480 · 8 · 4   ☐ 6480 · $1{,}08^4$
☐ 6480 · 0,89 € · 0,08   ☐ 6490 · 1,08 · 4

⑤ 45 % der Länge einer Strecke sind 288 m. Wie lang ist die gesamte Strecke?

⑥ Berechne die Jahreszinsen.
a) 3200 € werden ein Jahr mit 3 % verzinst.
b) Ein Jahr lang werden 560 € bei einem Zinssatz von 2,5 % verzinst.

FiNALE
Prüfungstraining

Mittlerer Schulabschluss /
Erweiterte Berufsbildungsreife 2017
Berlin und Brandenburg

Mathematik
Lösungen

Bernhard Humpert
Prof. Dr. Dominik Leiss
Dr. Martina Lenze
Dr. Bernd Liebau
Ursula Schmidt
Peter Welzel
Prof. Bernd Wurl
Prof. Dr. Alexander Wynands

westermann

| Teil A Basisaufgaben | Übungsaufgaben

6–11 Die Lösungen zum Eingangstest (S. 6 – 11) im Arbeitsheft befinden sich im Arbeitsheft selbst (S. 12 – 34).

12

① (1) $(11 - 8) : 5 = 0{,}6$ (2) $\frac{1}{5} \cdot (-2)^3 = \frac{1}{5} \cdot (-8) = -1{,}6$ (3) $(2{,}9 - 5{,}7) : 2 = -1{,}4$

(4) $2{,}5 + (-3) \cdot 1{,}5 = 2{,}5 - 4{,}5 = -2$ (5) $4{,}8 \cdot x = -1{,}2 \quad x = -\frac{1}{4}$

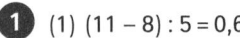

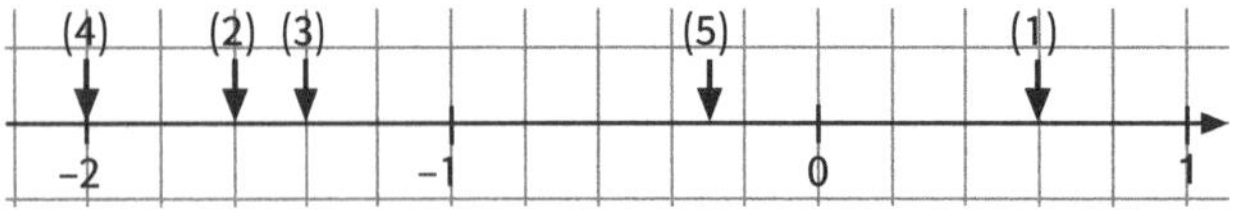

② Es ist sinnvoll, die Zahlen zum besseren Vergleich dezimal zu schreiben.

a) $0{,}4 \;|\; \frac{3}{6} = 0{,}5 \;|\; 0{,}38 \;|\; \frac{1}{4} = 0{,}25 \;|\; \frac{3}{8} = 0{,}375 \;|\; 0{,}44$

$\frac{1}{4} < \frac{3}{8} < 0{,}38 < 0{,}4 < 0{,}44 < \frac{3}{6}$

b) $-1\frac{1}{2} = -1{,}5 \;|\; -\frac{7}{5} = -1{,}4 \;|\; -\frac{3}{4} = -0{,}75 \;|\; -0{,}8 \;|\; -\frac{11}{8} = -1{,}375 \;|\; -1{,}3$

Bei negativen Zahlen hat die größere Zahl den kleineren Betrag.

$-1\frac{1}{2} < -\frac{7}{5} < -\frac{11}{8} < -1{,}3 < -0{,}8 < -\frac{3}{4}$

c) $0{,}7 \;|\; -\frac{3}{4} = -0{,}75 \;|\; -1{,}34 \;|\; \frac{4}{5} = 0{,}8 \;|\; -\frac{4}{3} = -1{,}\overline{3} \;|\; \frac{17}{20} = 0{,}85$

$-1{,}34 < -\frac{4}{3} < -\frac{3}{4} < 0{,}7 < \frac{4}{5} < \frac{17}{20}$

③ $a = 7\text{ cm}; \quad b = 10\text{ cm}, \quad (7\text{ cm} + 3\text{ cm})$
$A = 7\text{ cm} \cdot 10\text{ cm} \quad\quad u = 2 \cdot 7\text{ cm} + 2 \cdot 10\text{ cm}$
$A = 70\text{ cm}^2 \quad\quad\quad\quad u = 34\text{ cm}$

④ a) $A = 32\text{ m} \cdot 24\text{ m}$ b) Der Preis P berechnet sich so:
$A = 768\text{ m}^2$ $P = 768\text{ m}^2 \cdot 75\,\frac{€}{m^2} \quad P = 57\,600\,€$

⑤ a) In der Vorstellung geht man einmal um den Bolzplatz und addiert dabei die Längen aller Seiten. Das ist der Umfang des Rechtecks.
$u = 2 \cdot 25\text{ m} + 2 \cdot 45\text{ m} = 140\text{ m}$
Davon werden noch 3 m wegen der Türen abgezogen. Es werden 137 m Zaun gebraucht.

b) Gesucht ist der Flächeninhalt des rechteckigen Bolzplatzes.
$A_B = 25\text{ m} \cdot 45\text{ m} = 1125\text{ m}^2$.
Es werden 1125 m² Bodenbelag gebraucht.

c) Man kann den Flächeninhalt A_F des alten Fußballplatzes berechnen (das große Rechteck in der Zeichnung) und davon den Flächeninhalt A_B des Bolzplatzes abziehen.
$A_F = 45\text{ m} \cdot 70\text{ m} = 3150\text{ m}^2$
$A_F - A_B = 3150\text{ m}^2 - 1125\text{ m}^2 = 2025\text{ m}^2$
Für 800 m² braucht man 25 kg Rasensamen.

$\frac{2025\text{ m}^2}{800\text{ m}^2} = 2{,}53125$

$2{,}53125 \cdot 25\text{ kg} = 63{,}28125\text{ kg}$

Für den neuen Platz sollten ca. 64 kg Rasensamen gekauft werden.

14

① a) Winkel $= \frac{\text{Teilanzahl der Schüler}}{\text{Gesamtschüleranzahl}} \cdot 360 = $ (Anteil in Prozent $\cdot$ 360°)

b) Gesamtanzahl der Schüler = 391 + 254 + 214 + 99 = 958

öffentlicher Nahverkehr: $\frac{391}{958} \approx 0{,}41 = 41\,\% \rightarrow 0{,}41 \cdot 360° \approx 148°$

Fahrrad, Roller etc.: $\frac{254}{958} \approx 0{,}27 = 27\,\% \rightarrow 0{,}27 \cdot 360° \approx 97°$

Auto der Eltern: $\frac{214}{958} \approx 0{,}22 = 22\,\% \rightarrow 0{,}22 \cdot 360° \approx 79°$

zu Fuß: $\frac{99}{958} \approx 0{,}1 = 10\,\% \rightarrow 0{,}1 \cdot 360° = 36°$

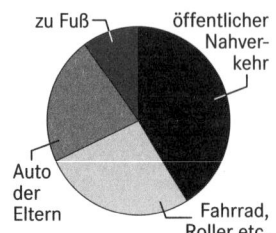

14

2 Um die Winkel besser messen zu können, sollte man die Radien verlängern.

	Winkel	a) Umsatz (in %)	b) Umsatz (in Mio. €)
Bekleidung	151°	151° : 360° ≈ 41,9 %	0,419 · 128,6 ≈ 53,88
Elektrogeräte	32°	32° : 360° ≈ 8,9 %	0,089 · 128,6 ≈ 11,45
Spielwaren	76°	76° : 360° ≈ 21,1 %	0,211 · 128,6 ≈ 27,13
Lebensmittel	101°	101° : 360° ≈ 28,1 %	0,281 · 128,6 ≈ 36,14

3 Zunächst muss man die Angaben aus dem Text in Prozentzahlen umrechnen und diese dann gemäß der Formel in Winkelgrößen.
Regen: ein Drittel ≈ 33 % (33 · 3,6° ≈ 119°)
Schnee und Eis: die Hälfte = 50 % (50 · 3,6° = 180°)
Nebel: zwei von Hundert = 2 % (2 · 3,6° ≈ 7°)
Wildwechsel: jeder Zehnte = 10 % (10 · 3,6° = 36°)
Rest: 5 % (5 · 3,6° = 18°)

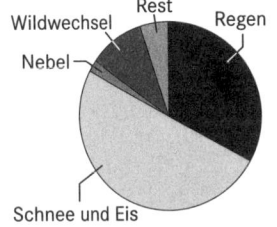

4 Zuerst wird der Anteil jeder Verbrauchsart am Gesamtverbrauch berechnet (Literzahl durch 121 dividieren), für den Winkel wird dieser Anteil mit 360° multipliziert.

	Liter	Anteil	Winkel
Toilettenspülung	40	≈ 0,33	≈ 119°
Baden und Duschen	37	≈ 0,31	≈ 110°
Wäsche waschen	17	≈ 0,14	≈ 51°
Sonstiges (Rest)	27	≈ 0,22	≈ 80°

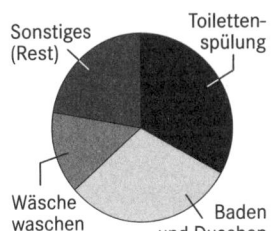

16

1 a)

x	1,5	3
y	4,5	9

b)

x	1	3
y	5	15

c)

x	7	0,5
y	3,5	49

d)

x	12	10
y	5	6

2 1: Bei haushaltsüblichen Mengen kann man davon ausgehen, dass die Kochzeit unabhängig ist von der Anzahl der Eier; also handelt es sich um eine konstante Funktion.

2: Durch die 3 € Grundgebühr schneidet der Graph die y-Achse bei 3 und hat eine konstante Steigung; also handelt es sich um eine lineare Funktion.

3: Verdoppelt sich die durchschnittliche Geschwindigkeit, so halbiert sich die Fahrdauer und es gilt durchschnittliche Geschwindigkeit (in $\frac{km}{h}$) · Fahrdauer (in h) = 10; also handelt es sich um eine antiproportionale Funktion.

4: Da man für 0 kg Kartoffeln nichts bezahlen muss, geht der Graph der Funktion durch den Ursprung und wächst – wenn keine Mengenrabatte auf die Kartoffeln gegeben werden – dann mit konstanter Steigung; also handelt es sich um eine proportionale Funktion.

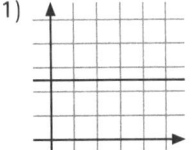
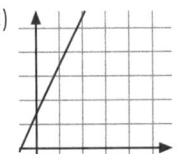
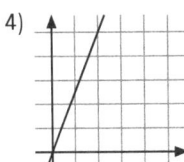

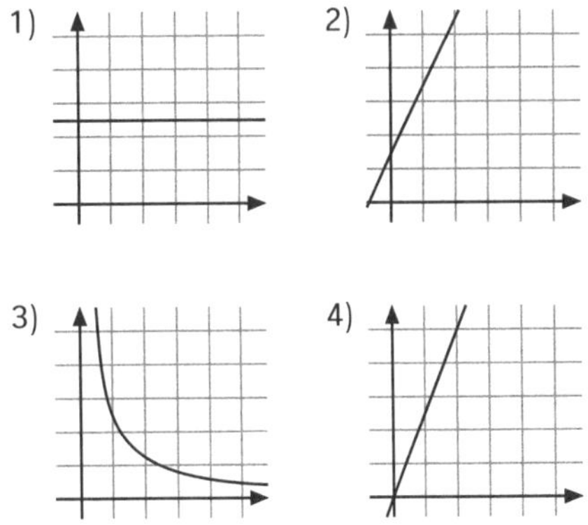

3 a) 0,4 · 650 € = 260 €   b) 0,23 · 40 m = 9,20 m

4 Der richtige Term lautet: 6480 · 1,08^4.
Begründung: Der Startwert beträgt 6480. Da mit einem Wachstum von 8 % gerechnet wird, beträgt der Wachstumsfaktor q = 1 + $\frac{8}{100}$ = 1,08. Mit diesem Faktor gilt es, den Startwert viermal zu multiplizieren; also mit 1,08^4.

5 0,45 · x = 288 m |:0,45

$x = \frac{288 \text{ m}}{0,45}$

x = 640 m   Von 640 m sind 45 % 288 m.

3

Teil A Basisaufgaben | Übungsaufgaben

16   **6** a) Z = 0,03 · 3200 € = 96 €   b) Z = 0,025 · 560 € = 14 €

18   **1** ☐ 1000 € – 19 € ist falsch, weil 19 % ein Anteil vom Grundwert ist und kein Geldbetrag.
☐ 1000 € – 190 € ist falsch, weil hier 19 % von 1000 € = 190 € berechnet wurden. Damit wird von einem falschen Grundwert ausgegangen. Der richtige Grundwert ist der Preis **vor** dem Aufschlag der Mehrwertsteuer. Diesen nennt man auch Nettopreis.
☐ 1000 € : 0,19 ist falsch. Der richtige Ansatz zur Berechnung der Mehrwertsteuer ist:
Mehrwertsteuer = Nettopreis · 0,19.
Um den Bruttopreis zu erhalten, wird die Mehrwertsteuer zum Nettopreis addiert. Hier gilt:
Nettopreis + Mehrwertsteuer = Nettopreis + Nettopreis · 0,19 = Nettopreis · (1 + 0,19) = Nettopreis · 1,19 = 1000 €
Der richtige Ansatz zur Berechnung des Nettopreises (vor dem Aufschlag durch die Mehrwertsteuer) ist also: ☒ 1000 € : 1,19.

2 a) Formel für Zelle D2: =B2*C2
a), b)

	A	B	C	D	E
1	Kilometer	Liter	Preis pro Liter	Gesamtpreis	Verbrauch in Liter auf 100 km
2	35000	35,7	1,36 €	48,55 €	-------
3	35867	49,4	1,45 €	71,63 €	5,70
4	36422	29,4	1,28 €	37,63 €	5,30
5	37225	52,5	1,22 €	64,05 €	6,54

c) Formel für Zelle E3: =B3/(A3-A2)*100

3 a) Das Koordinatensystem zeigt den Graph der linearen Funktion y = m · x + n durch die Punkte P, Q und R.
b) Zwei mögliche Lösungswege:
① Die Steigung m und den y-Achsenabschnitt n aus der grafischen Darstellung ablesen:
n = –3 und m = $\frac{2}{4}$ = 0,5.
Funktionsgleichung: y = 0,5x – 3

② Mithilfe der Zwei-Punkte-Form lässt sich z. B. aus R (–2|–4) und Q (0|–3) die Steigung m berechnen:
$\frac{y_2 - y_1}{x_2 - x_1} = \frac{-3 - (-4)}{0 - (-2)} = \frac{1}{2}$

n wird ermittelt, indem man die Koordinaten eines Punktes, z. B: P (6|0), in die Funktionsgleichung y = 0,5x + n einsetzt, also 0 = 0,5 · 6 + n; n = –3
Funktionsgleichung: y = 0,5x – 3

4 a) Alle Funktionsgleichungen besitzen die Form y = a · x².
   – Der Graph g₂ geht durch den Punkt (1|1) und gehört zur Normalparabel mit der Funktionsgleichung y = x².
   – Der Graph g₄ entsteht durch Spiegelung der Normalparabel an der x-Achse. Die Parabel ist nach unten geöffnet, der Faktor a vor x² muss also kleiner als 0 sein. Die zugehörige Funktionsgleichung ist daher y = –x².
   – Im Vergleich zur Normalparabel ist der Graph g₁ schlanker, d. h., die Öffnung ist enger (|a| > 1). Die Parabel ist nach oben geöffnet (a > 0). Der Faktor a muss also größer als 1 sein, dies trifft nur auf die Funktionsgleichung y = 3x² zu.
   – Im Vergleich zur Normalparabel ist der Graph g₃ breiter, d. h., die Öffnung ist weiter (|a| < 1). Die Parabel ist nach oben geöffnet (a > 0). Der Faktor a muss also zwischen 0 und 1 liegen, dies trifft nur auf die Funktionsgleichung y = 0,5x² zu.
b) Bei a < 0 ist die Parabel nach unten geöffnet. Außerdem ist der Scheitelpunkt (0|0), und der Graph ist symmetrisch zur y-Achse.

Übungsaufgaben | Teil A Basisaufgaben

20

① a) Daten der Größe nach geordnet:
65,80 €; 84,30 €; 99,70 €; 107,20 €; 111,40 €
Median ist bei ungerader Anzahl der Wert in der Mitte: 99,70 €
arithmetisches Mittel:
$$\frac{65{,}80\ € + 84{,}30\ € + 99{,}70\ € + 107{,}20\ € + 111{,}40\ €}{5} = 93{,}68\ €$$
Spannweite ist die Differenz zwischen größtem und kleinstem Wert: 111,40 – 65,80 € = 45,60 €.

b) Daten der Größe nach geordnet:
4,20 m; 4,50 m; 4,60 m; 4,80 m; 5,10 m; 5,30 m
Median ist bei gerader Anzahl der Mittelwert der beiden Werte links und rechts von der Mitte:
$$\frac{4{,}60\ m + 4{,}80\ m}{2} = 4{,}70\ m$$
arithmetisches Mittel:
$$\frac{4{,}20\ m + 4{,}50\ m + 4{,}60\ m + 4{,}80\ m + 5{,}10\ m + 5{,}30\ m}{6} = 4{,}75\ m$$
Spannweite: 5,30 m – 4,20 m = 1,10 m

② Zunächst ist es sinnvoll, die Gewichte der Größe nach zu ordnen:
54,5 kg; 56,8 kg; 67,5 kg; 72,2 kg; 73,8 kg; 78,2 kg; 78,5 kg; 81,4 kg; 84,3 kg;
93,4 kg; 96 kg; 98,6 kg
a) Das arithmetische Mittel (Summe aller 12 Gewichte, geteilt durch 12) ist $77{,}9\overline{3}$ kg.
Der Durchschnitt von 80 kg wird also unterschritten.
b) Spannweite: 98,6 kg – 54,5 kg = 44,1 kg
c) Bei 12 Werten ist der Median der Mittelwert zwischen dem 6. und dem 7. Wert.
$$\text{Median} = \frac{78{,}2\ kg + 78{,}5\ kg}{2} = 78{,}35\ kg$$
Der Unterschied zwischen Median und arithmetischem Mittel beträgt
$78{,}35\ kg - 77{,}9\overline{3}\ kg = 0{,}41\overline{6}\ kg \approx 0{,}42\ kg$

③ Die bekannten fünf Weiten werden der Größe nach geordnet und addiert:
3,95 m + 4,10 m + 4,20 m + 4,45 m + 4,65 m = 21,35 m
a) Da Sabine im 6. Sprung ihre schlechteste Weite erzielte, muss er weniger als 3,95 m weit gewesen sein. Die Spannweite zwischen bestem und schlechtestem Sprung beträgt 90 cm. Also ist Sabine im 6. Sprung 4,65 m – 0,90 m, also 3,75 m weit gesprungen.
b) Das arithmetische Mittel bei 7 Sprüngen beträgt 4,20 m. Alle 7 Sprünge zusammen sind also 29,40 m (7 · 4,20 m) weit. Zieht man davon die bereits bekannten 6 Sprungweiten ab, ergibt sich die Weite des 7. Sprungs: 29,40 m – 3,75 m – 21,35 m = 4,30 m.
c) Alle 7 Weiten der Größe nach geordnet lauten damit:
3,75 m; 3,95 m; 4,10 m; 4,20 m; 4,30 m; 4,45 m; 4,65 m.
Der Median ist der mittlere Wert in dieser Liste, also 4,20 m.

22

① Es sind immer mehrere Lösungsverfahren möglich. Abgebildet wird jeweils eine Lösung.

a) Lösung mit dem Gleichsetzungsverfahren
(I)   x + 9y = – 41
(II) x – 4y = 24

(Ia)   x = – 41 – 9y
(IIa)   x = 24 + 4y

(Ia) = (IIa)   24 + 4y = – 41 – 9y | + 9y – 24
               13y = – 65 | : 13
(III)   y = – 5

(III) eingesetzt in (II): x – 4 · (– 5) = 24
                          x + 20 = 24 | – 20
                          x = 4
Lösung: x = 4 und y = – 5

b) Lösung mit dem Einsetzungsverfahren
(I)   x + 5y = 17
(II) 2x – 4y = 20

(Ia)   x = 17 – 5y

(Ia) in (II) eingesetzt
2 · (17 – 5y) – 4y = 20
34 – 10y – 4y = 20 | – 34
       – 14y = – 14 | : (– 14)
(III)   y = 1

(III) eingesetzt in (I): x + 5 · 1 = 17 | – 5
                         x = 12
Lösung: x = 12 und y = 1

c) Lösung mit dem Additionsverfahren
(I) $2x - 3y = 8$
(II) $5x + 6y = 20$

(Ia) $4x - 6y = 16$
(II) $5x + 6y = 20$

(Ia) + (II): $9x = 36$ $|:9$
(III) $x = 4$

(III) eingesetzt in (I): $2 \cdot 4 - 3y = 8$ $|-8$
                              $-3y = 0$ $|:(-3)$
                                $y = 0$

Lösung: $x = 4$ und $y = 0$

d) Lösung mit dem Subtraktionsverfahren
(I) $3x + 4y = 1$
(II) $6x + 8y = 0$

(Ia) $6x + 8y = 2$
(II) $6x + 8y = 0$

(Ia) − (II) $0 = 2$

Dies ist jedoch für alle Wertepaare x und y falsch. Deshalb gibt es keine Lösungen.

2 x: Anzahl der kleinen Scheine (5 €-Scheine); y: Anzahl der größeren Scheine (10 €-Scheine)
I. $5x + 10y = 50$
II. $x = 3y$

→ I. $5 \cdot 3y + 10y = 50$
      $25y = 50$ $|:25$
      $y = 2$

→ II. $x = 3 \cdot 2$
      $x = 6$

Es sind zwei 10 €-Scheine und sechs 5 €-Scheine.

3 Lösung mit Gleichungen:
x = Preis der Flasche (in €); y = Preis des Korkens (in €)
I. $x + y = 1{,}1$
II. $x = y + 1$

→ I. $(y + 1) + y = 1{,}1$
      $2y + 1 = 1{,}1$ $|-1$
      $2y = 0{,}1$ $|:2$
      $y = 0{,}05$

→ II. $x = 0{,}05 + 1 = 1{,}05$

Die Flasche kostet 1,05 € und der Korken 0,05 € (5 Cent).

4
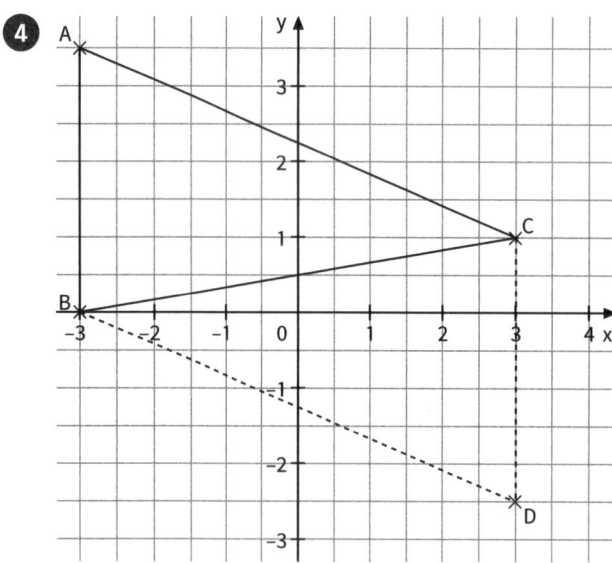

a) geeignet ist $c = \overline{AB}$ als Grundseite und h_c als zugehörige Höhe.
   $c = 3{,}5$ cm, $h_c = 6$ cm
   $A = \dfrac{3{,}5 \text{ cm} \cdot 6 \text{ cm}}{2} = 10{,}5 \text{ cm}^2$

b) $D(3|-2{,}5)$ Es gibt weitere Lösungen: $D(3|4{,}5)$ oder $D(-9|2{,}5)$.

c) Das Parallelogramm ABDC hat den doppelten Flächeninhalt des Dreiecks ABC: $A = 21 \text{ cm}^2$.

22

5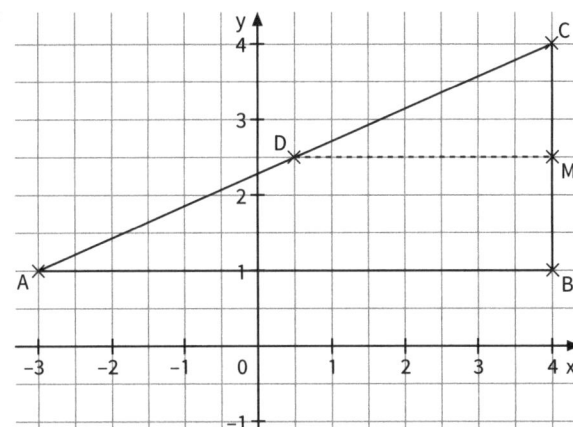

a) $\overline{AB} = 7$ cm; $\overline{BC} = 3$ cm
Die Strecke b = $\overline{AC}$ wird mit dem Satz des Pythagoras berechnet.
$b^2 = (7\text{ cm})^2 + (3\text{ cm})^2$
$b^2 = 58\text{ cm}^2 \quad b \approx 7{,}6$ cm
$u = 7$ cm + 3 cm + 7,6 cm $\quad\quad u = 17{,}6$ cm
b) M (4|2,5)
c) Das Viereck ABMD ist ein Trapez. $A = \frac{a+c}{2} \cdot h$
$A = \frac{7\text{ cm} + 3{,}5\text{ cm}}{2} \cdot 1{,}5$ cm
$A = 7{,}875\text{ cm}^2$

6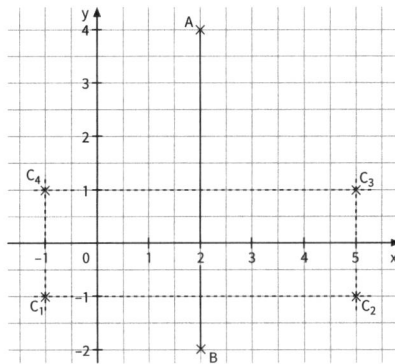

Der Punkt C liegt auf einer der beiden zur x-Achse parallelen Geraden (1 cm Abstand von der x-Achse).
Außerdem gilt g = $\overline{AB}$ = 6 cm, also muss h = 3 cm gelten, damit der Flächeninhalt 9 cm² groß ist. Das bedeutet: C ist einer der Schnittpunkte der gestrichelten Geraden.
$C_1(-1|-1)$ oder $C_2(5|-1)$;
oder $C_3(5|1)$ oder $C_4(-1|1)$

24

1 Hier muss man kalkulieren: Die Schülerin ist 6 Zeitstunden pro Tag, 5 Tage in der Woche, 40 Wochen im Jahr und 10 Jahre in der Schule.
6 h · 5 · 40 · 10 = 12 000 h; 12 000 h = 12 000 · 60 · 60 s = 43 200 000 s
Von den Auswahllösungen kommen nur 36 000 000 s in Frage.

2 Ein 20-€-Schein ist 133 mm lang und 72 mm breit.
A = 133 mm · 72 mm = 9 576 mm²
Von den Auswahllösungen passt nur 9 576 mm².

3 a) Die Größe gibt man in m² an.
720 dm² = 7,2 m², 720 000 mm² = 0,72 m², 7200 cm² = 0,72 m²
Weniger als 1 m² kann nicht zutreffend sein. 72 m² ist zu groß.
Richtig kann also nur die Angabe 7,2 m² = 720 dm² sein.

b) Um die Mengen besser vergleichen zu können, rechnet man alle Angaben in die Einheit „m³" um:
37 hl = 3,7 m³, 370 000 ml = 0,37 m³, 37 000 l = 37 m³
3,7 m³ oder gar 37 m³ sind sicherlich zu viel, 0,037 m³ sind gerade einmal 37 l und sicherlich zu wenig. Es passt nur die Angabe 370 000 ml (370 l = 0,37 m³).

7

Teil A Basisaufgaben | Übungsaufgaben

24

4 a) Da 1 l = 1 dm³ gilt, rechnet man am besten in der Einheit dm.
V = 8 dm · 4,5 dm · 5,5 dm (6 dm – 0,5 dm)
V = 198 dm³ = 198 l Es befinden sich 198 l Wasser im Aquarium.

b) m = 198 l · $\frac{1\,kg}{l}$

m = 198 kg   Die Masse der Wasserfüllung beträgt 198 kg.

5 Das Schwimmbecken ist 8 · 1,50 m, also 12 m breit.
Für die Höhe h (hier ist h die Wassertiefe) gilt die Formel: 25 m · 12 m · h = 750 m³
300 m² · h = 750 m³ | : 300 m²

h = $\frac{750\,m^3}{300\,m^2}$

Das Schwimmbecken ist 2,50 m tief.   h = 2,5 m

6 (1) Man findet die Lösung durch Probieren:

Breite	Länge	Höhe	Volumen
1 cm	2 cm	3 cm	6 cm³
2 cm	4 cm	6 cm	48 cm³

(2) Man kann die Breite x nennen, dann beschreiben die Terme 2x die Länge und 3x die Höhe und es gilt die Gleichung:
x · 2x · 3x = 48
6x³ = 48 | : 6
x³ = 8   Beide Wege führen zur Lösung:
x = 2   Der Quader ist 2 cm breit.

7 a) V = 4 m · 2,5 m · 1,8 m, also V = 18 m³   Es mussten 18 m³ Erde ausgehoben werden.

b) m = 18 m³ · 1 700 $\frac{kg}{m^3}$

m = 30 600 kg
m = 30,6 t   Die Masse des Erdaushubs beträgt 30,6 t.

26

1 (1) Preis der Kinokarte für eine Person: x
Preis für Getränke und Popcorn: 17 €
Gleichung: 5x + 17 = 57.   Passt.
(2) Preis für 1 Flasche Wein: x; Preis für 1 Flasche Sekt: y
Gleichung: 5x + 17y = 57.   Passt nicht.
(3) Ein 5 km langer Rundkurs für Crossräder wird x-mal durchfahren. Der Kurs liegt 17 km von Tannendorf entfernt. Es sind 57 Teilnehmer am Start. Hierzu lässt sich keine sinnvolle Gleichung aufstellen.
(4) Ladung des kleinen Lkw: x; Ladung des großen Lkw: 17
Gleichung: 5x + 17 = 57.   Passt.
(5) Länge des Rechtecks: x; Breite des Rechtecks: 5
Gleichung: 5x + 17 = 57   Passt.

2 a) S(–4|8)
Die Parabel wurde um 4 Einheiten nach links und 8 Einheiten nach oben verschoben. Sie ist um den Faktor 1,5 gestreckt und nach unten geöffnet.
b) f(x) = –1,5 (x + 4)² + 8
f(x) = –1,5 (x² + 8x + 16) + 8
f(x) = –1,5x² – 12x – 24 + 8
f(x) = –1,5x² – 12x – 16

3 (1) f(x) = (x – 1,5)² – 20,25   (3) h(x) = (x + 3) · (x – 6)
f(x) = x² – 3x + 2,25 – 20,25   h(x) = x² – 6x + 3x – 18
f(x) = x² – 3x – 18   h(x) = x² – 3x – 18

(2) g(x) = x² – 3x – 18   Lukas hat recht, da alle drei Terme übereinstimmen.

4 Es sind 12 Kugeln im Behälter.

$\frac{1}{6}$ von 12 = 2; $\frac{1}{3}$ von 12 = 4; $\frac{1}{2}$ von 12 = 6

2 Kugeln müssen rot, 4 Kugeln blau und 6 Kugeln grün gefärbt werden.

Übungsaufgaben | Teil A Basisaufgaben

26

5 Im Behälter befinden sich 20 Kugeln, davon sind 6 Kugeln hellgrau, 12 Kugeln blau und 2 Kugeln schwarz.
a) P(hellgrau Kugel) = $\frac{6}{20}$ = $\frac{3}{10}$ = 30 %

b) 18 Kugeln sind hellgrau oder blau.

P(keine schwarze Kugel) = $\frac{18}{20}$ = $\frac{9}{10}$ = 90 %

28

1 a) Für die Zeichnung wird der Umfang benötigt.
  u = 2π · r
    = 2π · 1 cm
  u = 6,28 cm ≈ 6,3 cm

b) Der Mantel ist ein Rechteck, siehe nebenstehende Abbildung.
  M = 2π · r · h
  M = 2π · 1 cm · 6 cm
  M ≈ 37,7 cm²
  O = 2G + M   O = 2 πr² + M
  O ≈ 2π · (1 cm)² + 37,7 cm²   O ≈ 44 cm²

(verkleinert)

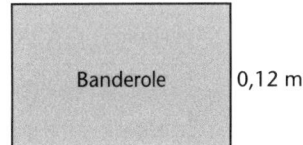

c) Wegen 1 l = 1 dm³ wird bei der Volumenberechnung mit der Einheit „dm" gearbeitet.
  r = 0,1 dm;   h = 0,6 dm
  V = πr²h   V = π · (0,1 dm)² · 0,6 dm   V ≈ 0,02 dm³, also V ≈ 0,02 l

2 a) 998 ml = 998 cm³
Bei der Volumenberechnung wird deshalb mit der Einheit „cm" gearbeitet.
  r = 5,15 cm ≈ (10,3 cm : 2); h = 12 cm
  V = πr²h   V = π · (5,15 cm)² · 12 cm   V ≈ 999 cm³
Die Inhaltsangabe trifft zu.

b) Da der Papierbedarf in „m²" angegeben werden soll, wird mit der Einheit „m" gerechnet.
Die Banderole entspricht dem Mantel der zylinderförmigen Dose.
  M = 2π · r · h
  M = π · 0,103 m · 0,12 m
  50 000 · M = 50 000 · π · 0,103 m · 0,12 m
  M ≈ 1 941,5 m²
Es werden ungefähr 1 942 m² Papier benötigt.

3 Der Umfang der kreisförmigen Grundfläche beträgt 1,5 dm = 15 cm.
  u = 2πr | : 2π
  r = $\frac{u}{2\pi}$
  r = $\frac{15\,cm}{2\pi}$
  r ≈ 2,39 cm   d ≈ 4,78 cm
  V = πr²h   V = π · (2,39 cm)² · 8 cm   V ≈ 143,56 cm³

4 Für die Berechnung der Gesamtschuld (Grundwert + Zinseszinsen) benötigt man den Prozentsatz (3 %), die Dauer (1651 bis 2008) und den Grundwert (572,20 €). Insofern muss der Text die folgenden Markierungen aufweisen:
2008; 3 %; 1651; 572,20 Euro
Insgesamt hat sich Prinz Charles 357 (1651 bis 2008) Jahre lang das Geld geliehen:
572,20 € · 1,03³⁵⁷ = 21 899 644,92 €

5 (1) und (6) kann man nicht beantworten, weil die Gesamtzahl der Lehrkräfte fehlt.
(5) kann man nicht beantworten, weil man den prozentualen Anteil der Jungen an allen Schülerinnen und Schülern nicht kennt.
(2) 26 von 542: Der Anteil beträgt $\frac{26}{542}$ = 0,04797.... also rund 4,8 %.
(3) 64 % > 46 %, im Kollegium ist der Anteil weiblicher Personen größer als in der Klasse 10a.
(4) 55 % von 26 = 14,3   14 Jungen besuchen die 10a.

30

1 Aussage (1) ist falsch, denn A ist der Anfangspunkt eines Strahls durch D.
Aussage (2) ist richtig, denn B und C liegen auf einer Geraden.
Aussage (3) ist richtig, denn der rechte Winkel mit dem Scheitelpunkt B bleibt auch noch der Bewegung erhalten. Muss also als Senkrechte auf $\overline{AB}$ konstruiert worden sein.
Aussage (4) ist falsch, denn der (rechte) Winkel mit dem Scheitelpunkt A ändert im Verlauf der Bewegung seine Weite.

2 a) Wenn B so auf dem Kreis K_2 bewegt wird, dass sich der Kreis K_1 und die Gerade AM_1 im Punkt M_3 schneiden, entsteht die nebenstehend abgebildete Figur.

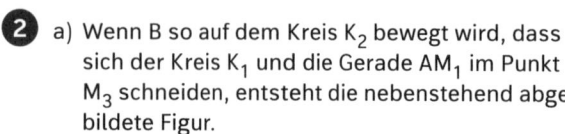

b) Vermutung: Der Radius des Kreises K_2 ist doppelt so groß wie der Radius des Kreises K_1.
Begründung:
Der Radius des Kreises K_1 entspricht der Strecke $\overline{M_1M_3}$.
Der Radius des Kreises K_2 entspricht der Strecke $\overline{M_1M_2}$.
Nach Konstruktion ist M_3 der Mittelpunkt der Strecke $\overline{M_1M_2}$.
Also gilt: Die Strecke $\overline{M_1M_2}$ ist doppelt so lang wie die Strecke $\overline{M_1M_3}$, d. h., die Vermutung stimmt.

32

1 a) Wahrscheinlichkeit für die Zahl vier: $\frac{2}{6} = \frac{1}{3}$ (6 mögliche, 2 günstige Ergebnisse)

b) Wahrscheinlichkeit für eine gerade Zahl: $\frac{4}{6} = \frac{2}{3}$ (6 mögliche, 4 günstige Ergebnisse)

c) Wahrscheinlichkeit für keine Sechs: $\frac{5}{6}$ (6 mögliche, 5 günstige Ergebnisse)

d) Die Wahrscheinlichkeit eine Primzahl (PZ) zu würfeln, wird bei der großen Zahl von Versuchen in der Regel nahe der relativen Häufigkeit rH(PZ) liegen.

$rH(PZ) = \frac{548}{800} = 0{,}685 = 68{,}5\,\%$

Würfel (1): $P(PZ) = \frac{4}{6} = \frac{2}{3} \approx 67\,\%$ Würfel (2): $P(PZ) = \frac{3}{6} = \frac{1}{2} \approx 50\,\%$

Würfel (3): $P(PZ) = \frac{2}{6} \approx 33\,\%$

Es wurde vermutlich mit Würfel (1) gewürfelt. Sicher kann man das aber nicht sagen.

2 a) Von den neun Zahlen sind fünf Zahlen ungerade: 1, 3, 5, 7, 9
Die Wahrscheinlichkeit, eine ungerade Zahl zu ziehen, beträgt somit $\frac{5}{9} \approx 0{,}56 = 56\,\%$.
b) Vier Zahlen sind kleiner als 5, nämlich 1, 2, 3, 4.
Die Wahrscheinlichkeit, eine Zahl zu ziehen, die kleiner als 5 ist, beträgt $\frac{4}{9} \approx 0{,}44 = 44\,\%$.
c) (1) Zahlen, die durch 2 oder 3 teilbar sind: 2, 3, 4, 6, 8, 9
Die Wahrscheinlichkeit beträgt also $\frac{6}{9} \approx 0{,}67 = 67\,\%$.
(2) Die Zahl 6 ist die einzige Zahl, die durch 2 und 3 teilbar ist. Die Wahrscheinlichkeit beträgt somit $\frac{1}{9} \approx 0{,}11 = 11\,\%$.

3 Für sehr lange Versuchsreihen gilt: relative Häufigkeit ≈ Wahrscheinlichkeit.

$rH(3) = \frac{1280}{2000} = 0{,}64 = 64\,\% \approx P(3)$

Für das Gegenereignis Augenzahlen 1 oder 2 erhalten wir dann: $P(1 \text{ oder } 2) = 1 - P(3) \approx 36\,\%$
Wir gehen davon aus, dass die Masse des Zylinders gleichmäßig verteilt ist. Dann haben beide Augenzahlen aus Symmetriegründen die gleiche Wahrscheinlichkeit.
Also: $P(1) = P(2) \approx 36\,\% : 2 = 18\,\%$

1 Höhe des Hauses: h = x + 1,75 m
Berechnung der Länge x mit dem Strahlensatz:
x : 1,25 = 12,4 : 1,8
$$x = \frac{1{,}25 \cdot 12{,}4}{1{,}8} \approx 8{,}6$$
h = 8,60 m + 1,75 m = 10,35 m
Das Haus ist ungefähr 10,35 m hoch.

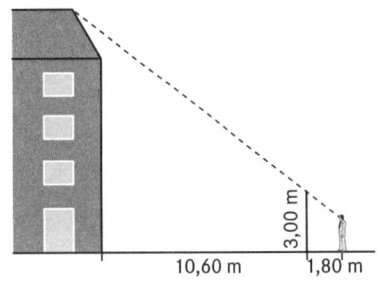

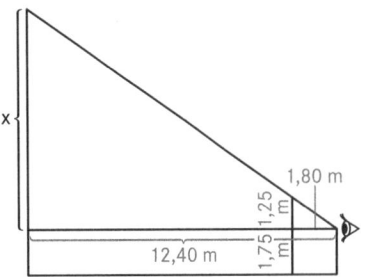

2 Da die beiden Seiten $\overline{XY}$ und $\overline{VW}$ parallel zueinander sind, kann man den Strahlensatz anwenden. Dieser besagt, dass das Verhältnis der beiden Seitenlängen $\overline{UX}$ und $\overline{UV}$ gleich dem Verhältnis der beiden Seitenlängen $\overline{XY}$ und $\overline{VW}$ ist. Aus der Gleichung $\frac{1}{3}\overline{UX} = \overline{UV}$ erkennt man, dass $\overline{UX}$ dreimal so lang ist wie $\overline{UV}$. Also muss auch $\overline{XY}$ dreimal so lang sein wie $\overline{VW}$; also gilt: $3 \cdot \overline{VW} = \overline{XY}$.

3 Die Sachsituation entspricht weitgehend der in Aufgabe 2. Nennt man die Größe von Sebastian x, so gilt x : 1,45 m = 1,50 m : 1,20 m
$$x = \frac{1{,}50 \text{ m} \cdot 1{,}45 \text{ m}}{1{,}20 \text{ m}} = 1{,}8125 \text{ m}$$
Sebastian ist ungefähr 1,80 m groß.

4 Der Graph von (1) schneidet die y-Achse an der Stelle −5 und steigt
(1 zur Seite, 2 nach oben) : y = 2x − 5; zugehöriger Graph B
Der Graph von (2) schneidet die y-Achse an der Stelle 3 und fällt
(1 zur Seite, 1 nach unten) : y = −x + 3; zugehöriger Graph C
Der Graph von (3) schneidet die y-Achse an der Stelle 2,5 und steigt
(1 zur Seite, 1,5 nach oben): y = 1,5x + 2,5; zugehöriger Graph D
Der Graph von (4) schneidet die y-Achse an der Stelle 0 (Nullpunkt) und fällt
(1 zur Seite, $\frac{1}{5}$ nach unten): y = $-\frac{1}{5}$x + 0; zugehöriger Graph A

5 Der Graph von f mit y = 1,5x verläuft durch den Ursprung des Koordinatensystems und steigt (bei einer Einheit nach rechts um 1,5 Einheiten nach oben). Der Graph von g mit y = 1,5x − 1 verläuft durch den Punkt (0|−1) auf der y-Achse. Er hat die gleiche Steigung wie der Graph von f. Die beiden Geraden verlaufen also parallel.

6 Wenn man von A nach B geht, muss man 4 Einheiten nach rechts und zwei Einheiten nach unten gehen.
Die Steigung der Geraden beträgt also:
$$m = \frac{-2}{4} = -\frac{1}{2}$$

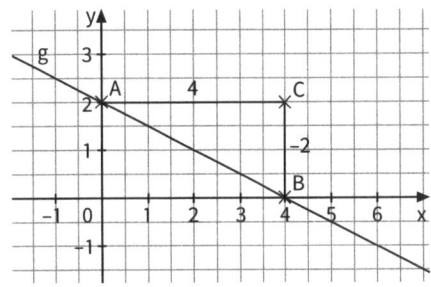

Teil A Basisaufgaben | Abschlusstest

36

1 Rechnen und Ordnen
a) $6{,}5 - 7{,}3 = -0{,}8$
b) $-1{,}2 - (-0{,}8) = -0{,}4$
c) $4 : (-16) = -\frac{1}{4} = -0{,}25$
d) $\frac{-3 \cdot (-50)}{5^3} = \frac{150}{125} = \frac{6}{5} = 1{,}2$
e) $-\frac{3}{5} \cdot 35 - 4 \cdot (-5) = -21 + 20 = -1$

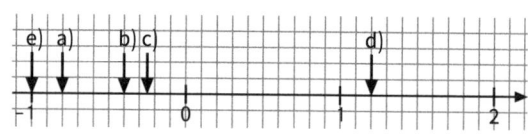

2 Quadrat und Rechteck
a) u = Summe aller Seitenlängen
   Seitenlänge: $\sqrt{36\,\text{cm}^2} = 6\,\text{cm}$
   $u = 4 \cdot 6\,\text{cm} = 24\,\text{cm}$
b) Möglich sind alle Kombinationen von zwei Seitenlängen, deren Produkt 36 cm² beträgt. Ganzzahlige Kombinationsmöglichkeiten sind z. B.
   1 cm x 36 cm, 2 cm x 18 cm, 3 cm x 12 cm, 4 cm x 9 cm usw.

3 Abschlussfahrt
a) Für Venedig ist jeder Vierte, das sind 20 Schülerinnen und Schüler (80 : 4 = 20).
   20 % sind für Paris, das sind 16 Schülerinnen und Schüler (80 · 0,2 = 16).
   Nach London oder Prag wollen somit 80 − 20 − 16 = 44 Schülerinnen und Schüler.
   Diese teilen wir im Verhältnis 3 : 1 auf:
   44 : 4 = 11   11 · 3 = 33
                    11 · 1 = 11
   Nach London wollen 33 Schülerinnen und Schüler, nach Prag 11.

b) Venedig: $\frac{1}{4} = 25\,\%$

   Paris: 20 %

   London: 33 von 80 = $\frac{33}{80}$ = 0,4125 = 41,25 %

   Prag: 11 von 80 = $\frac{11}{80}$ = 0,1375 = 13,75 %

c) Um ein Kreisdiagramm zu zeichnen, muss man die Mittelpunktswinkel für die einzelnen Kreisausschnitte berechnen:
   • 1 % entspricht 360° : 100, also 3,6°.
   • Man kann auch mit den Brüchen rechnen, $\frac{1}{80}$ entspricht dann 360° : 80, also 4,5°.

   Für die Kreisausschnitte erhalten wir dann folgende Mittelpunktswinkel:

   Venedig: $\frac{1}{4} \to 90°$

   Paris: $20\,\% = \frac{1}{5} \to 72°$

   London: $\frac{33}{80} \to 33 \cdot 4{,}5° = 148{,}5°$

   Prag: $\frac{11}{80} \to 11 \cdot 4{,}5° = 49{,}5°$

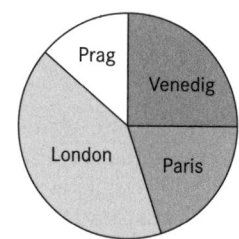

Das Streifendiagramm ist insgesamt 10 cm lang, sodass 1 mm genau 1 % entspricht.

| Venedig | Paris | London | Prag |

37

4 Lineare Funktionen
Die Funktionsgleichungen von f und g besitzen die Form y = m · x + n. Also sind f und g lineare Funktionen und ihre Graphen Geraden. f und g besitzen dieselbe Steigung m, d. h., die zugehörigen Graphen verlaufen parallel. Da m den Wert −0,2 besitzt, fallen beide Graphen von links nach rechts. Der Schnittpunkt des Graphen einer linearen Funktion y = m · x + n mit der y-Achse ist der Punkt (0 | n).
Also schneidet der Graph von f die y-Achse im Punkt (0 | −3), der Graph von g im Punkt (0 | 3).

5 Gleichungssysteme

a) I. $5x - 3y = 53$ → II. $4 \cdot 10 + 3y = 37$
   II. $4x + 3y = 37$ $3y = -3$
   ――――――――― $y = -1$
   $9x = 90$
   $x = 10$

b) 1. Zahl: x   2. Zahl: y
   I. $3x + 1 = y$ →   I. $3 \cdot 7 + 1 = y$
   II. $2x + y = 36$ $22 = y$
   ―――――――――――   Ergebnis: 1. Zahl: 7
   in II.: $2x + (3x + 1) = 36$ 2. Zahl: 22
   $5x = 35$
   $x = 7$

6 Dynamisches Dreieck

a) Bewegt man Punkt C auf der Geraden g, verändern sich die Längen der Dreiecksseiten a und b sowie die Weite aller Innenwinkel des Dreiecks ABC. Unverändert dagegen bleiben die Länge der Seite c sowie der Abstand der parallelen Geraden g und h. Dieser Abstand entspricht der Höhe auf c im Dreieck ABC. Wenn aber die Längen der Seite c und der Höhe auf c unverändert bleiben, dann bleibt auch der Flächeninhalt des Dreiecks gleich.

b) Wenn der Punkt D im Programm auf den Punkt B gezogen wird, entsteht die rechts abgebildete Figur.

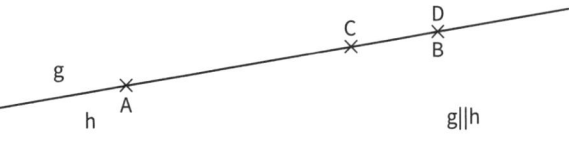

7 Dreieck im Koordinatensystem

a)

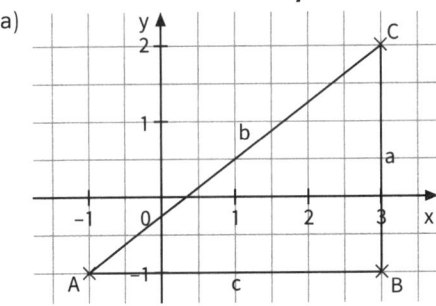

b) Länge der Strecken: $\overline{AB} = 4$ cm, $\overline{BC} = 3$ cm
Im rechtwinkligen Dreieck ABC gilt nach dem Satz des Pythagoras:
$\overline{AC}^2 = \overline{AB}^2 + \overline{BC}^2$
$= (4 \text{ cm})^2 + (3 \text{ cm})^2$
$= 25 \text{ cm}^2$ $|\sqrt{}$
$\overline{AC} = 5$ cm

Da das Dreieck rechtwinklig ist, kann der Flächeninhalt mithilfe der Katheten berechnet werden.

Flächeninhalt $A = \frac{\overline{AB} \cdot \overline{BC}}{2}$
$= \frac{4 \text{ cm} \cdot 3 \text{ cm}}{2}$
$= 6 \text{ cm}^2$

8 Prozente

a) *1. Methode:* 10 % von 130 € sind 13 €, 40 % sind dann $4 \cdot 13$ € = **52 €**.
   2. Methode: *3. Methode:*
   100 % → 130 €   130 € · 40 % = 130 € · 0,4 = **52 €**
   1 % → 1,30 €
   40 % → **52 €**

b) *1. Methode:*   *2. Methode:* □ · 4 % = 12 kg
   4 % → 12 kg   also: □ · 0,04 = 12 kg |:0,04
   1 % → 3 kg   □ = **300 kg**
   100 % → **300 kg**
   3. Methode: $W = G \cdot p\% = G \cdot \frac{p}{100}$ umformen: $W \cdot \frac{100}{p} = G$
   einsetzen: $12 \text{ kg} \cdot \frac{100}{4} = $ **300 kg**

c) *1. Methode:* 24 cm von 6 m bzw. 24 cm von 600 cm?
   6 cm sind 1 % von 600 cm, dann sind 24 cm genau viermal so viel, also **4 %** von 600 cm bzw. 4 % von 6 m.

   2. Methode: 600 cm → 100 %
   1 cm → 0,166… %
   24 cm → **4 %**

   3. Methode: $\frac{24\,cm}{6\,m} = \frac{24\,cm}{600\,cm} = 0{,}04 = \mathbf{4\,\%}$

d) 3 % von 760 € sind 0,03 · 760 € = **22,80 €**

9 Kinobesucher

a) $\frac{(625 + 745 + 820 + 655 + 423 + 388 + 495)}{7} = \frac{4151}{7} = 593$

b) Wenn durchschnittlich 450 Besucher pro Tag den Film gesehen haben, sind das in zwei Wochen insgesamt 6300 (450 · 14) Besucher. Davon muss man die Anzahl der Besucher aus der ersten Woche (4151) abziehen. In der zweiten Woche haben 2149 Besucher (6300 − 4151) den Film gesehen.

10 Lostrommel

a) P (Hauptgewinn) = $\frac{\text{Anzahl der Hauptgewinne}}{\text{Anzahl aller Lose}} = \frac{20}{300} = \frac{1}{15}$

Die Wahrscheinlichkeit, dass das erste gezogene Los ein Hauptgewinn ist, beträgt $\frac{1}{15}$.

b) Es sind jetzt noch 270 Lose in der Lostrommel, davon 18 Hauptgewinne.

P (Hauptgewinn) = $\frac{18}{270} = \frac{2}{30} = \frac{1}{15}$

Die Wahrscheinlichkeit für einen Hauptgewinn ist genauso groß wie beim ersten gezogenen Los.

11 Gleichungen und Graphen

Grundsätzlich gibt es zwei Lösungswege. Bei dem rechnerischen Weg wählt man einen Punk (x|y) des Graphen aus, den dieser mit keinem der abgebildeten Graphen gemeinsam hat, und prüft, welche der zur Auswahl stehenden Gleichungen durch die Koordinaten des Punktes erfüllt wird. Schneller aber ist der andere Weg, bei dem man sein Wissen über den grafischen Verlauf von linearen und quadratischen Funktionen nutzt.

Die abgebildeten Graphen g_1 und g_2 sind Geraden. Geraden sind Graphen von linearen Funktionen mit der allgemeinen Form y = m · x + n. Drei zur Auswahl stehende Gleichungen sind linear, sie unterscheiden sich nur in der Steigung (m). Die Graphen g_1 und g_2 steigen von links nach rechts an, also ist m > 0. Die Gleichung y = −2x + 1 scheidet damit aus. Da g_1 steiler verläuft als g_2, gehört die Gleichung mit dem größeren m zu g_1, nämlich y = x + 1. Zu g_2 gehört y = 0,5x + 1.

Zu den Parabeln (g_3, g_4, g_5, g_6) gehören Gleichungen, die einen quadratischen Term (x^2) enthalten. Hiervon stehen fünf zur Auswahl. Die Graphen g_3 und g_4 besitzen den Scheitelpunkt (0|0) und sind nach unten geöffnet. Zu ihnen gehören also Gleichungen der Form y = ax^2 mit a < 0. Zur Auswahl stehen y = −x^2 und y = −2x^2. Die Parabel g_3 verläuft durch die Punkte (−1|−1) und (1|−1). Zu ihr gehört also die Gleichung y = −x^2. Die Parabel g_4 ist schmaler geöffnet, zu ihr gehört die Gleichung y = −2x^2.

Die Graphen g_5 und g_6 sind verschobene Normalparabeln. Parabeln mit der Gleichung y = x^2 + c besitzen den Scheitelpunkt (0|c). Sie sind gegenüber der Normalparabel in y-Richtung verschoben; für c > 0 nach oben, für c < 0 nach unten. g_6 besitzt den Scheitelpunkt (0|2). Zu g_6 gehört also y = x^2 + 2. Die Parabel g_5 besitzt den Scheitelpunkt (−1|0). Zu ihr passt nur noch die Gleichung y = x^2 + 2x + 1. Folgende Überlegung bestätigt dies: umgeformt lautet die Gleichung y = (x + 1)². Parabeln mit der Gleichung y = (x + b)² besitzen den Scheitelpunkt (−b|0) und sind gegenüber der Normalparabel um b nach links verschoben. Richtig ist also:

g_1	y = x + 1
g_3	y = −x^2
g_5	y = x^2 + 2x + 1
g_6	y = x^2 + 2

	y = x^2 − 2
g_2	y = 0,5x + 1
	y = −2x + 1
g_4	y = −2x^2

⑫ Fahrstuhl

Die Masseangabe bezieht sich auf m², deshalb wird zuerst die Fläche ausgerechnet, die das gesamte Papier einnimmt.
1 Blatt: 21 cm · 29,7 cm = 623,7 cm²
100 000 Blatt: 623,7 cm² · 100 000 = 62 370 000 cm² = 6237 m²
Masse des Papiers: 80 $\frac{g}{m^2}$ · 6237 m² = 498 960 g ≈ 500 kg
Zu der Masse von 500 kg kommen noch die Massen der Palette (ca. 20 kg), eines Hubwagens (ca. 70 kg) und einer Person (ca. 80 kg) hinzu.
Mit diesen Annahmen müsste die Person in die 1. Etage laufen, damit die Palette mit dem Fahrstuhl transportiert werden kann.

⑬ Parabeln in verschiedenen Darstellungen

f(x) = −0,5 (x + 1,5)² + 3,5   (Scheitelform)
f(x) = −0,5 (x² + 3x + 2,25) + 3,5
f(x) = −0,5x² − 1,5x − 1,125 + 3,5
f(x) = −0,5x² − 1,5x + 2,375   (Normalform)

⑭ Wasserfass

a) Das Fass hat die Form eines Zylinders. Für Zylinder mit dem Radius r und der Höhe h gilt:
V = πr²h
V = π · (30 cm)² · 80 cm ≈ 226 194,7 cm³   Dies entspricht ca. 226 *l*.
b) Das Fass ist oben offen. Deshalb fällt einmal πr² weg und es gilt die folgende Formel:
O = πr² + 2πrh
O = π · (0,3 m)² + 2 · π · 0,3 m · 0,8 m ≈ 1,79 m² ≈ 1,8 m²
oder   O = π · (30 cm)² + 2 · π · 30 cm · 80 cm ≈ 17 907 cm² ≈ 1,8 m²

⑮ Größen bestimmen

Ladevolumen eines Laster: Der Ladebereich kann als Quader mit den Maßen: Breite 2,5 m, Höhe 2,5 m, Länge 8 m geschätzt werden. Als Volumen ergibt sich daraus 2,5 m x 2,5 m x 8 m = 50 m³. Da 1 m³ = 1000 *l* gilt, muss 50 000 *l* angekreuzt werden.

Länge eines Springseils: Die Länge eines Springseils muss länger sein als die Körpergröße (bzw. als zweimal die halbe Körpergröße). Es muss aber kürzer als 5 m sein, sonst kann es nicht zum Springen benutzt werden. Entsprechend kann die Länge des Seils auf ungefähr 2,5 m geschätzt werden, was 25 dm entspricht (250 000 mm = 250 m; 2500 cm = 0,025 km = 25 m).

Fläche eines Handballfeldes: Die Maße des Handballfeldes können mit 20 m Breite und 40 m Länge geschätzt werden, sodass sich ein Flächeninhalt von 800 m² ergibt (80 000 cm² = 8 m²; 8000 dm² = 80 m²; 0,8 km² = 800 000 m²).

⑯ Straßenfest

a) Die Stückzahlen für Bratwurst und Currywurst werden addiert. Insgesamt sollen 105 Würste verkauft werden.
b) Der Preis für ein Steak steht in Zelle B5. Es soll 3,50 € kosten.
c) Die voraussichtlichen Einnahmen für den Bratwurstverkauf werden in der Zelle D3 mit der Formel =B3*C3 berechnet.
d) 1. Möglichkeit: Alle Zellen, in denen Einnahmen stehen, werden addiert:
   D12: =D3+D4+D5+D6+D9+D10
   2. Möglichkeit: Man verwendet den Summenbefehl:
   D12: =Summe(D3:D10).
   Dabei werden Zellen, in denen keine Zahl steht, vom Programm nicht berücksichtigt.

⑰ Lohnerhöhungen

Es müssen (1), (3) und (4) angekreuzt werden. Begründung:
(1) Da beide Gehälter um denselben Prozentwert (112 €) erhöht wurden, aber einen unterschiedlichen Grundwert besitzen, haben sie eine prozentual unterschiedliche Erhöhung erhalten.

(3) Da der Zusammenhang $p\% = \frac{W}{G}$ gilt, kann man den Prozentsatz folgendermaßen bestimmen:
$$p\% = \frac{112}{(2712 - 112)} = \frac{112}{2600} \approx 0{,}043 = 4{,}3\%$$

(4) Da der Zusammenhang $p\% = \frac{W}{G}$ gilt, kann man den Prozentsatz folgendermaßen bestimmen:
$$p\% = \frac{112}{(2007 - 112)} = \frac{112}{1895} \approx 0{,}059 = 5{,}9\%$$

⑱ Funktionsbeschreibung

Graph f: Mit wachsenden x-Werten wachsen auch gleichmäßig die y-Werte (positive konstante Steigung). Für x = 0 geht die Funktion nicht durch den Ursprung. Es handelt sich um eine lineare Funktion.

Graph g: Mit wachsenden x-Werten werden die y-Werte gleichmäßig kleiner (negative konstante Steigung). Für x = 0 geht die Funktion nicht durch den Ursprung. Es handelt sich um eine lineare Funktion.

Graph h: Mit wachsenden x-Werten werden die y-Werte auch immer geringer, aber nicht gleichmäßig, sondern die Abnahme wird immer geringer. Die Funktion hat keinen Schnittpunkt mit der y-Achse, sondern schmiegt sich an die y-Achse an. Es handelt sich um eine Hyperbel, also eine antiproportionale Funktion.

Graph i: Unabhängig von den x-Werten nehmen die y-Werte immer den Wert 3,5 an. Es handelt sich um eine konstante Funktion.

Graph j: Mit wachsenden x-Werten wachsen auch gleichmäßig die y-Werte (positive konstante Steigung). Für x = 0 geht die Funktion durch den Ursprung. Es handelt sich um eine proportionale Funktion.

⑲ Würfeln mit einem Quader

a) Die Seitenfläche mit der Augenzahl 1 ist genauso groß wie die Fläche mit der Zahl 6. Wir gehen davon aus, dass die Masse gleichmäßig verteilt ist. Aus Symmetriegründen beträgt dann die Wahrscheinlichkeit, eine Eins zu würfeln, ebenfalls ca. 8 %. Damit bleiben für die übrigen vier Ergebnisse (2, 3, 4, 5) noch ca. 84 % übrig. Da ihre Flächen ebenfalls alle gleich groß sind, beträgt – wiederum aus Symmetriegründen – die Wahrscheinlichkeit für jedes Ergebnis ca. 21 %.

Augenzahl	1	2	3	4	5	6
Näherungswert für die Wahrscheinlichkeit	8 %	21 %	21 %	21 %	21 %	8 %

Da bei der Wiederholung von Zufallsversuchen zwar ganz selten völlig unerwartete Ergebnisse auftreten können, sind dies nur Näherungswerte. Selbst mit einer sehr großen Zahl von Versuchen kann man die Wahrscheinlichkeiten nur angenähert, nicht aber exakt bestimmen.

b) 8 % von 4000 = 0,08 · 4000 = 320
Die Augenzahl 6 ist ungefähr 320-mal aufgetreten.

⑳ Messkeil

Es gilt (Eigenschaft der zentrischen Streckung bzw. Strahlensatz):

$$\frac{35\text{ mm}}{200\text{ mm}} = \frac{x}{30\text{ mm}}$$
$$x = \frac{35\text{ mm} \cdot 30\text{ mm}}{200\text{ mm}}$$
$$x = 5{,}25\text{ mm}$$

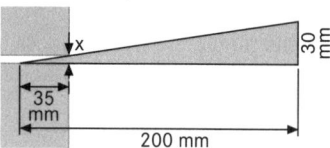

Die Höhe des Zwischenraums beträgt 5 mm.

㉑ Rechengeschichten

(1) Anzahl der Gewinnlose: x 　　　Anzahl der Nieten: 0,5x
　　Gleichung: x + 0,5x = 30 　　　Ja.
(2) Roberts Sparsumme nach 30 Tagen: x
　　Gleichung: x = 15 · 1 € + 15 · 0,50 € 　　Nein.
(3) Mineralwasser in Liter: x 　　　Fruchtsaft in Liter: 0,5 · x
　　Gleichung: x + 0,5x = 30 　　　Ja.
(4) Alter der Bruders: x 　　　Alter von Max: 0,5 · x
　　Gleichung: x + 0,5x = 30 　　　Ja.

Übungsaufgaben | Teil B Komplexe Aufgaben

2–51 Die Lösungen zum Eingangstest (S. 42–51) im Arbeitsheft befinden sich im Arbeitsheft selbst (S. 52–77).

52

❶ 80 % = 0,8   x ist die Anzahl der Runden, die Silke geschafft hat.
80 % von x = x · 0,8 = 12
$\qquad$ x · 0,8 = 12 | : 0,8
$\qquad\qquad x = \frac{12}{0,8}$
$\qquad\qquad x = 15$ Silke hat 15 Runden geschafft.

❷ $\frac{1293,50}{1990} = 0,65 = 65\,\%$ (Formel p % = $\frac{W}{G}$)
Man zahlt bei Buchung bis Ende März nur 65 % des Normalpreises, spart also 35 % gegenüber dem Normalpreis (100 % – 65 % = 35 %).

❸ Der Preis des Autos im Vorjahr wird x genannt. Es gilt dann: 100 % – 8 % = 92 %,   92 % = 0,92
$\qquad$ x · 0,92 = 22 264
$\qquad\qquad x = \frac{22\,264}{0,92}$
$\qquad\qquad x = 24\,200$
Im Vorjahr kostete das Auto 24 200 €.

❹ 840 HMT (Hausmülltonnen) · 1,15 = 966 HMT   (+ 15 %)
18 kg · 1,05 = 18,9 kg   (+ 5 %)
Das Jahr 2010 hat 52 Wochen.
966 · 18,9 kg · 52 = 949 384,8 kg = 949,3848 t
Die Stadtreinigungswerke mussten knapp 950 t Abfall aus Hausmülltonnen abtransportieren.

❺ Anzahl der Schülerinnen und Schüler zu Beginn von 2012/2013 : x
Anzahl der Schülerinnen und Schüler zu Beginn von 2013/2014 : x · 1,5
Anzahl der Schülerinnen und Schüler zu Beginn von 2014/2015 : (x · 1,5) · 1,4
Es gilt also die Gleichung   (x · 1,5) · 1,4 = 189
$\qquad\qquad\qquad\qquad\qquad\qquad$ x · 2,1 = 189
$\qquad\qquad\qquad\qquad\qquad\qquad\qquad x = \frac{189}{2,1}$
$\qquad\qquad\qquad\qquad\qquad\qquad\qquad x = 90$
Die Schule nahm den Betrieb mit 90 Schülerinnen und Schülern auf.

53

❶ a) Zu berechnen sind ein Kegel mit r = 1 m und h = 3 m sowie ein Zylinder mit r = 1 m und h = 5 m.
$\qquad V_{Kegel} = \frac{1}{3}\pi \cdot (1\,m)^2 \cdot 3\,m \qquad\qquad V_{Zylinder} = \pi \cdot (1\,m)^2 \cdot 5\,m$
$\qquad\qquad \approx 3,142\,m^3 \qquad\qquad\qquad\qquad\qquad \approx 15,708\,m^3$
$V_{Gesamt} \approx 18,85\,m^3$ (3,14 m³ + 15,71 m³)

Jeder Kubikmeter wiegt 0,7 t, also ist die Masse m ≈ 18,85 · 0,7 t ≈ 13,195 t.
Das Modell wiegt knapp 13,2 t.

b) Hier geht es um die Oberfläche O, die aus dem Kegelmantel M_K, dem Zylindermantel M_Z und der Grundfläche G besteht. Zunächst muss s mit dem Satz des Pythagoras berechnet werden:
$s^2 = h^2 + r^2$
$s^2 = 9\,m^2 + 1\,m^2$
$s^2 = 10\,m^2$
$s \approx 3,16\,m$
$M_K = \pi \cdot r \cdot s \approx \pi \cdot 1\,m \cdot 3,16\,m \approx 9,93\,m^2$
$M_Z = 2\pi r h_Z \approx 2\pi \cdot 1\,m \cdot 5\,m \approx 31,42\,m^2$
$G = \pi r^2 = \pi \cdot (1\,m)^2 \approx 3,14\,m^2$
$O = M_K + M_Z + G \approx 9,93\,m^2 + 31,42\,m^2 + 3,14\,m^2 \approx 44,49\,m^2$
Das sind knapp 44,5 m². Da man pro m² einen halben Liter Farbe braucht, sind 22,25 Liter Farbe erforderlich.

53

2 Um die Masse m des Werkstücks berechnen zu können, muss sein Volumen bekannt sein. Das Volumen V des Werkstücks berechnet sich aus dem Volumen V_{Z_1} des Holzzylinders abzüglich des Volumens V_{Z_2} des herausgebohrten Zylinders.

$V_{Z_1} = \pi \cdot r_1^2 \cdot h_1 = \pi \cdot (15 \text{ cm})^2 \cdot 10 \text{ cm} \approx 7\,068{,}58 \text{ cm}^3$

$V_{Z_2} = \pi \cdot r_2^2 \cdot h_2 = \pi \cdot (2 \text{ cm})^2 \cdot 5 \text{ cm} \approx 62{,}83 \text{ cm}^3$

Das Volumen V des Werkstücks ergibt sich dann aus
$V = V_{Z_1} - V_{Z_2} = 7\,068{,}58 \text{ cm}^3 - 62{,}83 \text{ cm}^3 = 7\,005{,}75 \text{ cm}^3$
Da 1 cm³ Holz 0,76 g wiegt, beträgt die Masse m des Werkstücks

$m = 7\,005{,}75 \text{ cm}^3 \cdot 0{,}76 \frac{g}{cm^3} = 5\,324{,}37 \text{ g} \approx 5{,}324 \text{ kg}$

Die Masse des Werkstücks beträgt ca. 5,3 kg.

3 a) Gesucht ist die Körperhöhe h_P der Pyramide.
Gegeben ist das rechtwinklige Dreieck NMO mit $\overline{MN}$ = 5 cm und dem Winkel ONM = α = 67°.
Die gesuchte Körperhöhe h_P entspricht der Länge der Dreiecksseite $\overline{OM}$.

Es gilt: $\tan 67° = \frac{h_P}{5 \text{ cm}}$ | · 5 cm

5 cm · tan 67° = h_P, also $h_P \approx$ 11,78 cm
Die Höhe der abgebildeten Körpers beträgt etwa 11,78 cm.

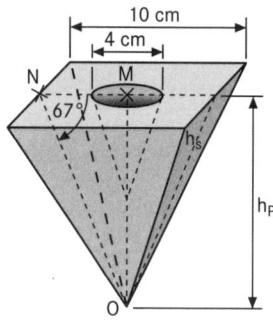

b) Das Volumen V des Werkstücks ergibt sich aus dem Volumen V_P der Pyramide abzüglich des Volumens V_P der kegelförmigen Aushöhlung. Deren Höhe beträgt die Hälfte von h_P, also 5,89 cm.

$V_P = \frac{1}{3} \cdot a^2 \cdot h_P = \frac{1}{3} \cdot (10 \text{ cm})^2 \cdot 11{,}78 \text{ cm} \approx 392{,}67 \text{ cm}^3$

$V_K = \frac{1}{3} \pi \cdot r^2 \cdot \frac{h_P}{2} = \frac{1}{3} \pi \cdot (2 \text{ cm})^2 \cdot 5{,}89 \text{ cm} \approx 24{,}67 \text{ cm}^3$

Das gesuchte Volumen V des Werkstücks ergibt sich dann aus:
$V = V_P - V_K \approx 392{,}67 \text{ cm}^3 - 24{,}67 \text{ cm}^3 = 368 \text{ cm}^3$

c) Die Dichte von Aluminium beträgt 2,7 $\frac{g}{cm^3}$. Also m ≈ 368 cm³ · 2,7 $\frac{g}{cm^3}$ = 993,6 g = 0,9936 kg ≈ 1 kg

Die Masse m des Werkstücks beträgt etwa 1 kg.

54

1 a) Aus dem Graphen, der Inas Fahrt beschreibt, ist abzulesen, dass
- Ina nach einer Viertelstunde erst 4 km zurückgelegt hat (NEIN).
- Ina nach 30 Minuten (um 19.30 Uhr) eine Rast einlegt (JA).
- Inas durchschnittliche Geschwindigkeit zu Beginn ihrer Fahrt 4 km in 15 Minuten, also 16 km in 60 Minuten bzw. 16 $\frac{km}{h}$ beträgt (NEIN).

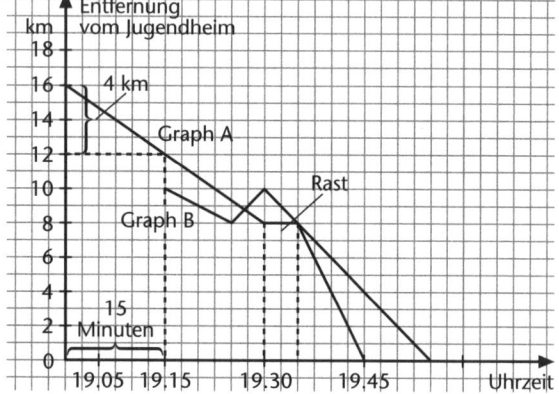

b) Eine mögliche Beschreibung wäre: Paul steigt um 19.15 Uhr auf sein Fahrrad und macht sich auf den Weg zum Jugendheim. Nach 2 km Fahrt (oder nach 10 Minuten) stellt er fest, dass er seinen Haustürschlüssel zu Hause vergessen hat.
Er kehrt um und radelt schnell (mit der doppelten Geschwindigkeit wie zuvor) zurück. Schon von weitem sieht er seinen Vater mit dem Schlüsselbund vor dem Haus auf ihn warten. Nur ein kurzes Dankeschön und schon radelt Paul wieder los. Ohne Pause und mit gleichbleibender Geschwindigkeit legt er nun die 10 km lange Fahrt zurück. Kurz vor Beginn der Party (um 19.55 Uhr) trifft Paul am Jugendheim ein.

c) Paul startet um 19.15 Uhr. Wäre er zeitgleich mit Ina um 19.45 Uhr angekommen, hätte er den 10 km langen Weg von Zuhause bis zum Jugendheim in 30 Minuten zurücklegen müssen.
Dies gelingt mit einer konstanten (gleichbleibenden) Geschwindigkeit von 10 km in 30 Minuten bzw. 20 km in 60 Minuten. Die Antwort lautet also: Paul hätte die gesamte Strecke mit einer konstanten Geschwindigkeit von 20 $\frac{km}{h}$ fahren müssen, um zeitgleich mit Ina anzukommen.

54 ❷ Eine mögliche Lösung ist im Koordinatensystem dargestellt. Je langsamer die Wandergeschwindigkeit ist, desto geringer ist die Steigung des entsprechenden Graphenabschnitts.

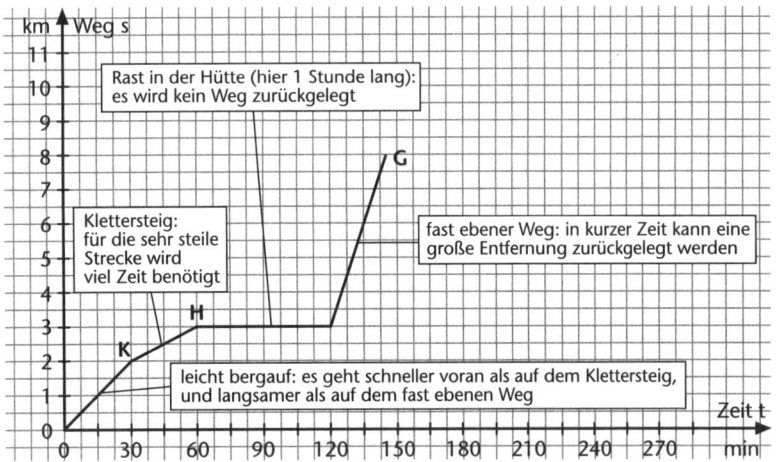

55 ❶ a) Die Aktie ist von G = 33,90 € um W = 3,70 € gesunken.

$p\% = \dfrac{3{,}70\ €}{33{,}90\ €}$ $p\% = 0{,}10914\ ...;$ $p\% \approx 10{,}9\ \%$

b) $\dfrac{33{,}60\ € + 32{,}10\ € + 34{,}10\ € + 34{,}60\ € + 33{,}90\ € + 30{,}20\ €}{6} = 33{,}08\overline{3}\ €$

Den Durchschnitt des letzten Jahres hat die Aktie nicht erreicht.

c) Der Eindruck entsteht dadurch, dass die €-Achse nicht bei 0 €, sondern bei 30 € beginnt.

d)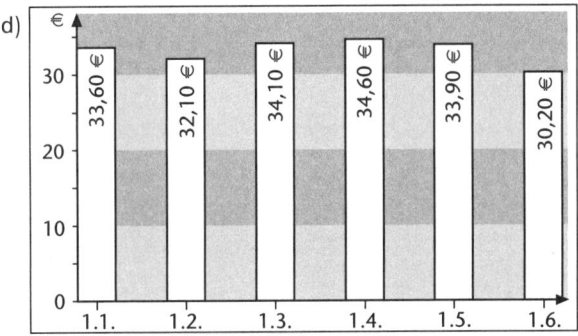

❷ a) 80 % (24 von 30) der Schülerinnen und Schüler aus der Klasse 7a haben an der Umfrage teilgenommen.

b) Die Klasse 7b besteht zu 50 % aus Mädchen und zu 50 % aus Jungen (50 % entspricht 180°).
87,5 % (14 von 16) Mädchen wurden befragt (87,5 % von 180° entspricht 157,5°).
75 % (12 von 16) Jungen wurden befragt (75 % von 180° entspricht 135°).

c) Da wegen der Mehrfachantworten die Summe der Prozentsätze über 100 % beträgt, eignet sich nur ein Säulendiagramm zur Darstellung der Ergebnisse.

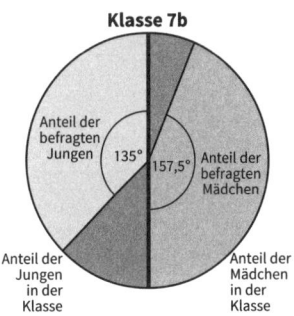

56

1 a) Der Höhenunterschied beträgt 180 m
(= 40 m + 50 m + 25 m + 40 m + 25 m).

b) Die Länge der gesuchten Strecke s kann mithilfe des Satzes des Pythagoras annähernd berechnet werden.

$s^2 = (78\ m)^2 + (180\ m)^2$
$s^2 = 38\,484\ m^2$
$s \approx 196\ m$

Der Kletterer legt lt. Rechnung eine Strecke von ungefähr 196 m zurück. Um den Satz des Pythagoras hier anwenden zu können, stellt man sich den Weg des Kletterers als geradlinige Verbindung zwischen Start und Ziel vor. Tatsächlich aber erkennt man in der Kletterkarte, dass der Weg häufig um Felsbrocken oder Spalten herumführt. Der berechnete Wert ist also nur eine Annäherung, in Wirklichkeit wird ein Kletterer auf dieser Tour eine längere Strecke zurücklegen.

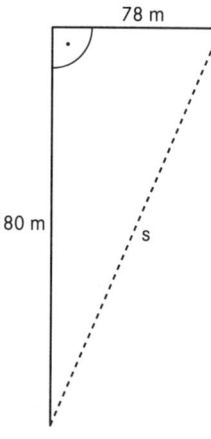

2 Die Länge des Trageseils kann mithilfe des Satzes des Pythagoras berechnet werden.

$s^2 = (62\ m)^2 + (130\ m)^2$
$s^2 = 20\,744\ m^2$
$s \approx 144\ m$

Da es aber kaum möglich ist, ein langes Seil so straff zu spannen, dass es wie eine Gerade zwei Punkte verbindet, wird das Trageseil in Wirklichkeit etwas länger sein.

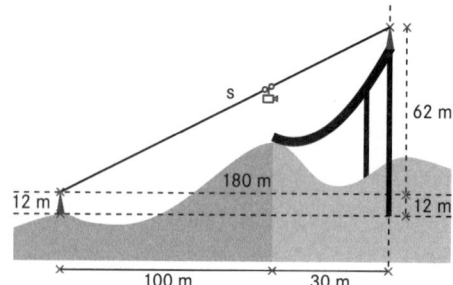

57

1 Das Plastikband besteht aus zwei Halbkreisen, die zusammen einen Kreis bilden, und zwei Strecken der angegebenen Längen.

$l = 6r + 6r + 2\pi r$
$l = 6 \cdot 5\ cm + 6 \cdot 5\ cm + 2\pi \cdot 5\ cm$
$l \approx 91{,}4\ cm$

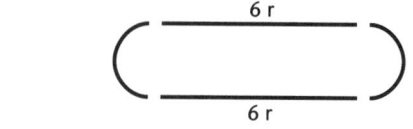

2 Das Plastikband besteht aus drei Drittelkreisen, die zusammen einen Kreis bilden, und drei Strecken der angegebenen Längen.

$l = 4r + 4r + 4r + 2\pi r = 12r + 2\pi r$
$l = 12 \cdot 6\ cm + 2\pi \cdot 6\ cm$
$l \approx 109{,}7\ cm$

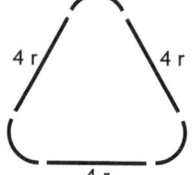

3 a) $\alpha = 60°$, nämlich der 6.Teil des Vollwinkels 360°;
β und γ sind gleich groß, weil das Dreieck gleichschenklig ist;
wegen der Winkelsumme von 180° gilt: $\beta = \gamma = 60°$.
Das Dreieck FME ist also gleichseitig.

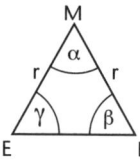

b) Die einzelnen Teilstrecken sind jeweils 8 cm lang, wie aus den Überlegungen zu Teilaufgabe a) folgt.
$u_6 = 6 \cdot 8\ cm = 48\ cm$

c) $u_K = 2 \cdot \pi \cdot 8\ cm = 50{,}2655\ldots\ cm$
$u_6 = 48\ cm$
Der Grundwert G = 48 cm ist um W = 2,2655 cm gewachsen.

$p\ \% \approx \dfrac{2{,}2655}{48} \approx 4{,}7\ \%$

Der Umfang des Kreises ist um etwas mehr als 4,7 % größer als der Umfang des regelmäßigen Sechsecks.

Übungsaufgaben | Teil B Komplexe Aufgaben

57

d) *1. Möglichkeit:*
Nach dem Satz des Pythagoras gilt:
$h^2 + (4\text{ cm})^2 = (8\text{ cm})^2$
$h^2 + 16\text{ cm}^2 = 64\text{ cm}^2 \quad |-16\text{ cm}^2$
$\quad\quad h^2 = 48\text{ cm}^2$
$\quad\quad h \approx 6{,}93\text{ cm}$

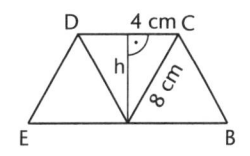

$A = \frac{a+c}{2} \cdot h \quad\quad A \approx \frac{16\text{ cm} + 8\text{ cm}}{2} \cdot 6{,}93\text{ cm}$

$\quad\quad\quad\quad\quad\quad A \approx 83{,}16\text{ cm}^2$

2. Möglichkeit:
ohne Trapezformel: Das Trapez besteht aus drei Dreiecken mit der Grundseite 8 cm und der Höhe 6,93 cm.

$A = 3 \cdot \frac{8\text{ cm} \cdot 6{,}93\text{ cm}}{2}$

$A = 83{,}16\text{ cm}^2$

e) Der Flächeninhalt vervierfacht sich (Streckfaktor: k = 2, $k^2 = 4$). Der Umfang verdoppelt sich (k = 2).

4 Es gilt $A = 0{,}25\text{ m}^2$
$\quad\quad\quad a^2 = 0{,}25\text{ m}^2$
$\quad\quad\quad a = 0{,}5\text{ m}$

Der Kreis hat einen Durchmesser von 0,5 m und deshalb einen Radius von 0,25 m.

a) $A_K = \pi \cdot (0{,}25\text{ m})^2 \quad\quad u_K = 2\pi \cdot 0{,}25\text{ m}$
$\quad A_K \approx 0{,}196\text{ m}^2 \quad\quad\quad u_K \approx 1{,}57\text{ m}$

b) Von 0,25 m² Platte werden 0,25 m² – 0,196 m² = 0,054 m² als Abfall abgesägt.

$p\% = \frac{0{,}054\text{ m}^2}{0{,}25\text{ m}^2} = 21{,}6\%$ Abfall

58

1 a) Das Volumen des Quaders berechnet sich aus 40 cm · 15 cm · 30 cm = 18 000 cm³.

b) Pro Minute fließen 150 cm³ in den Behälter ein, für 18 000 cm³ werden dann
18 000 cm³ : $\frac{150\text{ cm}^3}{\text{min}}$ = 120 Minuten, also 2 h benötigt.

c) Da der Behälter gleichmäßig gefüllt wird, ist die zugehörige Funktion linear und der Funktionsgraph eine Gerade. Um den Graph zeichnen zu können, braucht man nur 2 Punkte.
– Der Graph verläuft durch den Punkt P (0|0), da der Behälter zu Beginn keine Flüssigkeit enthält, die Füllhöhe also 0 cm beträgt.
– Nach 120 Minuten ist der Behälter voll, d. h. die Füllhöhe nach 120 Minuten entspricht der Höhe des Behälters, nämlich 30 cm. Damit kennen wir einen zweiten Punkt des Graphen: Q (120|30).

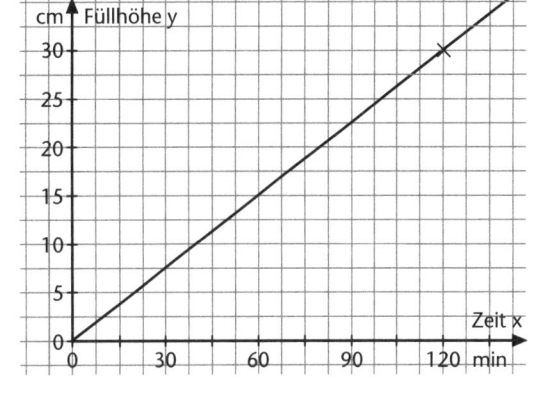

d) Die zugehörige Funktionsgleichung hat die Form y = m · x + n. Ein möglicher Lösungsweg ist es, die Werte für m und n aus dem Graphen abzulesen:
n = 0 und m = $\frac{30}{120} = \frac{1}{4}$. Die gesuchte Funktionsgleichung lautet also: y = 0,25x.

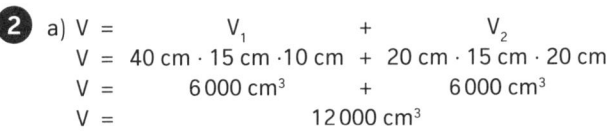

2 a) V = V_1 + V_2
V = 40 cm · 15 cm · 10 cm + 20 cm · 15 cm · 20 cm
V =   6 000 cm³   +   6 000 cm³
V =   12 000 cm³

Da 150 cm³ in der Minute in den Behälter fließen, dauert der Füllvorgang
12 000 cm³ : 150 $\frac{\text{cm}^3}{\text{min}}$ = 80 Minuten.

21

58

b) Bei diesem zusammengesetzten Körper ist auch der zugehörige Graph aus Teilgraphen zusammengesetzt, die jeweils den Füllvorgang eines Teilkörpers beschreiben. Der Teilkörper 1 ist in 6000 cm³ : 150 $\frac{cm^3}{min}$ = 40 Minuten gefüllt. Die Füllhöhe beträgt zu diesem Zeitpunkt 10 cm. Die Punkte (0|0) und (40|10) bestimmen diesen Teil des Graphen. Der Teilkörper 2 ist ebenfalls in 40 Minuten gefüllt. Die Füllhöhe beträgt anfangs 10 cm, bei vollständig gefülltem Körper 30 cm. Die Punkte (40|10) und (80|30) bestimmen diesen Teil des Graphen.

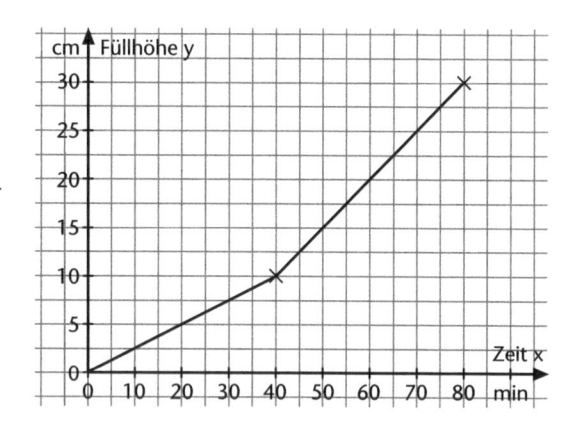

3 a)

Gefäß	Graph	mögliche Begründung
A	④	Der untere Teil des Körpers hat einen geringeren Querschnitt als der obere. Bei gleichmäßiger Befüllung muss der Graph also einen Wechsel von einem schnelleren zu einem langsameren Füllvorgang zeigen. Da es sich bei beiden Teilkörpern um Quader handelt, verläuft der Füllvorgang stückweise linear.
B	③	Der untere Teil des Körpers hat einen geringeren Querschnitt als der obere. Bei gleichmäßiger Befüllung muss der Graph also einen Wechsel von einem schnelleren zu einem langsameren Füllvorgang zeigen. Da der obere Teil die Form eines Kegelstumpfes besitzt, verläuft der Füllvorgang nur für den unteren Teil anfangs linear.
C	①	Für Quader D und Quader C sind die Füllvorgänge linear. Da die Grundfläche des Quaders größer ist als die des Würfels, verläuft der Füllvorgang des Quaders deutlich langsamer als der des Würfels. Der Graph mit der geringeren Steigung gehört also zum Quader.
D	②	

b) Eine mögliche Lösung ist ein aus drei Teilquadern zusammengesetztes Gefäß:

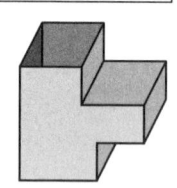

59

1 Die Meldung beinhaltet zwei Fehler.
– Der erste Fehler steckt in der Formulierung „Die letzte Saison fiel dagegen deutlich besser aus". Jedes 3. Spiel zu gewinnen bedeutet z. B., bei 4 von 12 Spielen als Sieger vom Platz zu gehen. Jedes 6. Spiel zu gewinnen bedeutet dagegen in diesem Beispiel, nur bei 2 von 12 Spielen siegreich zu sein.
– Der zweite Fehler liegt in der Angabe „Steigerung um 50%". Tatsächlich gewinnt die C-Mannschaft nur noch halb so viele Spiele; richtig wäre es, von einer Verminderung um 50% zu sprechen.

2 Die Meldung beinhaltet zwei Fehler.
Der erste mathematische Fehler steckt in der Formulierung „nur noch".
Früher: Jeder 10. Autofahrer rast. Heute: Jeder 5. Autofahrer rast.
Wenn also heute jeder 5. statt früher jeder 10. Autofahrer zu schnell fährt, dann hat sich die Zahl der Raser erhöht.
Der zweite Fehler liegt in der Angabe „fünf Prozent".
Jeder 5. Autofahrer bedeutet, dass sich unter jeweils 5 Autofahrern 1 Raser befindet.
Unter 100 Autofahrern sind dann 20 Raser zu finden, also: 20 von 100 oder 20% der Autofahrer fahren zu schnell.
Richtig müsste die Meldung also lauten: „Fuhr vor einigen Jahren noch jeder zehnte Autofahrer zu schnell, so ist es heute sogar jeder fünfte. 20 Prozent sind natürlich viel zu viel, und so wird weiterhin kontrolliert, und die Schnellfahrer haben zu zahlen."

59 ❸ a) 80,99 % von 163 Torschüssen in die Ecke unten links waren erfolgreich, das entspricht 132 Treffern (= 80,99 % · 163). Unten rechts in der Ecke waren 87,41 % von 127 Torschüssen erfolgreich, das entspricht 111 Treffern (= 87,41 % · 127). Absolut gesehen gab es unten links mehr Treffer, allerdings war die Gesamtzahl der Torschüsse in diese Ecke auch größer. Relativ gesehen ist daher die Trefferquote für die Ecke unten rechts größer.

b) Um Thorstens Behauptung zu überprüfen, ermittelt man die Summe der Torversuche und die Summe der erfolgreichen Torschüsse in den jeweils sechs Bereichen links und rechts vom Torwart (der in der Mitte steht). Das Verhältnis von Anzahl der erfolgreichen Torschüsse und Anzahl der Torversuche gibt dann die Trefferquote links und rechts vom Torwart an.

Links vom Torwart:

	Torversuche pro Bereich	Trefferquote (in %)		Erfolgreiche Torschüsse pro Bereich
	16	100		16
	10	100		10
	58	91,38		53
	28	50		14
	163	80,99		132
	38	42,11		16
Torversuche insgesamt	313		Erfolgreiche Torschüsse insgesamt	241

Trefferquote links vom Torwart: $\frac{241}{313} \approx 0{,}77 = 77\,\%$

Rechts vom Torwart:

	Torversuche pro Bereich	Trefferquote (in %)		Erfolgreiche Torschüsse pro Bereich
	5	100		5
	17	100		17
	18	77,78		14
	46	84,79		39
	49	61,23		30
	127	87,41		111
Torversuche insgesamt	262		Erfolgreiche Torschüsse insgesamt	216

Trefferquote rechts vom Torwart: $\frac{216}{262} \approx 0{,}82 = 82\,\%$

Die Trefferquote rechts vom Torwart ist also höher, Thorstens Behauptung ist damit falsch.

c) Ein Kreis mit dem Durchmesser 1 cm hat eine Fläche von $A = \pi \cdot (0{,}5)^2 \text{ cm}^2 \approx 0{,}8 \text{ cm}^2$.
Für einen Kreis mit einer halb so großen Fläche gilt:
$A = \pi \cdot r^2$
$0{,}4 = \pi \cdot r^2$
$\frac{0{,}4}{\pi} = r^2$, also $r = \sqrt{\frac{0{,}4}{\pi}} \approx 0{,}36$

Der Durchmesser des 50-%-Kreises muss 0,72 cm (7,2 mm) betragen.

Teil B Komplexe Aufgaben | Übungsaufgaben

1 a) Die Länge der Strecke $\overline{OM}$ entspricht dem Betrag der y-Koordinate des Punktes M.
Der Punkt M hat die x-Koordinate 0.
Für $x = 0$ gilt $y = -0{,}04 \cdot 0^2 + 38$
$y = 38$
Die Länge der Strecke $\overline{OM}$ beträgt demnach 38 m.

b) Die Punkte A und B liegen symmetrisch zur y-Achse.
Für die Punkte A und B gilt $y = 0$, also ist die Gleichung
$0 = -0{,}04x^2 + 38$ zu lösen.
$0{,}04x^2 = 38$
$x^2 = \frac{38}{0{,}04}$
$x^2 = 950$
$x_1 = \sqrt{950}$ oder $x_2 = -\sqrt{950}$
$x_1 \approx 30{,}8$ $x_2 \approx -30{,}8$
Die Strecke $\overline{AB}$ ist rund 61,60 m lang ($30{,}8 \cdot 2$).

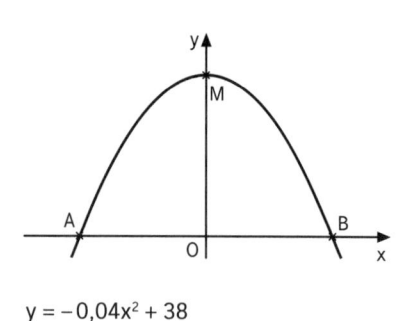

$y = -0{,}04x^2 + 38$

2 Gesucht ist die positive Nullstelle der Parabel:
$-0{,}08x^2 + 0{,}4x + 0{,}7 = 0$ $|:(-0{,}08)$
$x^2 - 5x - 8{,}75 = 0$
$x_{1/2} = 2{,}5 \pm \sqrt{6{,}25 + 8{,}75}$
$x_{1/2} = 2{,}5 \pm \sqrt{15}$
$x_{1/2} \approx 2{,}5 \pm 3{,}87$
$x_1 \approx 6{,}37$; x_2 ist negativ und spielt in diesem Sachzusammenhang keine Rolle.
Der Springer setzt 6,37 m vom Absprungbalken entfernt im Sand auf.

3 Der Mittelpunkt M des Korbringes hat die Koordinaten M (11,2|2,52). Dabei ergibt sich 11,2 m als die Differenz von 14 m und 2,80 m. Wenn der Punkt M annähernd auf dem Graphen der Funktion liegt, muss gelten:
$2{,}52 = -0{,}032 \cdot 11{,}2^2 + 0{,}387 \cdot 11{,}2 + 2{,}2$
$-4{,}01408 + 4{,}3344 + 2{,}2 = 2{,}52032 \approx 2{,}52$
Elke trifft den Korbring fast genau in der Mitte.

4 a) Der Punkt (0|0) gehört zum Graphen der Funktion:
$0 = a \cdot 0^2 + b \cdot 0 + c$
$0 = c$

b) Die Parabel hat eine Funktionsgleichung der Form $y = ax^2 + bx$
Für $P_1(50|14)$ ergibt sich die Gleichung   I. $14 = a \cdot 50^2 + b \cdot 50$
I. $14 = 2500a + 50b$
Für $P_2(100|0)$ ergibt sich die Gleichung   II. $0 = a \cdot 100^2 + b \cdot 100$
II. $0 = 10000a + 100b$
Zu lösen ist dann das folgende Gleichungssystem:
I. $2500a + 50b = 14$
II. $10000a + 100b = 0$

I. $-5000a - 100b = -28$
II. $10000a + 100b = 0$ $+$
$5000a = -28$
$a = -0{,}0056$

Einsetzen von $a = -0{,}0056$ in II.:
$10000 \cdot (-0{,}0056) + 100b = 0$
$-56 + 100b = 0$
$100b = 56$
$b = 0{,}56$

c) Die Funktionsgleichung heißt $y = -0{,}0056x^2 + 0{,}56x$.

61

1 a) Zur Berechnung fehlt die Höhe h, die man mit dem Satz des Pythagoras ermittelt.
$h^2 + 2{,}5^2 = 11^2$
$\qquad h^2 = 11^2 - 2{,}5^2$
$\qquad h^2 = 114{,}75$
$\qquad\quad h \approx 10{,}7$
Das Dreieck ist etwa 10,7 cm hoch.
$A = \frac{g \cdot h}{2} \rightarrow A = \frac{5 \cdot 10{,}7}{2}$
$\qquad\qquad\qquad A = 26{,}75$
Der Flächeninhalt des Dreiecks beträgt etwa 27 cm².

b) α kann man mit der Kosinusfunktion berechnen.
$\cos \alpha = \frac{2{,}5}{11}$
$\cos \alpha = 0{,}2\overline{27}$
$\quad\alpha \approx 76{,}9°$
Da das Dreieck gleichschenklig ist, gilt auch β ≈ 76,9°
Für γ arbeitet man mit der Winkelsumme im Dreieck:
76,9° + 76,9° + γ = 180°
$\qquad\quad 153{,}8° + \gamma = 180°$
$\qquad\qquad\qquad\quad \gamma = 26{,}2°$
Die Innenwinkel des Dreiecks sind 76,9°, 76,9° und 26,2° groß.

2 a) Die Grundfläche berechnet man mit der Trapezformel.
$G = \frac{(a+c) \cdot h}{2} \rightarrow G = \frac{(4\,\text{cm} + 8\,\text{cm}) \cdot 5\,\text{cm}}{2}$
$\qquad\qquad\qquad\qquad G = 30\,\text{cm}^2$
V = G · h (Prisma-Formel)
V = 30 cm² · 14 cm
V = 420 cm³
Das Werkstück hat ein Volumen von 420 cm³.

b) O = 2G + M (Formel Oberflächeninhalt eines Prismas)
Der Mantel M ist ein Rechteck, dessen Länge der Umfang der Grundfläche und dessen Breite 14 cm ist.
Für den Umfang der Grundfläche benötigt man die Länge x (siehe Zeichnung), die man mit dem Satz des Pythagoras berechnen kann.
$x^2 = 5^2 + 2^2$
$x^2 = 25 + 4$
$x^2 = 29$
$x \approx 5{,}385$
Der Umfang u der Grundfläche berechnet sich so: u = 2 · x + 8 cm + 4 cm
$\qquad\qquad\qquad\qquad\qquad\qquad\qquad\qquad u = 10{,}77\,\text{cm} + 12\,\text{cm}$
$\qquad\qquad\qquad\qquad\qquad\qquad\qquad\qquad u = 22{,}77\,\text{cm}$

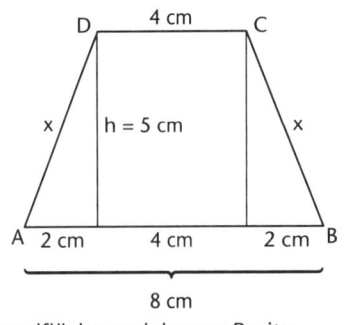

M = u · h
M = 22,77 cm · 14 cm
M = 318,78 cm²   Aus a) ist bekannt: G = 30 cm².
O = 2 · G + M
O = 2 · 30 cm² + 318,78 cm²
O = 378,78 cm²
Die Oberfläche des Werkstücks beträgt knapp 379 cm².

c) Bei einem gleichschenkligem Trapez gilt α = β und γ = δ, außerdem α + δ = 180°
$\tan \alpha = \frac{5}{2}$
$\tan \alpha = 2{,}5$
$\quad \alpha \approx 68{,}2°$
$\quad \delta \approx 180° - 68{,}2°$
$\quad \delta \approx 111{,}8°$
Die Innenwinkel der Trapezfläche sind 68,2°, 68,2°, 111,8° und 111,8° groß.

25

Teil B Komplexe Aufgaben | Übungsaufgaben

61 **3** a) Der Strafraum mit Torraum ist ein Rechteck mit einer Breite von 16,5 m und einer Länge von 16,5 m + 7,32 m + 16,5 m, also 40,32 m.
$A_1 = 16{,}5 \text{ m} \cdot 40{,}32 \text{ m}$
$A_1 = 665{,}28 \text{ m}^2$
Der Torraum ist 5,5 m breit und 18,32 m lang.
$A_2 = 5{,}5 \text{ m} \cdot 18{,}32 \text{ m}$
$A_2 = 100{,}76 \text{ m}^2$
$A_1 - A_2 = 665{,}28 \text{ m}^2 - 100{,}76 \text{ m}^2$
$ = 564{,}52 \text{ m}^2$
Der Strafraum außerhalb des Torraums ist ungefähr 564,5 m² groß.

b) Zunächst wird die Entfernung y vom 11-m-Punkt bis zum Fußpunkt des Tores berechnet (siehe Zeichnung). 3,66 m ist die Hälfte von 7,32 m.
$y^2 = 11^2 + 3{,}66^2$
$y^2 = 134{,}3956$ (y ≈ 11,59)
Für die eigentlich gesuchte Strecke x gilt die zweite Zeichnung.
2,44 m ist die Höhe des Tores.
$x^2 = y^2 + 2{,}44^2$
$x^2 = 134{,}3956 + 5{,}9536$
$x^2 = 140{,}3492$
$x \approx 11{,}85$
Der Ball legt rund 11,85 m zurück.

c) $\tan \alpha = \dfrac{2{,}44}{11{,}59}$
$\tan \alpha = 0{,}210526 \ldots$
$\alpha \approx 11{,}9°$
Der Ball hebt unter einem Winkel von knapp 12° vom Boden ab.

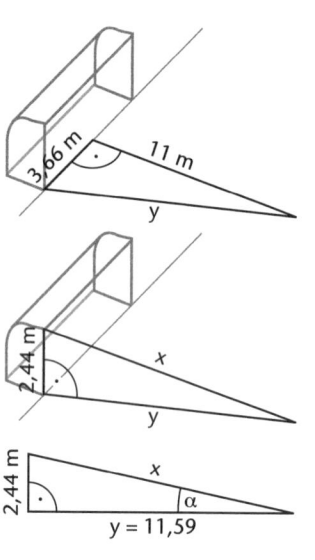

4 $A = g \cdot h$ (Parallelogramm-Formel)
$A = 8{,}5 \text{ cm} \cdot 4{,}2 \text{ cm}$
$A = 35{,}7 \text{ cm}^2$
Der Flächeninhalt des Parallelogramms beträgt 35,7 cm².

Für den Umfang benötigt man die Länge b.
$\sin 70° = \dfrac{4{,}2}{b}$
$b \cdot \sin 70° = 4{,}2$
$b = \dfrac{4{,}2}{\sin 70°}$
$b \approx 4{,}47 \text{ cm}$ $u = 2a + 2b$ → $u = 2 \cdot 8{,}5 \text{ cm} + 2 \cdot 4{,}47 \text{ cm}$
$\phantom{b \approx 4{,}47 \text{ cm} u = 2a + 2b → } u = 25{,}94 \text{ cm}$
Der Umfang des Parallelogramms beträgt rund 25,9 cm.

62 **1** Zunächst wandelt man die Prozentangaben in Dezimalbrüche um:
55 % = 0,55; 35 % = 0,35; 40 % = 0,4
Der gesuchte Anteil der Jungen, die mit dem Fahrrad zur Schule kommen, wird mit x bezeichnet.
Folglich ist der Anteil der Jungen, die nicht mit dem Fahrrad zur Schule kommen, (1 – x).
Im Baumdiagramm multiplizieren sich die Anteile längs eines Pfades.

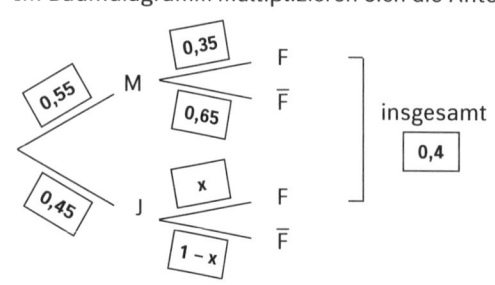

Mädchen mit Fahrrad:
$\underline{0{,}55}$ M $\underline{0{,}35}$ F (0,1925)

Jungen mit Fahrrad:
$\underline{0{,}45}$ J $\underline{\phantom{0{,}35}x\phantom{0{,}35}}$ F (0,45x)

Daraus ergibt sich die folgende Gleichung:
$0{,}1925 + 0{,}45x = 0{,}4$ $\vert -0{,}1925$
$0{,}45x = 0{,}2075$ $\vert : 0{,}45$

Sie hat die Lösung x = 0,46111…   Etwa 46 % der Jungen kommen mit dem Fahrrad zur Schule.

② Der prozentuale Anteil der Ökostromnutzer in der Altersgruppe „unter 40 Jahren" ist mit 6,25 % angegeben. Gesucht ist der prozentuale Anteil der Ökostromnutzer in der Altersgruppe „40 Jahre oder älter". Zunächst bestimmt man, wie viele Personen jede der beiden Altersgruppen umfasst.
Wir wissen: 32 % der 1200 Befragten waren 40 Jahre alt oder älter.
G = 1200   p % = 32 %   W ist gesucht.
W = G · p % = 1200 · 0,32 = 384
384 der Befragten gehören zu der Altersgruppe „40 Jahre alt oder älter".
Folglich gehören 816 (= 1200 – 384) der Befragten zu der Altersgruppe „unter 40 Jahren".
Wir wissen: 6,25 % der unter 40-Jährigen nutzt Ökostrom.
G = 816   p % = 6,25 %   W ist gesucht.
W = G · p % = 816 · 0,0625 = 51.
51 Personen der Altersgruppe „unter 40 Jahren" nutzt Ökostrom.
Wir wissen: Insgesamt nutzen 72 der 1200 Befragten Ökostrom.
Folglich nutzen dann 21 (= 72 – 51) Personen aus der Altersgruppe „40 Jahre oder älter" Ökostrom.
Ihr prozentualer Anteil ergibt sich aus:
G = 384   W = 21   p % ist gesucht.
p % = $\frac{W}{G}$ = $\frac{21}{384}$ ≈ 0,0579 = 5,79 %.

Ein Umfrageergebnis ist daher, dass der prozentuale Anteil der Ökostromnutzer in der Altersgruppe „unter 40 Jahren" größer ist als in der Altersgruppe „40 Jahre oder älter".

③ a) Wir wissen, dass zwei Drittel ($\frac{2}{3}$ ≈ 0,67 = 67 %) der Konfektstücke die Form eines Quaders besitzen, der Rest (also ein Drittel) ist zylinderförmig.
$\frac{1}{3}$ ≈ 0,33 = 33 %
b) Zunächst ermitteln wir die Anzahl der zylinderförmigen Konfektstücke: $\frac{1}{3}$ von 60 = 20
Wir wissen, dass 12 Konfektstücke zylinderförmig sind und nach Kokos schmecken.
Folglich gibt es 8 (= 20 – 12) Konfektstücke, die zylinderförmig sind und nach Kakao schmecken.
c) Die Wahrscheinlichkeit, ein quaderförmiges Konfekt mit Kokosgeschmack aus der vollen Tüte zu ziehen, ergibt sich aus der relativen Häufigkeit für diese Merkmalkombination.
Wir wissen, dass zwei Drittel der 60 Konfektstücke die Form eines Quaders besitzen.
Es gibt also insgesamt 40 quaderförmige Konfektstücke in der Tüte.
Zudem wissen wir, dass ein Drittel des Konfekts Kakaogeschmack hat und damit folglich zwei Drittel der 60 Konfektstücke nach Kokos schmecken.
Aus b) wissen wir, dass 12 Konfektstücke zylinderförmig sind und nach Kokos schmecken.
Dies stellt man am besten übersichtlich in einer Häufigkeitstabelle oder einem Baumdiagramm dar und ermittelt die absoluten Häufigkeiten.

	Kakao	Kokos	insgesamt
zylinderförmig	20 – 12 = 8	12	20
quaderförmig	12	40 – 12 = 28	40
insgesamt	20	40	60

Unter den 60 Konfektstücke gibt es also 28 quaderförmige Lakritzstücke, die nach Kokos schmecken.
Also: P(quaderförmig und Kokos) = $\frac{28}{60}$ ≈ 0,47 = 47 %
Die Wahrscheinlichkeit, ein quaderförmiges Konfekt mit Kokosgeschmack aus der vollen Tüte zu ziehen, beträgt also 47 %.

Ein anderer Lösungsweg besteht darin, die relativen Häufigkeiten für die einzelnen Merkmale und deren Kombination zu berechnen, und in ein Baumdiagramm einzutragen.

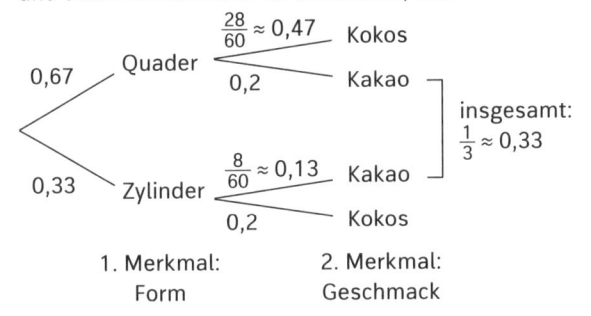

```
                  28/60 ≈ 0,47 — Kokos
         Quader <
  0,67  /        0,2        — Kakao
       <                               insgesamt:
        \                              1/3 ≈ 0,33
  0,33   \        8/60 ≈ 0,13 — Kakao
         Zylinder <
                  0,2        — Kokos

         1. Merkmal:    2. Merkmal:
         Form           Geschmack
```

Teil B Komplexe Aufgaben | Übungsaufgaben

63

1
1 Stunde für 72 km
30 Minuten für 36 km
1 Stunde 30 Minuten für 108 km
Die Bahnstrecke ist 108 km lang.

2 a) Für Wohnen/Energie geben die Bundesbürger etwa fünfmal so viel aus wie für Telekommunikation.
Für Freizeit/Kultur geben die Bundesbürger etwa doppelt so viel aus wie für Gaststätten/Hotels.
Für Essen/Trinken geben die Bundesbürger etwa doppelt so viel aus wie für Telekommunikation.
b) Familie Wagner gibt für Wohnen/Energie etwa 9600 € aus (das 30-Fache von 320 €), für Verkehr etwa 4200 € (das 30-Fache von 140 €).

64

1
$u_1 = 2a + 2b$
$\cdot 2 \Big(u_2 = 2 \cdot (2a) + 2 \cdot (2b)$
$u_2 = 2(2a + 2b)$
Der Umfang verdoppelt sich.

2 $A_1 = \pi r^2$ —— $\cdot 16$ ——→
$A_2 = \pi \cdot (4r)^2 \rightarrow A_2 = \pi \cdot 16r^2 \rightarrow A_2 = 16 \cdot (\pi r^2)$
Der Flächeninhalt versechzehnfacht sich.

3 $V_1 = a^3$ —— $\cdot \frac{1}{8}$ ——→
$V_2 = (\frac{1}{2}a)^3 \rightarrow V_2 = \left(\frac{1}{2}\right)^3 \cdot a^3 \rightarrow V_2 = \frac{1}{8}a^3$
Das Volumen verringert sich auf ein Achtel.

4 Nennt man den Radius der kleinen Kugeln r, so hat die große Kugel den Radius 2r.
$4 \cdot V_1$ ist das gesamte Volumen aller kleinen Kugeln, V_2 das Volumen der großen Kugel.

$4V_1 = 4 \cdot \frac{4}{3}\pi \cdot r^3$ $V_2 = \frac{4}{3}\pi (2r)^3$

$4V_1 = \frac{16}{3}\pi r^3$ $V_2 = \frac{4}{3}\pi \cdot 8r^3$

        $\cdot 2$ $V_2 = \frac{32}{3}\pi r^3$
        $:2$

Die vier kleinen Kugeln haben zusammen das halbe Volumen der großen Kugel, wiegen also zusammen 3,5 kg.

5 a) $O_1 = 2ab + 2ac + 2bc$ $O_2 = 2 \cdot (2a)(2b) + 2(2a)(2c) + 2(2b)(2c)$
    ←—— $\cdot 4$ $O_2 = 8ab + 8ac + 8bc$
    ——→ $:4$ $O_2 = 4(2ab + 2ac + 2bc)$ Die Oberfläche vervierfacht sich.

b) $V_1 = a \cdot b \cdot c$ $V_2 = (2a) \cdot (2b) \cdot (2c)$
    ←—— $\cdot 8$ $V_2 = 8(a \cdot b \cdot c)$ Das Volumen verachtfacht sich.
    ——→ $:8$

6 Generell gilt: Werden die Kantenlängen im Körper um den Faktor k vergrößert oder verkleinert, vergrößert oder verkleinert sich die Oberfläche um den Faktor k^2 und das Volumen um den Faktor k^3.
Im Bild wird deutlich, dass die gesamte Pyramide aus der Pyramidenspitze entsteht, wenn man die Kanten um den Faktor 4 vergrößert (Ähnlichkeit).
a) Die gesamte Pyramide hat das 4^3-Fache, also das 64-Fache Volumen der Spitze. Deshalb wiegt die abgeschnittene Spitze 31,25 g (2000 g : 64).
b) Die gesamte Pyramide hat die 4^2-Fache, also die 16-Fache Oberfläche der Spitze. Deshalb ist der Wert $\frac{1}{16}$ anzukreuzen.

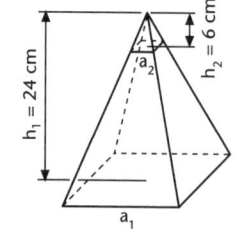

28

65

1 a)

Euro	US-Dollar
6 360 000	7 850 000
636	785
1	$\frac{785}{636} \approx 1{,}2343$

b) Silber 90 %:
$1\ cm^3 \cdot 0{,}9 \cdot 10{,}5\ \frac{g}{cm^3} = 9{,}45\ g$
Kupfer 10 %:
$1\ cm^3 \cdot 0{,}1 \cdot 8{,}9\ \frac{g}{cm^3} = 0{,}89\ g$
$1\ cm^3$ der Silberlegierung hat eine Masse von 10,34 g.

Dichte der Silberlegierung: $10{,}34\ \frac{g}{cm^3}$

c) Angaben aus der Tabelle:
Masse: 27 g   Dichte: $10{,}34\ \frac{g}{cm^3}$
Durchmesser der Münze: d = 4 cm
Radius der Münze: r = 2 cm
1. Schritt: Bestimmung des Volumens:

Masse (g) = Dichte $(\frac{g}{cm^3}) \cdot V\ (cm^3)$, also $V = \frac{27}{10{,}34}\ cm^3 \approx 2{,}8\ cm^3$

2. Schritt: Bestimmung der Dicke der Münze:
Da der Dollar die Form eines Zylinders hat, nutzt man die Volumenformel
$V = \pi \cdot r^2 \cdot h$ und formt sie nach h um:

$h = \frac{V}{\pi \cdot r^2} \approx 0{,}2\ cm = 2\ mm$

Der Silberdollar ist etwa 2 mm dick.

d) Materialwert: $0{,}80 \cdot 27 = 21{,}60\ €$
Rekordsumme: 7 850 000 €
G = 21,60 €
W = 7 850 000 €

$p\% = \frac{W}{G} \approx 36\,342\,593\ \%$

Der Verkaufspreis entspricht fast 36 Mio. % des Materialwerts.

2 a) Folgende Maße sind gegeben:
d = 12 cm, also r = 6 cm
$\tan 45° = \frac{h}{r}$, also h = r = 6 cm
Aufgrund seiner Form eignet sich die Volumenformel des Kegels zur weiteren Berechnung.

$V = \frac{\pi \cdot r^2 \cdot h}{3},\ V = \frac{\pi \cdot (6)^2 \cdot 6}{3}\ cm^3 \approx 226\ cm^3$

Aus m = 250 g und V = 226 cm³ folgt:
1 cm³ Mehl wiegt ungefähr 1,1 g.

b) *1. Schritt:* Berechnung des Volumens
Gegeben ist: m = 500 g
Um das Volumen berechnen zu können, benötigen wir aus a) die Dichte δ von Mehl, nämlich
$1{,}1\ \frac{g}{cm^3}$.

Das Volumen ergibt sich dann aus $V = \frac{m}{\delta}$, also $V = \frac{500}{1{,}1}\ cm^3 \approx 455\ cm^3$.

2. Schritt: Berechnung der Höhe h
Aus $\tan 45° = \frac{h}{r}$ folgt: h = r

Dann gilt für alle Mehlkegel: $V = \frac{\pi \cdot r^2 \cdot r}{3} = \frac{\pi \cdot r^3}{3}$

Daraus folgt $r = \sqrt[3]{\frac{3 \cdot V}{\pi}}$

Also: $r \approx \sqrt[3]{\frac{3 \cdot 455}{\pi}}\ cm \approx 7{,}6\ cm$

Der Schüttkegel aus 500 g Mehl hätte eine Höhe von 7,6 cm.

66

1 a) $K_4 = 2\,000\ € \cdot 1{,}014^4 \approx 2\,114{,}37\ €$

b) $K_0 = \frac{751{,}84\ €}{1{,}016} = 740\ €$

c) Die Laufzeit n ergibt sich aus der Gleichung

$1\,560\ € \cdot 1{,}015^n = 1\,705{,}77\ €$ | : 1 560 €
$\quad\quad 1{,}015^n \approx 1{,}09344$ | logarithmieren oder systematisch probieren
$\quad n \cdot \log 1{,}015 = \log 1{,}09344$ | : log 1,015

$n = \frac{\log 1{,}09344}{\log 1{,}015} \approx 5{,}9998 \approx 6$ Die Laufzeit beträgt 6 Jahre.

Teil B Komplexe Aufgaben | Übungsaufgaben

66

2 Da die Verdoppelungszeit des Kapitals 44 Jahre beträgt, wird es weder 100 noch 135 Jahre dauern, bis sich das Kapital vervierfacht hat. Diese Zeiträume sind zu lang. Schauen wir uns nochmals die zugehörige Zinseszinsformel an:
$K_n = 2000 € \cdot (1{,}016)^n$
Eine Vervierfachung tritt dann ein, wenn der Ausdruck $q = 1{,}016^n$ den Wert 4 annimmt.
$1{,}016^{66} \approx 2{,}85$; $1{,}016^{88} \approx 4{,}04$; $1{,}016^{100} \approx 4{,}89$; $1{,}016^{135} \approx 8{,}52$
Alternativlösung:
$1{,}016^{44} \approx 2$ (nach Information) $\rightarrow (1{,}016^{44})^2 \approx 2^2$, also $1{,}016^{88} \approx 4$

3 a) Aus dem Diagramm ist abzulesen: 1000 € sind nach 59 Jahren etwa erreicht.
b) Folgende Daten sind bekannt: $K_0 = 500\ €$; $K_n = 1000\ €$, $n = 59$ Jahre.
Gesucht ist der Zinssatz $p\ \%$.
Eingesetzt in die Formel ergibt sich:

$$K_n = K_0 \cdot \left(1 + \frac{p}{100}\right)^n$$
$1000\ € = 500\ € \cdot \left(1 + \frac{p}{100}\right)^{59}$ | : 500 €
$2 = \left(1 + \frac{p}{100}\right)^{59}$ | $\sqrt[59]{\ }$
$\sqrt[59]{2} = 1 + \frac{p}{100}$
$1{,}0118175 = 1 + \frac{p}{100}$ | -1
$\frac{p}{100} \approx 0{,}0118 \approx 0{,}012$

Der Zinssatz beträgt damit 1,2 %.
c) Da die Höhe des Betrages keinen Einfluss auf die Verdoppelungszeit hat, dauert es bei einem Zinssatz von 1,2 % ebenfalls etwa 59 Jahre, bis sich ein Kapital von 50 000 € verdoppelt hat.

67

1 Es gibt 36 mögliche Ergebnisse.
a) günstige Ergebnisse:
(1|2) (2|1) (3|1) (4|1) (5|1) (6|1)
(1|3) (2|3) (3|2) (4|2) (5|2) (6|2) $P = \frac{30}{36} = \frac{5}{6}$
(1|4) (2|4) (3|4) (4|3) (5|3) (6|3)
(1|5) (2|5) (3|5) (4|5) (5|4) (6|4)
(1|6) (2|6) (3|6) (4|6) (5|6) (6|5)
b) günstige Ergebnisse:
(4|6)
(5|5) $P = \frac{6}{36} = \frac{1}{6}$
(5|6)
(6|4)
(6|5)
(6|6)
c) günstige Ergebnisse:
(1|1) (3|1) (5|1) $P = \frac{9}{36} = \frac{1}{4}$
(1|3) (3|3) (5|3)
(1|5) (3|5) (5|5)

2 Die Tabelle in Aufgabe ⑯

P (Augensumme 12) = P (6|6) = $\frac{1}{36}$

P (Augensumme 7) = $\frac{6}{36} = \frac{1}{6}$ [günstig: (1|6), (2|5), (3|4), (4|3), (5|2), (6|1)]

Herr Schmidt muss 5-mal so oft die Augensumme 7 erzielen wie Frau Schäfer die Augensumme 12. Tatsächlich tritt die Augensumme 7 aber bei einer großen Zahl von Versuchen 6-mal so oft wie die Augensumme 12 auf $\left(\frac{1}{36} \cdot 6 = \frac{6}{36}\right)$.
Herr Schmidt hat also die besseren Gewinnchancen.

30

67

③ Wir zeichnen ein Baumdiagramm.

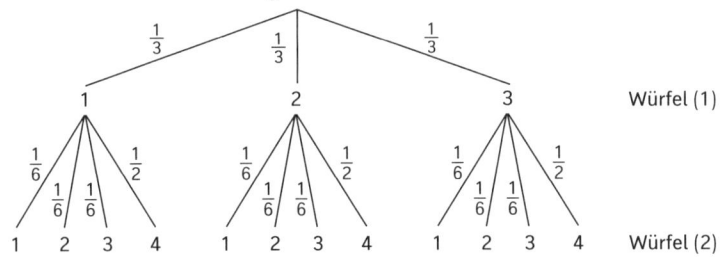

[Baumdiagramm: Würfel (1) mit Ästen 1, 2, 3 (je $\frac{1}{3}$); Würfel (2) mit Ästen 1, 2, 3, 4 (Wahrscheinlichkeiten $\frac{1}{6}, \frac{1}{6}, \frac{1}{6}, \frac{1}{2}$)]

a) P (gerade Augensumme) = P (1|1) + P (1|3) + P (2|2) + P (2|4) + P (3|1) + P (3|3)

$$= \frac{1}{3} \cdot \frac{1}{6} + \frac{1}{3} \cdot \frac{1}{6} + \frac{1}{3} \cdot \frac{1}{6} + \frac{1}{3} \cdot \frac{1}{2} + \frac{1}{3} \cdot \frac{1}{6} + \frac{1}{3} \cdot \frac{1}{6} = \frac{4}{9}$$

b) P (zwei gleiche Zahlen) = P (1|1) + P (2|2) + P (3|3)

$$= \frac{1}{3} \cdot \frac{1}{6} + \frac{1}{3} \cdot \frac{1}{6} + \frac{1}{3} \cdot \frac{1}{6} = \frac{1}{6}$$

c) P (Augensumme 6) = P (2|4) + P (3|3)

$$= \frac{1}{3} \cdot \frac{1}{2} + \frac{1}{3} \cdot \frac{1}{6} = \frac{2}{9}$$

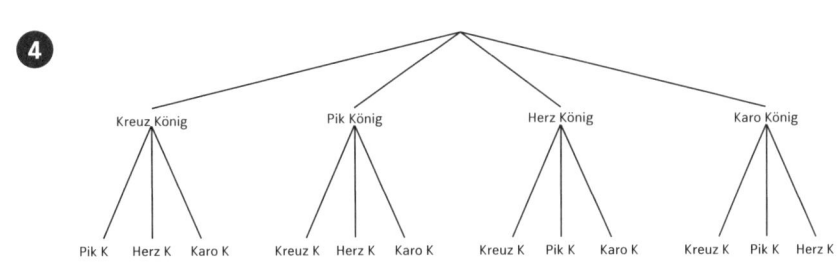

④

[Baumdiagramm: Kreuz König, Pik König, Herz König, Karo König, jeweils mit den drei anderen Königen als Folgezug]

a) ↑   ↑ $P = \frac{2}{12} = \frac{1}{6}$

b)   ↑ ↑   ↑ ↑   ↑ ↑   ↑ ↑ $P = \frac{8}{12} = \frac{2}{3}$

68

① a) $G_0 = 10$; $q = 1{,}25$; $n = 7$
$G_7 = 10 \cdot 1{,}25^7 \approx 48$ (47,6837)

b) Gesucht ist die Zahl n, für die gilt:
$10 \cdot 1{,}25^n = 1000$ | : 10
$1{,}25^n = 100$ | logarithmieren oder systematisch probieren
$n \log 1{,}25 = \log 100$
$n = \frac{\log 100}{\log 1{,}25} \approx 20{,}64$

Die Zahl der Fruchtfliegen verhundertfacht sich nach ca. 21 Tagen.

② a) Modell für die Bevölkerungsentwicklung in China:
$G_0 = 1{,}36$ Mrd.; $q = 1{,}01014$; $n = 2050 - 2013 = 37$
$G_n = G_0 \cdot q^n$
$G_{37} = 1{,}36$ Mrd. $\cdot 1{,}01014^{37} \approx 1{,}975$ Mrd.
Nach diesem Modell werden etwa 1,98 Mrd. Menschen im Jahr 2050 in China leben.

Teil B Komplexe Aufgaben | Übungsaufgaben

68

b) Wir suchen das Jahr, in dem die Bevölkerungszahlen der beiden Länder annähernd gleich sind.
In diesem Fall muss gelten:

$1{,}36 \text{ Mrd.} \cdot 1{,}01014^n = 1{,}24 \text{ Mrd.} \cdot 1{,}017^n \qquad |:1{,}24 \text{ Mrd.}$

$1{,}096774 \cdot 1{,}01014^n = 1{,}017^n \qquad |:1{,}01014^n$

$$1{,}096774 = \frac{1{,}017^n}{1{,}01014^n}$$

$$1{,}096774 = \left(\frac{1{,}017}{1{,}01014}\right)^n \qquad |\text{ logarithmieren oder systematisch probieren}$$

$$\log 1{,}096774 = n \log\left(\frac{1{,}017}{1{,}01014}\right)$$

$$\log 1{,}096774 = n \log 1{,}0067911$$

$$n = \frac{\log 1{,}096774}{\log 1{,}0067911} \approx 13{,}65$$

Probe:
Einwohnerzahl Chinas nach 14 Jahren: $1{,}36 \text{ Mrd.} \cdot 1{,}01014^{14} \approx 1\,566\,321\,366$
Einwohnerzahl Indiens nach 14 Jahren: $1{,}24 \text{ Mrd.} \cdot 1{,}017^{14} \approx 1\,570\,055\,578$

Nach etwa 14 Jahren (im Jahr 2027) wird Indien – nach diesem Vorhersagemodell – erstmals vor China auf dem 1. Platz der Länder mit der größten Bevölkerung stehen.

3 a)

Wassertiefe (x in cm)	0	1	2	3	4	5
Lichtstärke (L)	1	0,9	0,81	0,729	0,6561	0,59049

jeweils $\cdot 0{,}9$

b) 50 % der Lichtstärke 1 bedeutet eine Lichtstärke von 0,5. Die Wassertiefe, in der mit dieser Lichtstärke zu rechnen ist, lässt sich auf verschiedene Weisen ermitteln.
① Fortsetzen der Wertetabelle:

Wassertiefe (x in m)	5	6	7
Lichtstärke (L)	0,59049	0,531441	0,4782969

jeweils $\cdot 0{,}9$

② Lösen der Gleichung:
$1 \cdot 0{,}9^x = 0{,}5$
$0{,}9^x = 0{,}5$
$x \cdot \log 0{,}9 = \log 0{,}5 \;|: \log 0{,}9$
$x = \frac{\log 0{,}5}{\log 0{,}9} \approx 6{,}6$

Ina sollte ab einer Tauchtiefe von etwa 6,6 m auf Unterwasserfotos verzichten.

c) Richtig ist: $L(x) = L_0 \cdot 0{,}9^x$

69

1

Zahlenrätsel		Gleichung	Lösung
①	$a + 3a = 8$ $4a = 8$ $a = 2$	(E)	2
②	$\frac{3a}{8} = \frac{1}{2}a$ $6a = 8a$ $2a = 0$ $a = 0$	(C)	0
③	$3a \cdot 8 = 3$ $24a = 3$ $a = \frac{1}{8}$	(A)	$\frac{1}{8}$
④	$3 - \frac{a}{3} = 8$ $-\frac{a}{3} = 5$ $a = -15$	(B)	-15

69

②

Für n = 4 sehen die Muster so aus:	
a)	b)
Anzahl der Hölzer: 13 = 1 + 4 · 3	9 = 3 + 3 · 2
Term: 1 + n · 3	3 + (n − 1) · 2

③ a) Um das Zahlenrätsel als Gleichung aufschreiben zu können, muss der Text in die mathematische Sprache „übersetzt" werden:
  • Für die gesuchte Zahl schreibt man x.
  • „Subtrahieren" steht für die Rechenoperation „−" ;
  • „die Hälfte einer Zahl x" bedeutet „$\frac{1}{2}$x oder 0,5x";
  • „ein Drittel der Zahl x" schreibt man als „$\frac{1}{3}$x";
  • „erhältst du" steht für das Gleichheitszeichen „=".

  Die Gleichung lautet also: $\frac{1}{2}x - \frac{1}{3}x = 4$ | · 6

  $3x - 2x = 24$

  $x = 24$ Die Probe am Text bestätigt die Lösung.

b) Um von der Gleichung zu einem passenden Zahlenrätsel zu kommen, ersetzt man die Terme und Rechenzeichen durch sprachliche Ausdrücke:
  • aus „7x" wird „das 7-Fache einer Zahl x"
  • „−" entspricht „Subtrahieren" oder „Vermindern"
  • „2x" meint „das Doppelte einer Zahl x" oder „das Produkt aus einer Zahl x und 2"
  • „7x − 48" ist die Differenz aus „dem 7-Fachen einer Zahl x und 48".

  Ein zur Gleichung passendes Zahlenrätsel ist z. B.: „Subtrahiere vom 7-Fachen einer Zahl 48, so erhältst du das Doppelte der Zahl."

  Die Lösung der Gleichung erhält man so: $7x - 48 = 2x$ | $-2x + 48$

  $5x = 48$ | : 5

  $x = 9{,}6$

④ Alter von Frau Krause: x   Alter von Frau Krause in 15 Jahren: x + 15
linke Gleichungsseite: 3x − 5   (Dreifaches Alter minus 5)
rechte Gleichungsseite: 2 (x + 15)   (Doppeltes Alter in 15 Jahren)
$3x - 5 = 2(x + 15)$
$3x - 5 = 2x + 30$
$x = 35$ Frau Krause ist heute 35 Jahre alt.

70

① a) Hier müssen die Hinweise beachtet werden. Da genau einmal „45" (Median) genannt wurde, verbleiben 78 Antworten. Davon müssen 39 unter „45" und 39 über „45" liegen.
Das untere Quartil 40 wurde einmal genannt, ebenso das obere Quartil 60, also liegen:

19 Antworten unter 40	1 Antwort genau 40
19 Antworten zwischen 40 und 45	1 Antwort genau 45
19 Antworten zwischen 45 und 60	1 Antwort genau 60
19 Antworten über 60	

Achtung: Die Antworten „0" (vermutlich kein Smartphonebesitz) und „140" müssen jeweils mindestens einmal auftreten.

b) Jedes Befragungsergebnis, das die unter a) genannten Rahmenbedingungen erfüllt, ist möglich und damit als richtig zu bewerten.

② Es gibt insgesamt 25 Noten. Der Median aller Noten steht also an der 13. Stelle, das ist die Note 3. Der Median der unteren Hälfte ist die Note 2 (unteres Quartil) und der Median der oberen Hälfte ist die Note 4 (oberer Quartil).

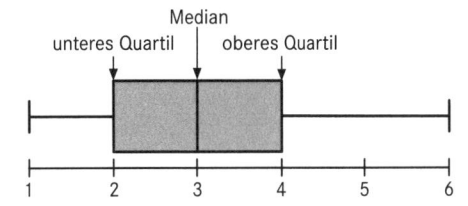

70 ③ a) Insgesamt wurden 95 Jugendliche zu ihren Lesegewohnheiten befragt.
- Spannweite: 48 Stunden (größter Wert − kleinster Wert, also 48 h − 0 h)
- Der Median steht in der Mitte der Rangliste, in dieser Umfrage ist es die Lesezeit des 48. Befragten: 2 + 1 + 2 + 3 + 7 + 6 + 2 + 6 + 3 + 7 + 6 + 3 = 48
Der 48. Befragte befindet sich unter den 3 Jugendlichen, die im Monat 12 Stunden lesen.
Median: 12 Stunden
- Unteres Quartil ist hier die Lesezeit des 24. Befragten in der Rangliste. Dieser befindet sich unter den 6 Jugendlichen, die im Monat 8 Stunden lesen.
unteres Quartil: 8 Stunden
- Oberes Quartil ist die Lesezeit des 72. Befragten in der Rangliste. Dieser befindet sich unter den Jugendlichen, die 20 Stunden im Monat lesen.
oberes Quartil: 20 Stunden

b) Boxplot

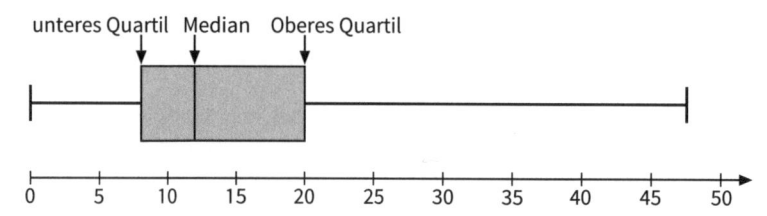

c) Das arithmetische Mittel liegt oberhalb des Medians, da es einige „Ausreißer" nach oben gibt. Die Lesezeit einiger Jugendlichen liegt extrem über dem Median, z. B. bei 28, 32, 40 und 48 Stunden.

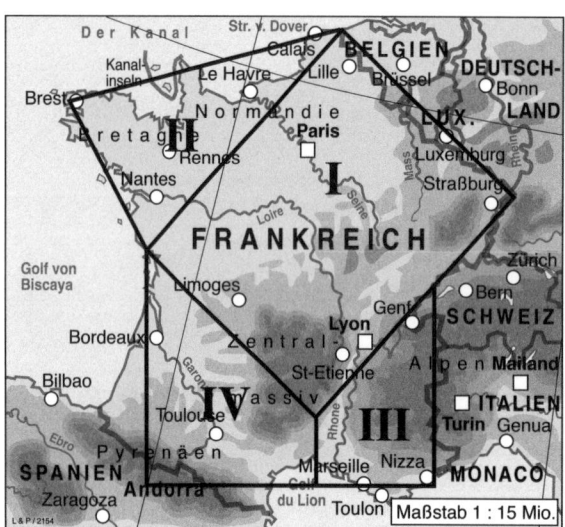

71 ① Die Unterteilung Frankreichs in berechenbare Teilflächen kann auf unterschiedliche Art erfolgen; hier ist eine Möglichkeit dargestellt.
Der Maßstab bedeutet: Jeder gemessene Millimeter ist in Wirklichkeit 15 km.

$A_I = 570 \text{ km} \cdot 450 \text{ km} = 256\,500 \text{ km}^2$

$A_{II} = \frac{570 \text{ km} \cdot 300 \text{ km}}{2} = 85\,500 \text{ km}^2$

$A_{III} = \frac{150 \text{ km} + 390 \text{ km}}{2} \cdot 285 \text{ km} = 76\,950 \text{ km}^2$

$A_{IV} = \frac{150 \text{ km} + 480 \text{ km}}{2} \cdot 330 \text{ km}^2 = 103\,950 \text{ km}^2$

$A_{Gesamt} = 522\,900 \text{ km}^2$

Frankreich ohne Korsika ist ca. 523 000 km² groß. (Im Lexikon sind 535 000 km² genannt.)

71 ❷ Ägypten kann mit zwei Trapezen gut erfasst werden. Es ist nach Augenschein erheblich größer als Frankreich.

$A_1 = \frac{1\,080 + 615 \text{ km}}{2} \cdot 975 \text{ km}$

$A_1 \approx 826\,000 \text{ km}^2$

$A_2 = \frac{540 \text{ km} + 225 \text{ km}}{2} \cdot 210 \text{ km}$

$A_2 \approx 80\,300 \text{ km}^2$

$A_{Gesamt} = 906\,300 \text{ km}^2$

Ägypten ist über 900 000 km² groß. (Im Lexikon sind knapp 1 000 000 km² genannt.)

72 ❶ a) $2x - 14 = 0$ oder $15 - 3x = 0$
$\quad\quad x_1 = 7 \quad\quad x_2 = 5$

b) $4x^2 - 17 - 3x^2 - 8 = 0$
$\quad\quad x^2 - 25 = 0$
$\quad\quad x_1 = 5$
$\quad\quad x_2 = -5$

c) $7x^2 - 6x - 5 - 5x^2 + 18x + 5 = 0$
$\quad 7x^2 - 5x^2 - 6x + 18x - 5 + 5 = 0$
$\quad\quad 2x^2 + 12x = 0$
$\quad\quad 2x\,(x + 6) = 0$
$\quad\quad x_1 = 0$
$\quad\quad x_2 = -6$

d) $3y^2 - 9y - 37 = 3y - 1$
$\quad 3y^2 - 9y - 3y - 37 + 1 = 0$
$\quad 3y^2 - 12y - 36 = 0$
$\quad y^2 - 4y - 12 = 0$
$\quad y_{1/2} = 2 \pm \sqrt{4 + 12}$
$\quad y_1 = 2 + 4 = 6$
$\quad y_2 = 2 - 4 = -2$

e) $(5 + a)^2 + a^2 = 3a + 29$
$\quad 25 + 10a + a^2 + a^2 = 3a + 29$
$\quad 2a^2 + 7a - 4 = 0$
$\quad a^2 + 3{,}5a - 2 = 0$
$\quad a_{1/2} = -1{,}75 \pm \sqrt{3{,}0625 + 2}$
$\quad a_{1/2} = -1{,}75 \pm 2{,}25$
$\quad a_1 = 0{,}5$
$\quad a_2 = -4$

❷ a) $x^2 + 3x = 11x - 7$
$\quad x^2 + 3x - 11x + 7 = 0$
$\quad x^2 - 8x + 7 = 0$
$\quad x_{1/2} = 4 \pm \sqrt{16 - 7}$
$\quad x_1 = 4 + 3 = 7$
$\quad x_2 = 4 - 3 = 1$
Die Zahl ist 7 oder 1.

b) $(2x - 16)\,(15 - x) = 0$
$\quad 2x - 16 = 0 \quad$ oder $\quad 15 - x = 0$
$\quad 2x = 16 \quad\quad\quad\quad\quad 15 = x$
$\quad x_1 = 8 \quad\quad\quad\quad\quad x_2 = 15$
Maik und Fatima können 8 oder 15 gewählt haben.

❸ $x^2 + 55 = 2x\,(x - 3) \;\rightarrow\; x^2 + 55 = 2x^2 - 6x \;\rightarrow\; 0 = x^2 - 6x - 55$
$\quad\quad\quad\quad\quad\quad\quad\quad\quad\quad\quad\quad\quad\quad\quad\quad\quad\quad\quad\quad x_{1/2} = 3 \pm \sqrt{9 + 55}$
$\quad\quad\quad\quad\quad\quad\quad\quad\quad\quad\quad\quad\quad\quad\quad\quad\quad\quad\quad\quad x_1 = 3 + 8 = 11; \; x_2$ ist negativ

Das Quadrat hatte eine Kantenlänge von 11 cm.

❹ a) $2\pi r^2 + 2\pi rh = O \;\rightarrow\; 2\pi r^2 + 2\pi r \cdot 6 = 54\pi \quad |:2\pi$
$\quad\quad\quad\quad\quad\quad r^2 + 6r = 27$
$\quad\quad\quad\quad\quad\quad r^2 + 6r - 27 = 0$
$\quad\quad\quad\quad\quad\quad r_{1/2} = -3 \pm \sqrt{9 + 27}$
$\quad\quad\quad\quad\quad\quad r_{1/2} = -3 \pm 6$
$\quad\quad\quad\quad\quad\quad r_1 = 3; \; r_2 = -9$ (entfällt als Lösung)

Der Radius ist 3 cm groß.

b) $V = \pi r^2 h \;\rightarrow\; V = \pi \cdot 3^2 \cdot 6 \approx 54\pi$
$\quad V \approx 169{,}646 \text{ cm}^3$

72

5 a) $O = \pi r^2 + \pi r s \rightarrow \quad \pi r^2 + \pi r s = O$
$\quad s = 6\text{ cm} \rightarrow \quad \pi r^2 + 6\pi r = 172{,}788 \quad |:\pi \quad |-172{,}788$

$$r^2 + 6r - \frac{172{,}788}{\pi} = 0, \text{ dabei gilt } \frac{172{,}788}{\pi} = 55{,}0001286\ldots \approx 55$$

$r^2 + 6r - 55 = 0$
$\quad r_{1/2} = -3 \pm \sqrt{9 + 55}$
$\quad r_{1/2} = -3 \pm \sqrt{64}$
$\quad r_1 = -3 + 8 = 5$, r_2 entfällt als negativer Wert.
Der Radius ist 5 cm lang.

b) $h^2 = s^2 - r^2$
$h^2 = 36 - 25 = 11$
$h = \sqrt{11} \approx 3{,}32 \rightarrow h \approx 3{,}32\text{ cm}$
$V = \frac{1}{3}\pi r^2 h \rightarrow V \approx \frac{1}{3}\pi \cdot (5\text{ cm})^2 \cdot 3{,}32\text{ cm}$
$V \approx 86{,}917\text{ cm}^3$

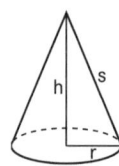

73

1 a) Baumdiagramm mit Zurücklegen:

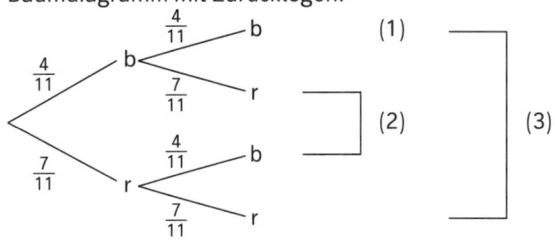

$P(1) = \frac{4}{11} \cdot \frac{4}{11} \approx 13\%$ $P(2) = \frac{4}{11} \cdot \frac{7}{11} + \frac{7}{11} \cdot \frac{4}{11} \approx 46\%$

$P(3) = \frac{4}{11} \cdot \frac{4}{11} + \frac{7}{11} \cdot \frac{7}{11} \approx 54\%$ Probe: $P(2) + P(3) = 1$

b) Baumdiagramm ohne Zurücklegen:

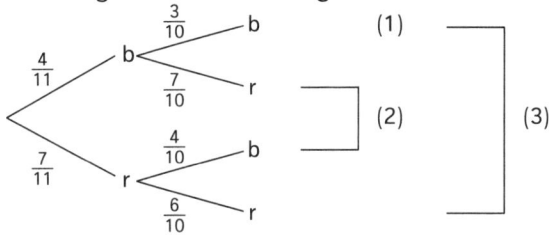

$P(1) = \frac{4}{11} \cdot \frac{3}{10} \approx 11\%$ $P(2) = \frac{4}{11} \cdot \frac{7}{10} + \frac{7}{11} \cdot \frac{4}{10} \approx 51\%$

$P(3) = \frac{4}{11} \cdot \frac{3}{10} + \frac{7}{11} \cdot \frac{6}{10} \approx 49\%$ Probe: $P(2) + P(3) = 1$

2 Die Wahrscheinlichkeit für „blau" und „weiß" ist jeweils $\frac{1}{2}$.

a) zweimal „blau": $P = \frac{1}{2} \cdot \frac{1}{2}$
$\quad P = \frac{1}{4}$

b) letzte Drehung „blau": $P = \frac{1}{2}$

c) keine Farbe zweimal: $P = \frac{1}{2} \cdot \frac{1}{2} + \frac{1}{2} \cdot \frac{1}{2}$
$\quad P = \frac{1}{2}$

d) „weiß" nicht öfter als einmal: $P = \frac{1}{2} \cdot \frac{1}{2} + \frac{1}{2} \cdot \frac{1}{2} + \frac{1}{2} \cdot \frac{1}{2}$
$\quad P = \frac{3}{4}$

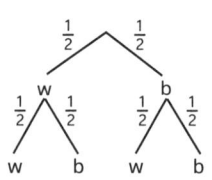

73

❸ $P(12) = \frac{1}{36}$ $P(11 \text{ oder } 10) = \frac{5}{36}$ [(4|6); (5|5); (5|6); (6|4); (6|5)]

Durchschnittlich nimmt die Klasse bei 36 Spielen 36 € ein, weil der Einsatz 1 € beträgt.
Gleichzeitig gibt sie für einen Hauptgewinn 10 € und 5 kleine Preise ebenfalls 10 € (5 · 2 €) aus;
es ergibt sich ein durchschnittlicher Überschuss von 16 € (36 € – 20 €) bei jeweils 36 Spielen.
392 € : 16 € = 24,5 (etwa so oft hat es 36 Spiele gegeben)
24,5 · 36 = 882
Natürlich erreicht im Laufe eines Schulfestes die relative Häufigkeit nicht exakt die Wahrscheinlichkeit für ein bestimmtes Ergebnis, kommt ihr aber recht nah.
Deshalb kann man davon ausgehen, dass 893-mal am Würfelspiel teilgenommen wurde.

74

❶

	a)	b)	c)
Kapital (K)	1 800 €	4 500 €	3 000 €
Zinssatz (p %)	0,5 %	1,8 %	0,65 %
Zinsen (Z)	9 €	81 €	19,50 €

❷ Am einfachsten löst man diese Aufgabe, indem man:
① sich zunächst ein konkretes Beispiel überlegt und die Höhe der Zinsen mithilfe der Zinsformel bestimmt. Wir nehmen z. B. als Ausgangssituation an:
Tom legt 2 000 € zu 1 % an, am Jahresende erhält er 20 € Zinsen.
② die jeweiligen Angaben zur Veränderung von K oder p in die allgemeine Zinsformel überträgt.
a) Veränderte Situation: Tom legt doppelt so hohe Ersparnisse bei doppelt so hohem Zinssatz an.
Zu ①: Das bedeutet in unserem Beispiel:
Tom legt 4 000 € zu 2 % an, am Jahresende erhält er dann 80 € Zinsen.
Zu ②: Allgemein gilt: $Z = \frac{1}{100} (K \cdot p)$
Setzt man in diese Gleichung statt K für die Verdoppelung von Toms Kapital 2 · K ein und entsprechend für den doppelten Zinssatz 2p, sähe die Gleichung so aus:

$Z = \frac{1}{100} (2K \cdot 2p)$

$Z = \frac{1}{100} (4K \cdot p)$

Tom würde also nach einem Jahr Zinsen in 4-facher Höhe erhalten, also 80 €.
b) Veränderte Situation:
Tom legt doppelt so hohe Ersparnisse bei halb so großem Zinssatz an.
Zu ①: Das bedeutet in unserem Beispiel:
Tom legt 4 000 € zu 0,5 % an, am Jahresende erhält er dann 20 € Zinsen.
Zu ②: Setzt man in diese Gleichung statt K für die Verdoppelung von Toms Kapital 2 · K ein und entsprechend für den halbierten Zinssatz 0,5p, sähe die Gleichung so aus:

$Z = \frac{1}{100} (2K \cdot 0,5p)$

$Z = \frac{1}{100} (K \cdot p)$

Die Verdoppelung des Kapitals hat zusammen mit der Halbierung des Zinssatzes keine Auswirkungen auf die Höhe der Zinsen.
Tom würde also nach einem Jahr Zinsen in derselben Höhe erhalten, also 20 €.
c) Veränderte Situation:
Tom legt nur die Hälfte seiner Ersparnisse bei doppelt so hohem Zinssatz an.
Zu ①: Das bedeutet in unserem Beispiel:
Tom legt 2 000 € zu 1,0 % an, am Jahresende erhält er dann 20 € Zinsen.
Zu ②: Setzt man diese Gleichung statt K für die Halbierung von Toms Kapital 0,5 · K ein und entsprechend für den doppelten Zinssatz 2p, sähe diese Gleichung so aus:

$Z = \frac{1}{100} (0,5 K \cdot 2p)$

$Z = \frac{1}{100} \cdot (K \cdot p)$

Die Halbierung des Kapitals hat zusammen mit der Verdoppelung des Zinssatzes keine Auswirkungen auf die Höhe der Zinsen.
Tom würde also nach einem Jahr Zinsen in derselben Höhe erhalten, also 20 €.

Teil B Komplexe Aufgaben | Übungsaufgaben

74

❸ Den höchsten Zinssatz hat erzielt, bei dem der Quotient aus Endkapital und Anfangskapital am größten ist.
Anja: 1,219   Boris: 1,268   Pia: 1,161   Luca: 1,331
Luca hat den höchsten Zinssatz erzielt.

❹ a) Wir betrachten die auftretenden Faktoren, mit denen der anfängliche Mietpreis entsprechend der Zinsformel multipliziert wird. Es ergibt sich:
Angebot A: $1{,}035 \cdot 1{,}045 = 1{,}081575$ Angebot B: $1{,}045 \cdot 1{,}035 = 1{,}081575$
Beide Angebote führen im 2. Jahr zur gleichen Miete. Was aber zahlt Frau Winter konkret in diesen 2 Jahren? Nehmen wir an, Frau Winters Miete beträgt 900 €.

Erhöhung der Miete		Angebot A	Angebot B	Erhöhung der Miete	
		900,00 €	900,00 €		
1. Jahr	3,50%	931,50 €	940,50 €	1. Jahr	4,50%
2. Jahr	4,50%	**973,42 €**	**973,42 €**	2. Jahr	3,50%

Beide Angebote führen nach 2 Jahren zur gleichen Miete. Aber im 1. Jahr der Erhöhung muss Frau Winter beim Angebot B monatlich 940,50 € – 931,50 € = 9 € mehr bezahlen.

b) Gesucht ist die positive Zahl a, die folgende Gleichung erfüllt:
$a^2 = 1{,}035 \cdot 1{,}045 \quad | \sqrt{}$
$a \approx 1{,}03999$
Durch eine prozentuale Mieterhöhung von etwa 4 % pro Jahr könnte dieselbe Miete erzielt werden.

75

❶ x ist der Höhenunterschied der Anlaufbahn und y ihre Länge.
Es gilt: $\tan 39° = \dfrac{x}{113\,\text{m}}$
$113\,\text{m} \cdot \tan 39° = x$
$x \approx 91{,}506\,\text{m}$

Die Länge y kann mit dem Satz des Pythagoras oder mit der Kosinusfunktion bestimmt werden. Die zweite Möglichkeit hat den Vorteil, dass ein Fehler bei der Berechnung von x nicht zu einem Folgefehler bei y führt.

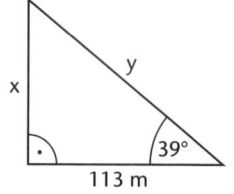

① $y^2 = x^2 + (113\,\text{m})^2$
$y^2 = (91{,}506\,\text{m})^2 + (113\,\text{m})^2$
$y \approx 145{,}404\,\text{m}$

② $\cos 39° = \dfrac{113\,\text{m}}{y} \quad |\cdot y$
$y \cdot \cos 39° = 113\,\text{m} \quad |:\cos$
$y = \dfrac{113\,\text{m}}{\cos 39°}$
$y \approx 145{,}404\,\text{m}$

Die Anlaufbahn hat einen Höhenunterschied von ca. 92 m und ist ungefähr 145 m lang.

❷ $\alpha = 180° - 45{,}7° = 134{,}3°$ $\gamma = 180° - 134{,}3° - 31{,}6° = 14{,}1°$

1. Möglichkeit:
Um zwei rechtwinklige Dreiecke zu erhalten, zeichnen wir die Höhe h auf $\overline{SL_1}$ ein. Nun gilt:

$\sin 31{,}6° = \dfrac{h}{8{,}5}\,\text{km}$ $h = 8{,}5\,\text{km} \cdot \sin 31{,}6° \approx 4{,}45\,\text{km}$

$\cos 31{,}6° = \dfrac{s}{8{,}5}\,\text{km}$ $s = 8{,}5\,\text{km} \cdot \cos 31{,}6° \approx 7{,}24\,\text{km}$

$\tan \gamma = \dfrac{h}{r}$ $r = \dfrac{h}{\tan \gamma} \approx \dfrac{4{,}45\,\text{km}}{\tan 14{,}1°} \approx 17{,}72\,\text{km}$

$x = r + s \approx 24{,}96\,\text{km}$ $y^2 = r^2 + h^2$ $y = \sqrt{r^2 + h^2} \approx \sqrt{(17{,}72\,\text{km})^2 + (4{,}45\,\text{km})^2} \approx 18{,}27\,\text{km}$

2. Möglichkeit:
Wenn der Sinussatz behandelt wurde, geht es einfacher:

(1) $\dfrac{x}{\sin 134{,}3°} = \dfrac{8{,}5\,\text{km}}{\sin 14{,}1°}$ (2) $\dfrac{y}{\sin 31{,}6°} = \dfrac{8{,}5\,\text{km}}{\sin 14{,}1°}$

$x = \dfrac{8{,}5\,\text{km} \cdot \sin 134{,}3°}{\sin 14{,}1°}$ $y = \dfrac{8{,}5\,\text{km} \cdot \sin 31{,}6°}{\sin 14{,}1°}$

$x \approx 24{,}97\,\text{km}$ $y \approx 18{,}28\,\text{km}$

Das Segelschiff ist ca. 18,3 km vom linken und ca. 25 km vom rechten Leuchtturm entfernt.

Übungsaufgaben | Teil B Komplexe Aufgaben

75

3 In der Zeichnung besteht die Pass-Straße von oben betrachtet, also die Strecke L = $\overline{AC}$ in der schematischen Zeichnung, aus 5 geraden Abschnitten der Länge 4 cm und 4 Halbkreisen (also 2 Kreisen) mit dem Radius 1 cm.

2u = 2 · π · d   Gesamtlänge der Strecke $\overline{AC}$ in der Zeichnung:
2u = 2 · π · 2 cm l = 5 · 4 cm + 12,57 cm
2u = 12,57 cm l = 32,57 cm

Da der Maßstab 1 : 5 000 ist, beträgt die wirkliche Strecke L = $\overline{AC}$:
L = 32,57 cm · 5 000
L = 162 850 cm
L = 1 628,5 m

Die Steigung 14 % bedeutet für den Steigungswinkel α:
tan α = 0,14
α ≈ 7,97°

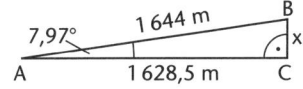

Die schematische Zeichnung des Dreiecks hilft jetzt weiter; x ist der Höhenunterschied $\overline{BC}$.
Es gilt: tan 7,97° = $\frac{x}{1628,5\,m}$ | · 1628,5 m
       1 628,5 m · tan 7,97° = x
                     x ≈ 228 m

Da A in einer Höhe von 620 m liegt, befindet sich B ungefähr auf der Höhe 620 m + 228 m, also in 848 m Höhe.
Die Länge $\overline{AB}$ entspricht der tatsächlichen Länge der Fahrstrecke von A nach B.
Diese Fahrstrecke kann man mit dem Satz des Pythagoras ausrechnen:
$(\overline{AB})^2 = 1628{,}5^2 + 228^2$; $\overline{AB} \approx 1644$ m
Der Punkt B liegt ca. 848 m hoch. Die Pass-Straße von A nach B ist rund 1644 m lang.

76

1 a) =D1*D1*D1   oder   =D1^3
In D1 steht die Kantenlänge a des Würfels, und sein Volumen berechnet sich mit der Formel V = a^3.

b) Man könnte die Wertepaare bzw. Zelleinträge in (B1|B2) und (D1|D2) sowie (C1|C2) und (F1|F2) vergleichen. Dann zeigt sich, dass bei Verdoppelung der Kantenlänge das Volumen auf das 8-Fache anwächst.

2 a) In Zelle D7 wird das Volumen berechnet. Für den Sonderfall eines Quaders mit quadratischer Grundfläche gilt die Formel V = a^2 · h. In diesem Fall ist h doppelt so groß wie a, es gilt also h = 2a. Deshalb ist auch die Formel V = a^2 · 2a richtig. Das korrekte Ergebnis in Zelle D7 liefern zwei der angebotenen Formeln: =A7^2*2*A7 und =A7*A7*B7.

b) Für die Oberfläche gilt im vorliegendem Fall die Formel O = $2a^2$ + 4ah; wegen h = 2a gilt auch
O = $2a^2$ + 4a · 2a (= $10a^2$)
Deshalb sind für Zelle C6 viele Formeln denkbar, z. B.:
=2*A6^2+4*A6*B6   oder
=2*A6*A6+4*A6*2*A6   oder
=10*A6^2

3 a) Die Formel steht für die Rechnung 80 · 1,2. Um einen Grundwert um 20 % zu erhöhen, multipliziert man ihn mit $(1 + \frac{20}{100})$, also mit 1,2.

b) $0{,}8 = 1 - \frac{20}{100}$. Wenn man einen Grundwert um 20 % herabsetzt, multipliziert man ihn mit 0,8.

c) Formel in Zelle B5: =B4*A3   oder   =B4*A5
Formel in Zelle B6: =B5*A2   oder   =B5*A6

d) Der Preis für das Paar Schuhe wird generell immer niedriger. Das hängt damit zusammen, dass 1,2 · 0,8 = 0,96 und damit kleiner als 1 ist.
B3: 76,8   –   B5: 73,73   –   B7: 70,78   –   B9: 67,95 …
             · 0,96   · 0,96   · 0,96

Teil B Komplexe Aufgaben | Übungsaufgaben

77

① a) Die 3,6 m hohe Spitze ist auf dem Foto ungefähr 0,75 cm hoch. Der Obelisk ist auf dem Foto ungefähr 4,8 cm hoch. D. h. der Obelisk ist 6,4-mal (= 4,8 : 0,75) so hoch wie die Spitze; also 3,6 m · 6,4 ≈ 23 m. Der Obelisk ist ca. 23 m hoch.
b) Das Volumen des Obelisken kann durch einen Quader mit 23 m Höhe und quadratischer Grundfläche mit Seitenlänge 2 m (etwas mehr als der Mensch vor dem Obelisken) abgeschätzt werden.
c) Der Obelisk hat ein Volumen von 23 m · 2 m · 2 m = 92 m³. Daraus ergibt sich eine ungefähre Masse von 92 m³ · 2,8 $\frac{t}{m^3}$ ≈ 257,6 t. Der Obelisk wiegt ca. 260 t (in Wirklichkeit 250 t).

② Zur Schätzung der Rucksackgröße ist eine Person als Vergleichsgröße danebengestellt.
Die Größe dieser Person muss geschätzt werden, dann kann die Aufgabe gelöst werden.

Für die Person wird eine Größe von 1,70 m angenommen.
Im Bild sind das 7,5 cm.
Für die Höhe des Rucksackes (im Bild 7 cm) ergibt sich dann:

In Wirklichkeit: $\frac{1,70}{7,5} = \frac{x}{7}$

$x = \frac{1,70 \cdot 7}{7,5} \approx 1,60$

Der Rucksack ist ungefähr 1,60 m hoch.
Ein Rucksack bedeckt den Rücken der Person.
Der Oberkörper der Person im Bild ist 2 cm hoch.
Als Verhältnis Körperhöhe : Höhe Oberkörper ergibt sich: 7,5 : 2 = 3,75.
Also muss der Mensch, zu dem der Rucksack passt, ungefähr 1,60 m · 3,75 = 6 m groß sein.

③ Damit man nicht alle Vögel auf dem Foto zählen muss, teilt man das Foto in gleichgroße Quadrate ein und geht davon aus, dass ungefähr in jedem Quadrat gleich viele Vögel sind:

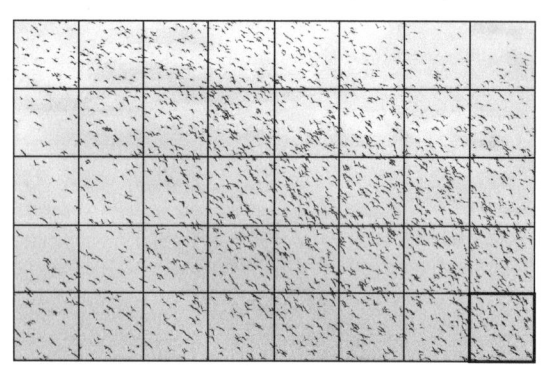

Hier wurde das Foto in 8 · 5 = 40 gleichgroße Quadrate eingeteilt. Nun zählt man die Anzahl der Vögel in einem zufällig gewählten Quadrat. In dem Quadrat mit dem dicken Rahmen befinden sich 20 Vögel. Diese Anzahl wird mit 40 multipliziert, da man 40 Quadrate hat, sodass insgesamt auf dem Foto etwa 800 (= 20 · 40) Vögel zu sehen sind.

Abschlusstest | Teil B Komplexe Aufgaben

1 Neue Preise

a) 1. Lösungsweg: 100 % entsprechen 639; 115 % entsprechen $639 \cdot \frac{115}{100} = 734{,}85$
   2. Lösungsweg: $639 \cdot 1{,}15 = 734{,}85 \approx 735$; Neuer Preis: 735,– €

b) 1. Lösungsweg: $49 : 59 = 0{,}8305\ldots \approx 0{,}83 = 83\,\%$. Die Preissenkung betrug ca. 17 %.
   2. Lösungsweg: Die Preissenkung um 10 € entspricht $10 : 59 = 0{,}169\ldots \approx 0{,}17 = 17\,\%$

c) 1. Lösungsweg: 14,80 € sind 95 % vom alten Preis. Der alte Preis betrug $(14{,}80\,€ \cdot 100) : 95 \approx 15{,}58\,€$
   2. Lösungsweg: $14{,}80 : 0{,}95 \approx 15{,}58\,€$ Alter Preis: 15,58 €

2 Autofarben

a) Sonstige Farben: $228 - 76 - 57 = 95$
   Anteile:
   silbergrau: $\frac{76}{228} = \frac{1}{3} \approx 33{,}3\,\%$
   schwarz: $\frac{57}{228} = \frac{1}{4} = 25\,\%$
   Sonstige: $\frac{95}{228} = \frac{5}{12} \approx 41{,}7\,\%$

Farbe	Anzahl	Anteil als Bruch	in %
silbergrau	76	$\frac{1}{3}$	33,3 %
schwarz	57	$\frac{1}{4}$	25 %
Sonstige	95	$\frac{5}{12}$	41,7 %

b) Wenn sich der Anteil der schwarzen Autos nicht ändern wird, kann er mit ungefähr 75 schwarzen Autos rechnen, das sind $\frac{1}{4}$ von 300.

c) Zunächst werden alle gegebenen Wahrscheinlichkeiten in das Baumdiagramm eingetragen.
Die Wahrscheinlichkeit für sonstige Farben beträgt $1 - \frac{1}{3} - \frac{1}{4} = \frac{5}{12}$

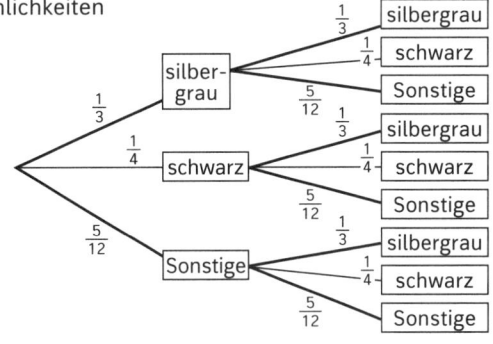

Die gesuchten Wahrscheinlichkeiten berechnet man mit den Pfadregeln.
(1) Hierzu gehört der Pfad „silbergrau–silbergrau". P (beide silbergrau) = $\frac{1}{3} \cdot \frac{1}{3} = \frac{1}{9}$

(2) Hierzu gehören zwei Pfade. Es sind die Pfade „silbergrau–schwarz" und „schwarz–silbergrau".
P (silbergrau und schwarz) = $\frac{1}{3} \cdot \frac{1}{4} + \frac{1}{4} \cdot \frac{1}{3} = \frac{2}{12} = \frac{1}{6}$

3 Busfahrt

a) Während der Fahrt wird Benzin verbraucht, der Tankinhalt nimmt also ab. Ein Tankvorgang ist dagegen daran zu erkennen, dass die Benzinmenge im Tank sprunghaft ansteigt. Dies ist nach einer gefahrenen Strecke von 100 km und von 500 km der Fall.
Die richtige Antwort ist also: Es wurde 2-mal angehalten, um zu tanken.

b) Die Entfernung von Köln nach Paris lässt sich auf der x-Achse ablesen; ungefähr 800 km.

c) Je größer der Benzinverbrauch ist, desto rascher nimmt der Tankinhalt ab. Auf der Teilstrecke mit dem höchsten Benzinverbrauch fällt der Graph daher am steilsten ab. Dies trifft auf die Teilstrecke ③ zu.

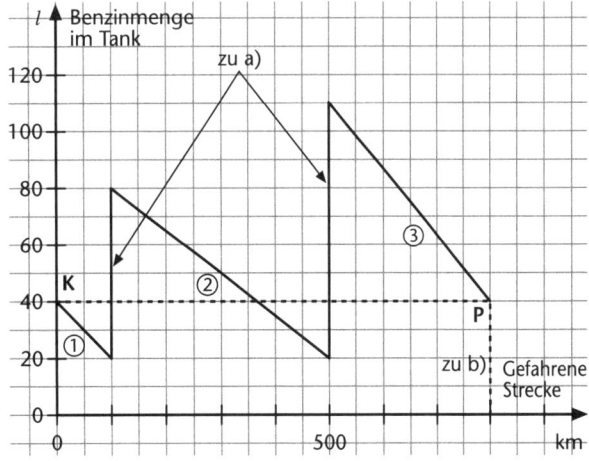

d) Beim Start in Köln sind 40 l Benzin im Tank, bis zum ersten Tanken sind 20 l davon verbraucht. Die Teilstrecke ② beginnt der Bus mit einem Tankinhalt von 80 l, davon sind bis zum zweiten Tanken 60 l verbraucht. Die Teilstrecke ③ beginnt der Bus mit einem Tankinhalt von 110 l, bei seiner Ankunft in Paris sind noch 40 l im Tank. Der Bus hat also auf der letzten Etappe 70 l verbraucht.
Auf der gesamten Fahrt verbrauchte der Bus also $20\,l + 60\,l + 70\,l = 150\,l$.

Teil B Komplexe Aufgaben | Abschlusstest

❹ Lotterie

a) Bei 80 % Nieten beträgt der Anteil der Gewinne 20 %.

Es gilt: $20\% = \frac{20}{100} = \frac{1}{5}$.

Die Aussage „Jedes fünfte Los ist ein Gewinn" ist richtig.

b) Ein Los kostet 1,00 €. Insgesamt werden also 2 000 € eingenommen.
Folgende Gewinne werden ausgezahlt:
- 15 Hauptgewinne von je 50,00 €: $15 \cdot 50\,€ = 750\,€$
- 4 % Preise von je 6,00 €:   4 % von 2 000 = 2 000 · 0,04 = 80
     80 · 6 € = 480 €
- Trostpreise von je 0,50 €:   80 % von 2 000 = 1 600 (Nieten)
     2 000 − 1 600 − 15 − 80 = 305 (Trostpreise)
     305 · 0,50 € = 152,50 €

Gewinn: 2 000 € − 750 € − 480 € − 152,50 € = 617,50 €
Mit der Lotterie wurde ein Gewinn von 617,50 € erzielt.

❺ Flugzeug

Zunächst sind x und α gesucht.

(1) $x^2 + (25{,}7\text{ km})^2 = (26{,}3\text{ km})^2$ (Satz des Pythagoras)
     $x^2 = (26{,}3\text{ km}^2) - (25{,}7\text{ km})^2$
     $x \approx 5{,}5857\text{ km}$

(2) $\cos\alpha = \frac{25{,}7\text{ km}}{26{,}3\text{ km}}$
     $\alpha \approx 12{,}262°$

Gesucht ist die Steigung in Prozent, also ist tan α zu bestimmen.
$\tan 12{,}262° \approx 0{,}2173 \approx 21{,}7\%$

Das Flugzeug überfliegt Alsburg in ca. 5,6 km Höhe und ist durchschnittlich mit 21,7 % aufgestiegen.

❻ CD

a) Die beschreibbare Fläche hat die Form eines Kreisrings mit $d_1 = 50$ mm, also $r_1 = 25$ mm und $d_2 = 116$ mm, also $r_2 = 58$ mm.

$A = A_2 - A_1$
$ = \pi r_2^2 - \pi r_1^2$
$ = \pi \cdot 58^2 - \pi \cdot 25^2$
$ \approx 8\,605\text{ [mm}^2\text{]}$

Die beschreibbare Fläche ist 8 605 mm² groß.

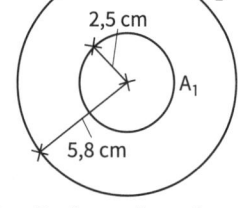

b) Die Hälfte des Flächeninhalts beträgt etwa 4 303 mm² (8 605 mm² : 2). Um den Radius zu berechnen, muss der nicht beschreibbare innere Ring (625π mm² ≈ 1 943 mm²) addiert werden:
4 303 mm² + 1 943 mm² = 6 246 mm².

Nun kann der Radius berechnet werden: $\pi r^2 = 6\,246$ |:π
         $r^2 \approx 1\,988$ |√
         $r \approx 45$ [mm]

Die CD ist „halb voll", wenn sie bis zu etwa 45 mm beschrieben ist.

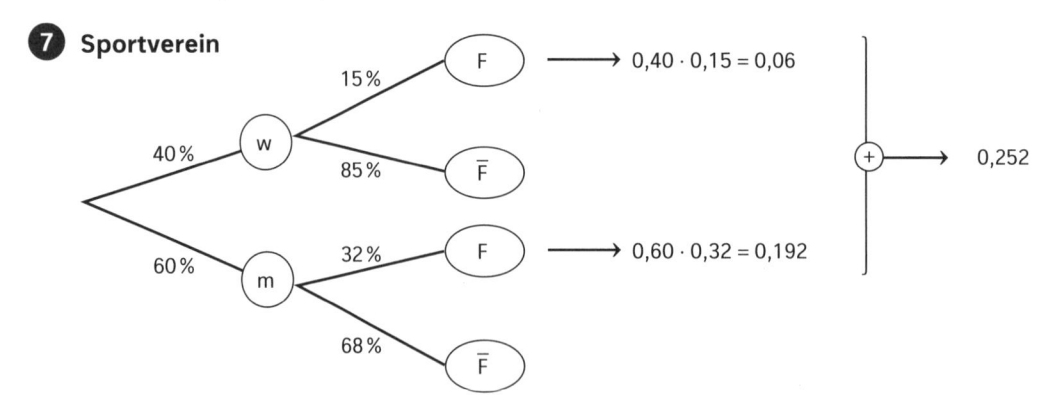

❼ Sportverein

25,2 % aller Vereinsmitglieder gehören zur Fußballabteilung.

Abschlusstest | Teil B Komplexe Aufgaben

81

8 Ferienplanung

a) Der Grundpreis beträgt bei 4 Personen: 4 · 40 € = 160 €.
Pro Nacht kommen 70 € hinzu. Also lautet die Funktionsgleichung y = 70x + 160

b) Zu den einzelnen Graphen gehören jeweils nur die Punkte mit ganzzahligen x-Koordinaten, da es z. B. 2,5 Übernachtungen nicht gibt.

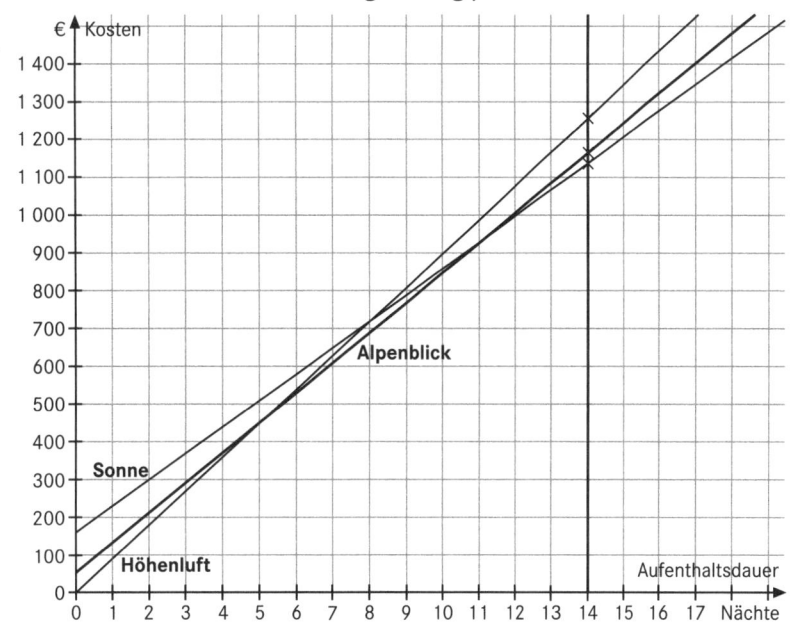

c) Familie Dogan will genau 2 Wochen (also 14 Tage) bleiben.
Aus dem Koordinatensystem ist abzulesen, dass die Kosten für diese Aufenthaltsdauer bei der Ferienwohnung Sonne am geringsten sind.
Man kann dies auch rechnerisch prüfen:
- Ferienwohnung Sonne: 14 · 70 € + 4 · 40 € = 1 140 €
- Ferienappartement Höhenluft: 14 · 90 € = 1 260 €
- Ferienwohnung Alpenblick: 14 · 80 € + 50 € = 1 170 €

9 Sonnenfinsternis

Während der Sonnenfinsternis wird die Leistung der Solaranlagen ca. $\frac{1}{3}$ (6 Gigawatt : 18 Gigawatt) betragen. Dies entspricht aber 0,33... also etwa 33 %.

10 Verein

a) Insgesamt spielen 50 Jugendliche (15 Mädchen und 35 Jungen) der 325 Befragten im Verein Fußball. Das entspricht $\frac{50}{325} \approx 15\%$.

b) Von den 50 Jugendlichen, die im Verein spielen, sind 15 Mädchen. Das entspricht $\frac{15}{50} = 30\%$. Also hat Helena recht.

c) Es sind zwar unter allen Befragten mehr Jungen im Verein als Mädchen, aber Justus vergleicht in seiner Aussage die Anteile in den beiden Gruppen.
Anteil der 15 im Verein spielenden Mädchen unter den 75 Mädchen, die in ihrer Freizeit Fußball spielen: $\frac{15}{75} = 20\%$
Anteil der 35 im Verein spielenden Jungen unter den 250 Jungen, die in ihrer Freizeit Fußball spielen: $\frac{35}{250} = 14\%$
Da der Anteil bei den Mädchen höher ist, stimmt die Aussage von Justus nicht.

82

11 Zahlenrätsel

(1) A,   (2) (F);   (3) (H)
Lösungen der Gleichungen:

(A)
$2(5x + 7) = -3x + 53$
$10x + 14 = -3x + 53$ | +3x
$13x + 14 = 53$ | −14
$13x = 39$ | :13
$x = 3$

(F)
$x - (-8) = 5x + 64$
$x + 8 = 5x + 64$ | −5x
$-4x + 8 = 64$ | −8
$-4x = 56$ | :(−4)
$x = -14$

(H)
$4x - 17 = 3(x - 2)$
$4x - 17 = 3x - 6$ | −3x
$x - 17 = -6$ | +17
$x = 11$

43

12 Haus mit Pultdach

a) Der umbaute Raum entspricht dem Volumen des Baukörpers.
   Berechnung des Volumens:
   Das Haus kann als Prisma mit einem Trapez als Grundfläche betrachtet werden.
   V = G · h
   $V = \frac{9,6 \text{ m} + 6,2 \text{ m}}{2} \cdot 8,4 \text{ m} \cdot 12,6 \text{ m}$ Beachte: Höhe des Trapezes: 8,4 m; Höhe des Prismas: 12,6 m
   V = 836,136 m³   V ≈ 836 m³

b) Berechnung des Flächeninhalts der Seitenflächen:
   Die Seitenflächen bestehen aus zwei gleichen Trapezen und zwei Rechtecken.
   $A = 2 \left(\frac{9,6 \text{ m} + 6,2 \text{ m}}{2} \cdot 8,4 \text{ m} \right) + 12,6 \text{ m} \cdot 9,6 \text{ m} + 12,6 \text{ m} \cdot 6,2 \text{ m}$
   A = 331,8 m²   A ≈ 332 m²

c) Berechnung des Neigungswinkels: $\tan \alpha = \frac{9,6 \text{ m} - 6,2 \text{ m}}{8,4 \text{ m}} = \frac{3,4 \text{ m}}{8,4 \text{ m}}$ α ≈ 22°

13 Taschengeld

Das geringste monatliche Taschengeld beträgt 10 €, das höchste 80 €. Daraus ergibt sich die Spannweite 80 € – 10 € = 70 €.
Der mittlere Betrag (Median) liegt bei 30 €. 50 % der Befragten erhalten Taschengeld zwischen 20 € (unteres Quartil) und 50 € (oberes Quartil). Es fällt auf, dass die Streuung oberhalb des Medians erheblich größer ist als darunter. Am größten ist sie im obersten Viertel. 25 % der befragten Jugendlichen erhalten monatlich 50 € bis 80 € Taschengeld.

14 Elefantenfüße

a) Maße auf dem Foto: Durchmesser der Säule 6,2 cm; Höhe des abgebildeten Teils der Säule 6,2 cm; Körpergröße der Person: 2,6 cm.
   Die wahre Größe der gesuchten Längen kann über den Maßstab mithilfe der angegebenen wahren Körpergröße der Person ermittelt werden.
   1 700 mm : 26 mm ≈ 65; d. h., 1 mm auf dem Foto stellt ca. 65 mm in Wirklichkeit dar. Dann misst der Durchmesser der Säule in Wirklichkeit: 62 mm · 65 = 4 030 mm ≈ 4 m. Denselben Wert erhält man nach dieser Schätzung für die Höhe des abgebildeten Teils der Säule. Da laut Text ein Viertel der Gesamthöhe zu sehen ist, ist eine Säule in Wirklichkeit also etwa 4 · 4 m = 16 m hoch.

b) Mit den Schätzwerten aus a) ergibt sich
   für das Volumen eines Elefantenfußes: V = π · (2 m)² · 16 m ≈ 201 m³,
   für die Masse eines Elefantenfußes: ca. 201 · 2 t = 402 t,
   für die Masse der vier Elefantenfüße: ca. 402 t · 4 = 1 608 t.

15 Strom

a) Es handelt sich nahezu um eine lineare Entwicklung. Entsprechend reichen die zwei Punkte (2010|45) und (2000|75), um die Steigung (durchschnittliche Entwicklung) zu bestimmen:
   $\frac{45 - 75}{2010 - 2000} = -4$
   D. h. im Schnitt nehmen die Kosten um 4 Cent pro Jahr ab.

b) Das „Doppelte" ist genau dann der Fall, wenn der Abstand des Graphen für Solarstrom genau doppelt so weit von der x-Achse ist wie der Abstand des Graphen für „normalen" Strom. Dies war im Jahr 2008 der Fall.

c) Da der Strompreis zwischen 2012 und 2020 im Schnitt um jeweils 1,5 Cent (2012: 25 Cent/2020: 13 Cent) fällt, würde eine gleichbleibende Verringerung bedeuten, dass die Erzeugung von Solarstrom ab dem Jahr 2029 kostenlos wäre.

d) Den gewünschten Effekt erzeugt man, indem man die y-Achse entsprechend skaliert.

16 Gleichungen

(1) $(x + 3) \cdot (8 - 2x)$ ist ein Produkt, das genau dann null ist, wenn ein Faktor null ist.
$(x + 3) \cdot (8 - 2x) = 0$
$x + 3 = 0 \quad |-3 \quad$ oder $\quad 8 - 2x = 0 \quad |-8$
$x_1 = -3 \quad\quad\quad\quad\quad$ oder $\quad\quad -2x = -8 \quad |:2$
$\quad\quad\quad\quad\quad\quad\quad\quad\quad\quad\quad\quad\quad\quad\quad x_2 = 4$

(2) $\quad x^2 + 5x = 0 \quad\quad |$ x ausklammern
$\quad x \cdot (x + 5) = 0$
$x_1 = 0 \quad$ oder $\quad x + 5 = 0 \quad |-5$
$\quad\quad\quad\quad\quad\quad\quad\quad x_2 = -5$

(3) $3x^2 - 8 = 4 \quad |+8$
$\quad\; 3x^2 = 12 \quad |:3$
$\quad\quad x^2 = 4 \quad\;\; |\sqrt{}$
$x_1 = 2 \quad$ oder $\quad x_2 = -2$

(4) Hier können wir die Lösungsformel anwenden.
$2x^2 - 12x + 4 = 18 \quad |-18$
$2x^2 - 12x - 14 = 0 \quad |:2$
$x^2 - 6x - 7 = 0 \quad\quad |\; p = -6;\, q = -7$
$x = \frac{6}{2} + \sqrt{\left(\frac{6}{2}\right)^2 + 7} \quad$ oder $\quad x = \frac{6}{2} - \sqrt{\left(\frac{6}{2}\right)^2 + 7}$
$x = 3 + \sqrt{16} \quad\quad\quad\quad$ oder $\quad x = 3 - \sqrt{16}$
$x_1 = 7 \quad\quad\quad\quad\quad\quad$ oder $\quad x_2 = -1$

17 Bogenbrücke

a) Der Parameter c gibt bei quadratischen Funktionen der Form $y = ax^2 + c$ die Verschiebung der Parabel in Richtung der y-Achse an. Bei $c = 1$ wird der Graph um eine Einheit nach oben verschoben und schneidet die y-Achse im Punkt $(0|1)$.
Im vorliegenden Beispiel ist der Schnittpunkt bei $(0|3,6)$, also ist $c = 3,6$.

b) Setzt man den für c ermittelten Wert in die Funktionsgleichung ein, so ergibt sich:
$y = ax^2 + 3,6$
Zur Bestimmung von a muss man einen Punkt auf der Parabel finden, für den die x- und y-Koordinaten abgelesen werden können. Ein Nullpunkt hat die Koordinaten $(10|0)$. Setzt man diese Koordinaten in die Gleichung ein, so ergibt sich:
$0 = a \cdot 10^2 + 3,6 \quad |-3,6$
$-3,6 = a \cdot 100 \quad\quad |:100$
$-0,036 = a$

Die Funktionsgleichung lautet $y = -0,036x^2 + 3,6$.

18 Nerobergbahn

Die Länge der gesuchten Strecke ermittelt man mithilfe des Satzes des Pythagoras.
Der Höhenunterschied zwischen Tal- und Bergstation beträgt 83 m. Die Luftlinienentfernung l zwischen Tal- und Bergstation können wir mithilfe der Entfernungen der beiden Orte in der abgebildeten Karte und dem angegebenen Kartenmaßstab bestimmen.
Der Abstand zwischen Tal- und Bergstation in der Karte beträgt ca. 4,3 cm.
Zu berechnen ist die Länge in der Wirklichkeit.
Der Maßstab 1 : 10 000 bedeutet: 1 cm auf einer Karte entsprechen 10 000 cm in der Wirklichkeit.
Man muss die gemessene Strecke also mit 10 000 multiplizieren: 4,3 cm · 10 000 = 43 000 cm.
Die Luftlinienentfernung l zwischen den beiden Orten beträgt in der Realität also etwa 430 m.
Jetzt lässt sich die gesuchte Strecke x mit dem Satz des Pythagoras ermitteln:
$x^2 = \quad h^2 \quad + \quad l^2$
$\quad = (83\text{ m})^2 + (430\text{ m})^2 = 191\,789\text{ m}^2 \quad\quad x \approx 437,9\text{ m}$
Die Länge der Gleisstrecke zwischen Nerotal und Neroberg beträgt also ungefähr 438 m.

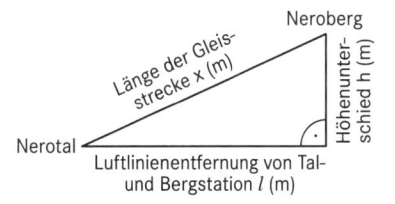

19 Weltbevölkerung

a) Von 1927 bis 1974 sind es 47 Jahre. Eine Rechnung durch Probieren zeigt:
$1{,}0145^{47} = 1{,}967\ldots$ und $1{,}0149^{47} = 2{,}003\ldots$
Also passt für eine Verdoppelung der Wachstumsrate am besten 1,49 %.
Alternativer Lösungsweg: $2 \cdot x^{47} = 4 \;\rightarrow\; x = \sqrt[47]{2} = 1{,}014857\ldots \;\rightarrow\;$ Wachstumsrate ca. 1,49 %.

b) 7,3 Mrd. $\cdot\, 1{,}01^{35} = 10{,}341\ldots$ Mrd. $\approx$ 10,3 Mrd.
Es leben dann höchstens ca. 10,34 Mrd. Menschen auf der Erde.

20 Maßänderungen

a) (1) Die Aussage ist richtig:
$\quad u = 2\pi r \quad$ Wird r durch 2r ersetzt, ergibt sich $u = 2\pi(2r) = 4\pi r = 2 \cdot 2\pi r$
(2) Die Aussage ist falsch. Der Flächeninhalt vervierfacht sich.
$\quad A = \pi r^2 \quad$ Wird r durch 2r ersetzt, ergibt sich $A = \pi(2r)^2 = \pi \cdot 4r^2 = 4 \cdot \pi r^2$

b) Das Volumen verachtfacht sich.
$\quad V = \tfrac{1}{3}\pi r^2 h \quad$ Wird r durch 2r und h durch 2h ersetzt, ergibt sich
$\quad\quad V = \tfrac{1}{3}\pi(2r)^2 2h = \tfrac{1}{3}\pi 4r^2 2h = 8 \cdot \tfrac{1}{3}\pi r^2 h$

21 Liebesschlösser

a) Auf dem vorderen Detail-Foto sind etwa 400 Schlösser zu erkennen. Zwischen den 50 senkrechten Stahlträgern gibt es insgesamt 49 · 6 Gitter. Dann ergibt sich ein Schätzwert von ca. 100 000 Schlössern auf dieser Brückenseite.

b) Bei mehr als 40 000 Schlössern sind es 40 000 : (49 · 6) = 136,05...
Also sind es durchschnittlich ca. 140 Schlösser an jedem Gitter.

22 Pausenhof der da-Vinci-Schule

a) 640 · 5 m² = 3 200 m² Diese Größe müsste der Pausenhof laut Vorschrift haben.
40 m · 73 m = 2 920 m² Diese Größe hat der Pausenhof.
Der Pausenhof genügt den Vorschriften nicht.

b) Lösungsweg 1: Der Pausenhof ist 280 m² zu klein (3 200 m² – 2 920 m²).
$\quad\quad\quad\quad\quad$ Bei 40 m Breite fehlen in der Länge 7 m: 40 m · 7 m = 280 m².
Lösungsweg 2: 3 200 m² : 40 m = 80 m
$\quad\quad\quad\quad\quad$ Der Pausenhof müsste bei 40 m Breite insgesamt 80 m lang sein.
$\quad\quad\quad\quad\quad$ Er ist aber nur 73 m lang.
Der Pausenhof müsste um 7 m verlängert werden.

23 Wohnmobil

Die Angebote beinhalten eine tägliche Mietgebühr, die Firmen A und B verlangen eine zusätzliche Gebühr pro gefahrenem Kilometer. Bei Firma C sind die Kilometer frei. Bei 21 Tagen und 2 500 km ergibt dies:
Firma A: 21 · 48 € + 2 500 · 0,20 € = 1 508 €
Firma B: 21 · 72 € + 2 500 · 0,10 € = 1 762 €
Firma C: 21 · 80 € + 2 500 · 0,00 € = 1 680 €   Zu empfehlen ist Firma A.

24 Riesen-Kürbis

a) Der Kürbis hat einen Umfang von 4,7 m.
Da $u = 2 \cdot \pi \cdot r$ gilt, ergibt sich für $r \approx 0{,}75$ m.
Nimmt man zudem für die Körperhöhe vom Fuß bis zur Hüfte 1,10 m an, dann ergeben sich folgende Schätzungen:
Volumen eines Quaders mit a = 1,10 m, b = 1,10 m und c = 1,80 m:
$V = a \cdot b \cdot c \approx 2{,}2 \text{ m}^3$
Volumen eines Zylinders mit h = 1,10 m und r = 0,75 m
$V = \pi \cdot r^2 \cdot h = \pi \cdot (0{,}75 \text{ m})^2 \cdot 1{,}1 \text{ m} \approx 1{,}94 \text{ m}^3$
Volumen einer Kugel:
$V = \tfrac{4}{3} \cdot \pi \cdot r^3 = \tfrac{4}{3} \cdot \pi \cdot (0{,}75 \text{ m})^3 \approx 1{,}8 \text{ m}^3$

b) Da die Hüfthöhe deutlich niedriger ist als der Durchmesser des Kürbisses, ist die beste Abschätzung durch den Zylinder zu erreichen.

Abschlusstest | Teil B Komplexe Aufgaben

25 Sonderpreis

a) Methode (1) berücksichtigt nicht den Rabatt von 3 %. Die Methode ist falsch.
   Methode (2) berechnet zuerst 85 % (100 % − 15 %) vom bisherigen Preis. Dann werden von 3 % vom reduzierten Preis subtrahiert. Die Methode ist richtig.
   Methode (3) ist auch richtig.
   Es gilt: 100 % − 15 % = 85 % = 0,85 und
   100 % − 3 % = 97 % = 0,97
   Deshalb kann der gesenkte Barzahlungspreis so berechnet werden:
   (1 500 € · 0,85) · 0,97 = 1 236,75 €

b) Die Rechnung z. B. mit Methode (3) ergibt 1 236,75 €.

26 Behälter mit Kugeln

Insgesamt sind zunächst 7 Kugeln (3 blaue, 4 weiße) im Behälter. Also beträgt die Wahrscheinlichkeit, im ersten Zug eine blaue Kugel zu ziehen, $\frac{3}{7}$ und für eine weiße Kugel $\frac{4}{7}$.

Beim zweiten Zug sind nur noch 6 Kugeln im Behälter. Die Wahrscheinlichkeiten hängen vom Ergebnis des ersten Zuges ab.

Baumdiagramm:

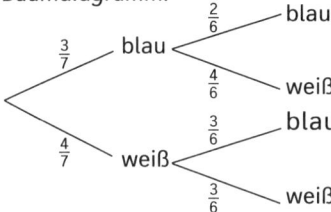

```
              2/6 — blau
    3/7  blau<
              4/6 — weiß
              3/6 — blau
    4/7  weiß<
              3/6 — weiß
```

Björn gewinnt bei den Ergebnissen (blau/blau) und (weiß/weiß).
Mit den Pfadregeln berechnen wir die Wahrscheinlichkeiten.

P (Marc gewinnt) = P (blau/weiß) + P (weiß/blau)

$$= \frac{3}{7} \cdot \frac{4}{6} + \frac{4}{7} \cdot \frac{3}{6}$$

$$= \frac{12}{42} + \frac{12}{42}$$

$$= \frac{24}{42} = \frac{4}{7} \approx 57 \%$$

P (Björn gewinnt) = P (blau/blau) + P (weiß/weiß)

$$= \frac{3}{7} \cdot \frac{2}{6} + \frac{4}{7} \cdot \frac{3}{6}$$

$$= \frac{6}{42} + \frac{12}{42}$$

$$= \frac{18}{42} = \frac{3}{7} \approx 43 \%$$

Alternativer Lösungsweg:
P (Marc gewinnt) = 1 − P (Björn gewinnt)

$$= 1 - \frac{3}{7} = \frac{4}{7} \approx 57 \%$$

Gewinnchance für Marc: $\frac{4}{7} \approx 57 \%$ Gewinnchance für Björn: $\frac{3}{7} \approx 43 \%$

Aufgabe 1: Basisaufgaben

a) Die Wahrscheinlichkeit, eine weiße Kugel zu ziehen, beträgt im dritten Topf:

P(weiße Kugel) = $\frac{\text{Anzahl der günstigen Ergebnisse}}{\text{Anzahl der möglichen Ergebnisse}} = \frac{3}{6} = \frac{1}{2} = 50\%$

Anzukreuzen ist also Topf 3.

b) Eine Zahl ist größer als eine andere, wenn sie weiter rechts auf der Zahlengeraden liegt.

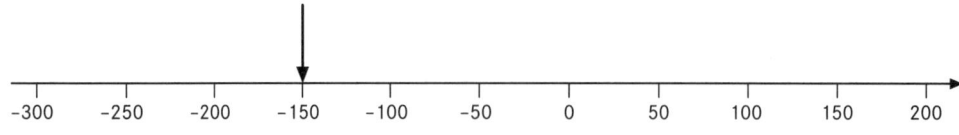

Richtige Lösungen sind daher z. B. $-100; -10; 0$ und 32.

c) Wahr ist die Aussage $\frac{8}{5} > \frac{3}{2}$. Denn es gilt: $\frac{8}{5} = \frac{16}{10} = 1,6 > 1,5 = \frac{3}{2}$.
Dagegen gilt $1,5 = \frac{3}{2}$ und $\sqrt{2} = 1,414... < \frac{3}{2}$.

d) Der Winkel β ist Nebenwinkel des Winkels mit der Größe 53°.
Nebenwinkel ergänzen sich zu 180°, also ist β = 180° − 53° = 127°.
Die Winkel α und β sind Stufenwinkel und damit gleich groß.
Also gilt: α = 127°.

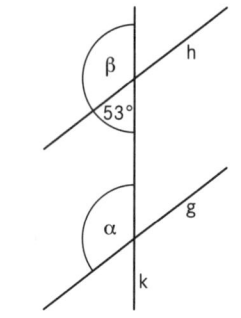

e) Gegeben: K = 400 €; Zinssatz p % = 2 %
Gesucht: Zinsen Z nach einem Jahr

$Z = K \cdot \frac{p}{100} = 400 \cdot \frac{2}{100} = 8$

Max erhält nach einem Jahr 8 € Zinsen.

f) Zunächst ordnet man die sieben Messdaten der Größe nach: 1 °C, 3 °C, 5 °C, 5 °C, 7 °C, 8 °C, 8 °C
Bei ungerader Anzahl von Daten ist der Median der mittlere Wert in der geordneten Liste, hier also 5 °C.

g) Multipliziert man eine positive Zahl mit einer negativen Zahl, so ist das Ergebnis
☒ ... immer negativ.

h) $\frac{2}{3}$ von $600\,l$ sind $\frac{2 \cdot 600}{3}\,l = \frac{1200}{3}\,l = 400\,l$.

Es müssen also noch 200 l nachgefüllt werden.

i) Der Scheitelpunkt S der verschobenen Normalparabel hat die Koordinaten S (2 | 0).

j) Wahr ist die Aussage $\sqrt{(-4)^2} = +4$, denn es gilt: $\sqrt{(-4)^2} = \sqrt{16} = +4$

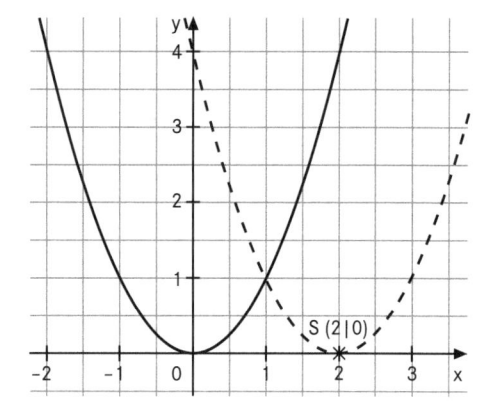

Aufgabe 2: Fernsehturm

a) Familie Krause besteht aus drei Erwachsenen und einem 13-jährigem Sohn.
Der reguläre Eintrittspreis beträgt dann für alle zusammen:

3 · 12 € + 7,50 € = 36 € + 7,50 €

Da Familie Krause das Sonderangebot nutzt, erhält sie 20 % auf den Eintrittspreis, ein möglicher Term zur Berechnung des Rabatts lautet daher so:

$\frac{20}{100} \cdot (3 \cdot 12\,€ + 7,50\,€)$

Berechnung des Rabatts	richtig	falsch	Begründung
$(2 \cdot 12\,€ + 2 \cdot 7{,}50\,€) \cdot \frac{20}{100}$	☐	☒	Dieser Term ist falsch, da er den Eintrittspreis für 2 Erwachsene und 2 Kinder berücksichtigt.
$\frac{1}{5} \cdot (36\,€ + 7{,}50\,€)$	☒	☐	Dieser Term ist richtig, denn $\frac{20}{100}(3 \cdot 12\,€ + 7{,}50\,€) = \frac{1}{5}(36\,€ + 7{,}50\,€)$
$\frac{20 \cdot (12\,€ + 12\,€ + 12\,€ + 7{,}50\,€)}{100}$	☒	☐	Dieser Term ist richtig, denn $\frac{20 \cdot (12\,€ + 12\,€ + 12\,€ + 7{,}50\,€)}{100} = \frac{20}{100} \cdot (36\,€ + 7{,}50\,€)$

b) Das Sonderangebot gewährt 20 % Preisnachlass auf den regulären Eintrittspreis. Zu zahlen sind dann also nur noch 80 %. Die Höhe des Eintrittspreis für Familie Krause berechnet sich also so:

$\frac{80}{100} \cdot (3 \cdot 12\,€ + 7{,}50\,€) = 0{,}8 \cdot (3 \cdot 12\,€ + 7{,}50\,€) = 34{,}80\,€$

Aufgabe 3: Sterne

a) 1 Lichtjahr = 9 460 000 000 000 km = $9{,}46 \cdot 10^{12}$ km
100 Lichtjahre = 946 000 000 000 000 km = $9{,}46 \cdot 10^{14}$ km

b) ☒ 9 460 000 000 000 = $9{,}46 \cdot 10^{12}$

c) Gegeben: Die Entfernung des Sterns bis zur Sonne beträgt ca. $4{,}03 \cdot 10^{15}$ km.
Das Licht legt in einer Sekunde einen Weg von ca. $3 \cdot 10^5$ km zurück.

Dann benötigt das Licht vom Stern Proxima Centauri bis zur Sonne $\frac{4{,}03 \cdot 10^{15}\,\text{km}}{3 \cdot 10^5 \,\frac{\text{km}}{\text{s}}} \approx 1{,}34 \cdot 10^{10}$ s

Das Jahr hat $60 \cdot 60 \cdot 24 \cdot 365$ Sekunden, also 31 536 000 s (= $3{,}1536 \cdot 10^7$ s).

Aus $\frac{1{,}34 \cdot 10^{10}\,\text{s}}{3{,}1536 \cdot 10^7\,\text{s}} \approx 426$ folgt:

Das Licht benötigt ungefähr 426 Jahre für den Weg von der Sonne bis zum Stern Proxima Centauri.

Aufgabe 4: Fallschirmspringer

a) Tom verlässt das Flugzeug in 2400 m Höhe und landet nach 260 Sekunden auf dem Boden.

b) Aus dem Koordinatensystem ist abzulesen:
Die Parabel mit dem Scheitelpunkt (0 | 2400) auf der y-Achse hat eine Gleichung der Form $h(t) = at^2 + c$ mit $a < 0$ (nach unten geöffnet) und $c = 2400 > 0$.
Anzukreuzen ist daher: ☒ $h(t) = -3t^2 + 2400$

c) Tom legt 500 m in 100 s zurück. Da 1 h = 3600 s gilt, folgt dann: In 1 h legt Tom 500 m · 36, also 18 000 m bzw. 18 km zurück. Tom schwebt 120 Sekunden nach seinem Absprung mit einer Geschwindigkeit von 18 $\frac{\text{km}}{\text{h}}$ dem Erdboden entgegen.

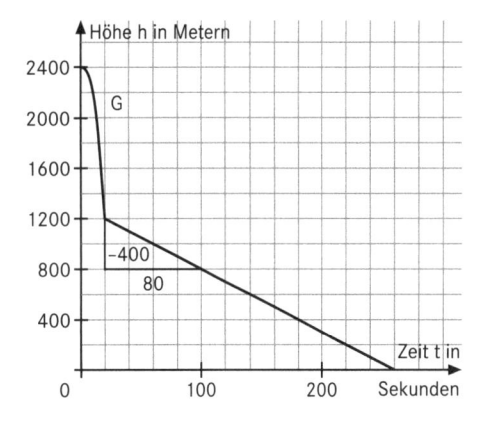

d) Die Gleichung einer Geraden hat die Form $y = mx + b$. Gesucht sind m und b.
Beim Ablesen der Steigung m aus dem Koordinatensystem muss auf die unterschiedliche Skalierung der beiden Achsen geachtet werden:
Bei der x-Achse entspricht 1 Kästchenbreite 20 s, bei der y-Achse steht 1 Kästchenbreite für 200 m.

Aus dem eingezeichneten Steigungsdreieck ist dann abzulesen: $m = \frac{-400}{80} = -5$.

Der y-Achsenabschnitt b lässt nun mithilfe eines Punktes der Geraden und der Steigung m berechnen.
Wir wissen, dass der Punkt A (20 | 1200) auf der Geraden liegt.
Eingesetzt in die Geradengleichung $y = -5x + b$ ergibt sich dann:
$1200 = -5 \cdot 20 + b$ | +100
$1300 = b$ Die Funktionsgleichung der Geraden lautet also: $y = -5x + 1300$

Aufgabe 5: Drachenviereck

a) Folgende Dreiecke, bei denen drei der Punkte A, B, C, D und E die Eckpunkte sind, lassen sich bilden:
Δ AED; Δ ABE; Δ CDE; Δ BCE;
Δ ABD; Δ ABC; Δ BCD; Δ ACD
Anzukreuzen ist also: ☐ 6   ☒ 8   ☐ 10   ☐ 12

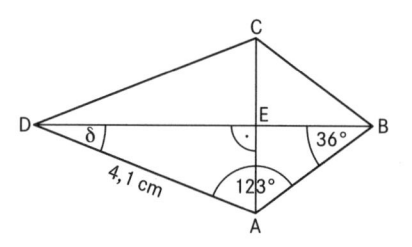

b) Wir betrachten das Dreieck ABD, von dem zwei Winkelgrößen bekannt sind. Da die Summe aller drei Innenwinkel eines Dreiecks stets 180° beträgt, ist
δ = 180° − (123° + 36°) = 21°

c) Die Länge der Strecke $\overline{BD}$ lässt sich mit dem Sinussatz berechnen:

Im Dreieck ABD gilt: $\frac{4{,}1 \text{ cm}}{\sin 36°} = \frac{|\overline{BD}|}{\sin 123°}$, dann ist $|\overline{BD}| = \frac{4{,}1 \text{ cm} \cdot \sin 123°}{\sin 36°} \approx 5{,}9$ cm.

d) Das Dreieck AED ist rechtwinklig. Sein Flächeninhalt lässt sich mithilfe der Länge der Seiten $\overline{AE}$ und $\overline{DE}$ berechnen, die den rechten Winkel bilden.
Um die Länge der Seite $\overline{AE}$ zu bestimmen, nutzt man die Größe des Winkels δ.

(1) *Berechnen der Länge von $\overline{AE}$ mit der Sinusfunktion:*

Im rechtwinkligen Dreieck AED gilt $\sin \delta = \frac{|\overline{AE}|}{|\overline{BD}|}$, also $|\overline{AE}| = 4{,}1$ cm · sin 21° ≈ 1,5 cm.

(2) *Berechnen der Länge von $\overline{DE}$ mit der Kosinusfunktion:*

Im rechtwinkligen Dreieck AED gilt $\cos \delta = \frac{|\overline{DE}|}{|\overline{BD}|}$, also $|\overline{DE}| = 4{,}1$ cm · cos 21° ≈ 3,8 cm

Aufgabe 6: Karlsruher Pyramide

a) Der Maßstab 1 : 10 bedeutet: 1 cm auf der Karte entspricht 10 cm in Wirklichkeit; das Dargestellte ist in Wirklichkeit 10-mal so groß.

	Längen im Modell	Längen in Wirklichkeit
Grundkante a der Pyramide	0,80 m	8 m
Höhe h der Pyramide	0,68 m	6,8 m

b) Im Schrägbild werden die Maße von a und h eingetragen.

c) Um den Flächeninhalt A der dreieckigen Seitenflächen zu berechnen, bestimmt man mithilfe des Satzes des Pythagoras die Länge der Höhe h_s.
Wir betrachten das eingezeichnete Hilfsdreieck mit den Seiten h_s, h und 0,5a.

$h_s = \sqrt{(0{,}5a)^2 + h^2}$, also $h_s = \sqrt{(0{,}4 \text{ m})^2 + (0{,}68 \text{ m})^2} \approx 0{,}79$ m

Dann ist $A = \frac{1}{2} \cdot 0{,}8$ m · 0,79 m ≈ 0,32 m².

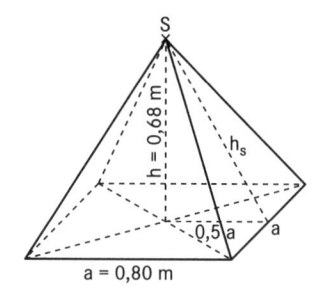

d) Paul hat recht.
Die Pyramide besitzt vier dreieckige Seitenflächen, die jeweils den Flächeninhalt von 0,32 m² besitzen. Für das zweimalige Streichen dieser Flächen wird also Lack für eine Gesamtfläche von
2 · 4 · 0,32 m² = 2,56 m² benötigt.
Wenn 1 *l* = 1000 ml Lack für 10 m² reicht, dann reicht 375 ml für 3,75 m².

Aufgabe 7: Fußball

a) 680 353 : 17 ≈ 40 021   Die durchschnittliche Anzahl von Zuschauern pro Heimspiel betrug 40 021.

b) r_H(Sieg von Hertha BSC) = $\frac{\text{Anzahl der Siege}}{\text{Anzahl aller Spiele}} = \frac{22}{34} \approx 64{,}7\,\%$

c) Nicht verwandelt wurden 12 Elfmeter. Ihr Anteil beträgt: $12 : 83 \approx 0{,}145 = 14{,}5\,\%$
Darstellung im Kreisdiagramm:

$100\,\% \mathrel{\hat{=}} 360°$; also

$14{,}5\,\% \mathrel{\hat{=}} \dfrac{360° \cdot 14{,}5}{100} = 52{,}2° \approx 52°$

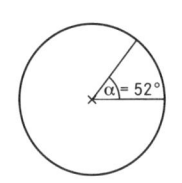

d)

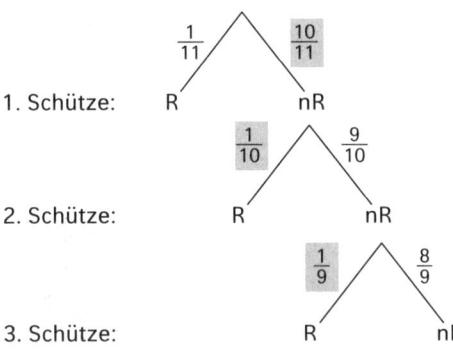

1. Schütze: R ($\frac{1}{11}$) nR ($\frac{10}{11}$)

2. Schütze: R ($\frac{1}{10}$) nR ($\frac{9}{10}$)

3. Schütze: R ($\frac{1}{9}$) nR ($\frac{8}{9}$)

Die Wahrscheinlichkeit, dass Ronny unter den ersten drei Schützen ist, berechnet sich so:
Bei der Wahl der Reihenfolge gibt es für Ronny 11 mögliche Ergebnisse, 3 davon sind günstig, also P (Ronny ist unter den ersten drei Schützen) $= \dfrac{3}{11} \approx 27{,}3\,\%$

Aufgabe 1: Basisaufgaben

a) $G = 50\,€$; $p\,\% = 13\,\%$; gesucht: W $\quad W = G \cdot \dfrac{p}{100} \quad W = 50\,€ \cdot \dfrac{13}{100} = \dfrac{650}{100}\,€ = 6{,}50\,€$

b) Anzahl der günstigen Ergebnisse (Gewinnlose): 20
Anzahl der möglichen Ergebnisse (Anzahl aller Lose): $20 + 80 = 100$

$P(\text{Gewinn}) = \dfrac{\text{Anzahl der günstigen Ergebnisse}}{\text{Anzahl der möglichen Ergebnisse}} = \dfrac{20}{100} = 20\,\%$

c) Zwischen $\dfrac{1}{2} = 0{,}5$ und $\dfrac{4}{5} = 0{,}8$ liegen z. B. 0,6 und 0,7.

d) Anzahl der günstigen Ergebnisse {2; 3; 4; 5}: 4
Anzahl der möglichen Ergebnisse {1; 2; 3; 4; 5; 6}: 6

$P(\text{Gewinn}) = \dfrac{\text{Anzahl der günstigen Ergebnisse}}{\text{Anzahl der möglichen Ergebnisse}} = \dfrac{4}{6} = \dfrac{2}{3} \approx 66{,}67\,\%$

e) $K = 10\,000\,€$; Zinsen $Z = 230\,€$; gesucht: Zinssatz $p\,\% \quad \dfrac{Z}{K} = \dfrac{p}{100} = p\,\% \quad \dfrac{230}{10\,000} = 0{,}023 = 2{,}3\,\%$

f) Die Winkel $(\beta + \gamma)$ und α sind Scheitelwinkel, daher gilt: $\beta + \gamma = \alpha$
Setzt man die für α und γ gegebenen Werte in diese
Gleichung ein, ergibt sich: $\beta + 30° = 50°$, also $\beta = 20°$.

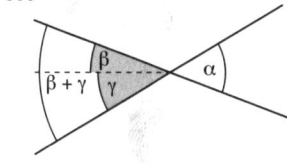

g) Aus der Abbildung ist zu entnehmen, dass ein Kästchen die
Seitenlänge a besitzt. Daraus ergibt sich für den Umfang u
der grauen Fläche: $u = a + 2a + 3a + 2a + a + 2a + 3a + 2a = 16a$

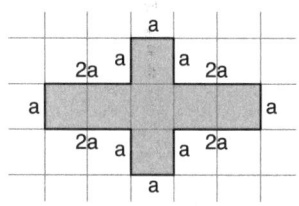

h) Es gilt: $-0{,}512 < -\dfrac{1}{2} = (-0{,}5) < 1{,}4 < \sqrt{2}\ (= 1{,}41415\ldots)$

i) Das Rechteck ist in 15 gleich große Teilrechtecke zerlegt, davon sind
9 grau gefärbt. Der Anteil der grau gefärbten Fläche an der Gesamtfläche beträgt also:

$\dfrac{9}{15} = \dfrac{3}{5} = \dfrac{60}{100} = 60\,\%$

Aufgabe 2: Wanderung

a) $2\,800\,\text{m} + 1{,}5\,\text{km} = 2\,800\,\text{m} + 1\,500\,\text{m} = 4\,300\,\text{m} = 4{,}3\,\text{km}$
Die Länge des Weges der Potsdamer Gruppe beträgt 4,3 km.

b) Sei x die Weglänge von der Jugendherberge zum Restaurant. Nach dem Sinussatz folgt:

$\dfrac{x}{\sin 60°} = \dfrac{2\,800\,\text{m}}{\sin 50°}$, also $x = \dfrac{2\,800\,\text{m} \cdot \sin 60°}{\sin 50°} \approx 3\,165\,\text{m} \approx 3\,200\,\text{m}$

Die Länge des Weges der Berliner Gruppe beträgt dann etwa $3\,200\,\text{m} + 2\,500\,\text{m} = 5\,700\,\text{m} = 5{,}7\,\text{km}$.

c) Die durchschnittliche Geschwindigkeit von 5 $\frac{km}{h}$ bedeutet, dass die Berliner Gruppe 5 km in 60 Minuten zurücklegt. Für die halb so lange Strecke von 2,5 km (= 2 500 m) benötigt sie also 30 Minuten. Insgesamt ergibt sich:
Ankunft Restaurant: 11:30 Uhr
Pause von 45 Minuten: 11:30 Uhr bis 12:15 Uhr
Wanderung bis zur Badestelle: 12:15 Uhr bis 12:45 Uhr
Die Berliner Gruppe erreicht die Badestelle um 12:45 Uhr.

Aufgabe 3: Sparbuch

a) K = 200 €; Zinsen Z = 4 €; gesucht: Zinssatz p %

$\frac{4}{200} = \frac{2}{100} = 2\%$ Der Zinssatz für Toms Guthaben beträgt tatsächlich 2 % pro Jahr.

b)
Geburtstag	11.	12.	13.	14.	15.
Zinsen	–	4,00 €	8,08 €	12,24 €	(II)16,49 €
Einzahlung	200,00 €	200,00 €	200,00 €	200,00 €	200,00 €
Guthaben	200,00 €	404,00 €	612,08 €	(I) 824,32 €	1 040,81 €

zu (I): Schrittweise: 612,08 € + 12,24 € + 200,00 € = 824,32 € oder
        mit Wachstumsfaktor: 612,08 € · 1,02 + 200,00 € = 824,32 €
zu (II): 824,32 € · 0,02 ≈ 16,486 € ≈ 16,49 € (Banken würden auf 16,48 € runden.)

c) K = 1 000 €; Zinssatz p % = 3 %; n = 5 Jahre; gesucht: K_5 (Kapital nach 5 Jahren)
Zinsfaktor q = 1 + p % = 1,03
$K_5 = K \cdot q^5 = 1\,000 € \cdot 1,03^5 \approx 1\,159,27$ €

d) Die Bank erweckt den Eindruck einer günstigen Guthabenentwicklung dadurch, dass die Hochachse nicht bei 0 € beginnt und die Säulen breiter werden.

Aufgabe 4: Kraftstoffpreise

a) Das Minimum (der niedrigste Wert) ist 154,2 Cent pro Liter E 10, das Maximum (der höchste Wert) ist 169,2 Cent pro Liter E 10.

b) Die Spannweite (die Differenz zwischen Maximum und Minimum) für den Preis für einen Liter Diesel in dem angegebenen Zeitraum beträgt 14,4 Cent (= 154,0 Cent – 139,6 Cent).

c) Gegeben sind:
 – durchschnittlicher Verbrauch: $\frac{9\,l}{100\,km}$
 – durchschnittlicher Preis für einen Liter Diesel im Jahr 2011: 145,5 Cent pro Liter
 – Fahrleistung im Jahr 2011: 100 000 km
Gesucht: Kraftstoffkosten für das Jahr 2011

Fahrstrecke in km	Verbrauch in Litern
100	9
100 000	9 000

· 1 000 ↓   ↑ · 1 000

Liter	Preis in Cent
1	145,5
9 000	1 309 500

· 9 000 ↓   ↑ · 9 000

Die Kraftstoffkosten für das Jahr 2011 betragen 1 309 500 Cent (= 13 095 €).

d)
Liter	Preis in Cent
1	152,0
9 000	1 368 000

· 9 000 ↓   ↑ · 9 000

Die Mehrkosten betragen 585 € = 58 500 Cent (= 1 368 000 Cent – 1 309 500 Cent).

e) Herr Meiers Rechnung enthält einen Fehler bei der Umrechnung von Euro in Cent.
Richtig ist: 585 € = 58 500 ct
      58 500 ct : 100 000 = 0,585 ct
Der Preis für einen Taxikilometer müsste also um etwa 0,6 ct erhöht werden, um die Mehrkosten durch den erhöhten Dieselpreis auszugleichen.

Aufgabe 5: Glücksrad

a) Das Glücksrad ist in acht gleich große Sektoren eingeteilt.
Anzahl der günstigen Ergebnisse {B; B; B}: 3
Anzahl der möglichen Ergebnisse {A; A; A; A; B; B; B; C}: 8

$$P(B) = \frac{\text{Anzahl der günstigen Ergebnisse}}{\text{Anzahl der möglichen Ergebnisse}} = \frac{3}{8} = 37,5\,\%$$

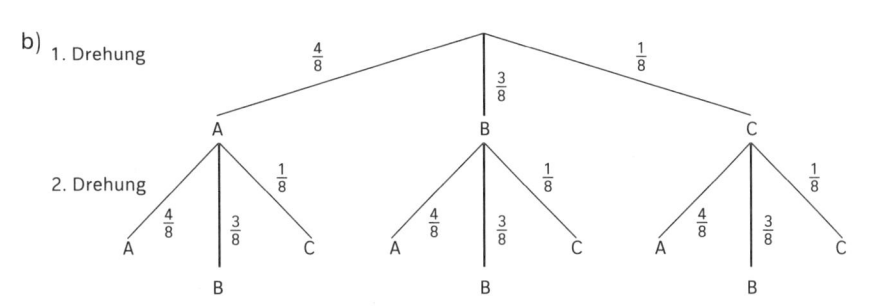

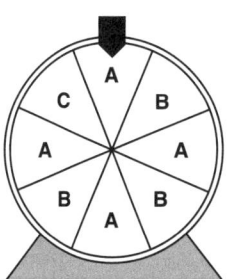

b) 1. Drehung

```
           4/8           3/8          1/8
        A              B              C
       /|\            /|\            /|\
      4/8 3/8 1/8    4/8 3/8 1/8    4/8 3/8 1/8
      A  B  C        A  B  C        A  B  C
```

2. Drehung

c) Die Wahrscheinlichkeit der Ergebnisse AA, BB und CC wird durch Multiplikation der einzelnen Wahrscheinlichkeiten längs eines Pfads im Baumdiagramm berechnet (Produktregel).
Die Wahrscheinlichkeit des Ereignisses (zweimal gleiche Buchstaben) wird durch Addition der Wahrscheinlichkeiten der einzelnen Ergebnisse berechnet (Summenregel).

$$P(\text{zwei gleiche Buchstaben}) = \frac{4}{8} \cdot \frac{4}{8} + \frac{3}{8} \cdot \frac{3}{8} + \frac{1}{8} \cdot \frac{1}{8} = \frac{26}{64} = \frac{13}{32}$$

Aufgabe 6: Vitrine

a) Die Vitrine hat die Form eines Prismas mit einem gleichschenkligen Trapez als Grundfläche, dessen Flächeninhalt $A_G = 5\,225$ cm² beträgt. Die Höhe h_K der Vitrine ist 165 cm.
Das Volumen berechnet sich also nach der Formel: $V = A_G \cdot h_K = 5\,225$ cm² $\cdot$ 165 cm
$V = 862\,125$ cm³ $= 862,125$ dm³ $\approx 862\,l$

b) a = 110 cm; b = 57 cm; d = 165 cm (= h_K)

c) Gesucht ist die Tiefe der Vitrine, die der Höhe h des gleichschenkligen Trapezes entspricht.
Es gibt mehrere Lösungswege.

Lösungsweg 1:

Wir wissen: $A_G = \frac{a+c}{2} \cdot h$; also $h = \frac{2 \cdot A_G}{a+c}$

Dann ist $h = \frac{2 \cdot 5225 \text{ cm}^2}{110 \text{ cm} + 80 \text{ cm}} = \frac{10450 \text{ cm}^2}{190 \text{ cm}} = 55$ cm

Da 55 cm > 50 cm ist, passen Kuchenplatten mit einem Durchmesser von 50 cm in die Vitrine.

Lösungsweg 2:

Das rechtwinklige Dreieck BCF hat die Seitenlängen

$\overline{BC} = b = 57$ cm und $\overline{BF} = \frac{a-c}{2} = \frac{110 \text{ cm} - 80 \text{ cm}}{2} = \frac{30 \text{ cm}}{2} = 15$ cm.

Dann gilt nach dem Satz des Pythagoras:
$b^2 = h^2 + (\overline{BF})^2$; also $h^2 = b^2 - (\overline{BF})^2$ bzw.

$h = \sqrt{(57 \text{ cm})^2 - (15 \text{ cm})^2} \approx 54,9909$ cm ≈ 55 cm

d) Die vorhandene Platte ist 120 cm breit, ihr Flächeninhalt beträgt 1,8 m² = 18 000 cm².
Ihre Länge berechnet sich dann aus 18 000 cm² : 120 cm = 150 cm.

Für die Rückwand der Vitrine wird eine rechteckige Platte mit d = 165 cm und c = 80 cm benötigt.
Die vorhandene Platte ist zu kurz (150 cm < 165 cm), sie kann nicht verwendet werden.

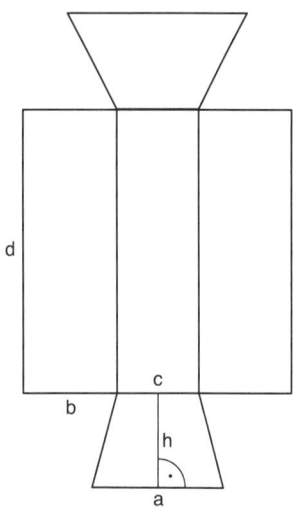

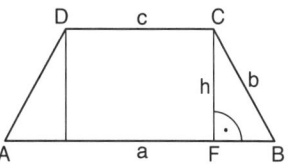

Aufgabe 7: Funktionen

a) Um zu überprüfen, ob der Punkt S(−3|−9) ein Schnittpunkt der Parabel p mit der Geraden g ist, setzt man z. B. die x-Koordinate des Punktes S in die beiden Funktionsgleichungen ein.
Für x = −3 ist p(−3) = −(−3)² = −9; der Punkt S liegt also auf der Parabel p.
Für x = −3 ist g(−3) = 2 · (−3) − 3 = −6 − 3 = −9 ; der Punkt S liegt also auf der Geraden g.
Insgesamt folgt: S(−3|−9) ist ein Schnittpunkt der Parabel p mit der Geraden g.

b) Gesucht ist die Gleichung einer linearen Funktion y = mx + b, die keinen gemeinsamen Punkt mit p hat. Der Graph der Funktion p ist eine nach unten geöffnete Parabel mit dem Scheitelpunkt (0|0), d. h. für jedes x ist p(x) ≦ 0.
Daher haben alle linearen Funktionen, deren Graphen nur im 1. und 2. Quadranten des Koordinatensystems verlaufen, keinen Schnittpunkt mit p. Dies trifft z. B. auf alle linearen Funktionen mit der Steigung m = 0 und b > 0 zu (wie etwa f(x) = 1).

Aufgabe 1: Basisaufgaben

a) 5,75 h = $5\frac{3}{4}$ h = 5 h + 45 min = 300 min + 45 min = 345 min

b) Anzahl der möglichen Ergebnisse: 6   Anzahl der günstigen Ergebnisse: 2
P(1 oder 6) = $\frac{2}{6} = \frac{1}{3}$

c) Die Innenwinkelsumme im Dreieck beträgt 180°.
Daher gilt: α = 180° − (48° + 52°) = 180° − 100° = 80°

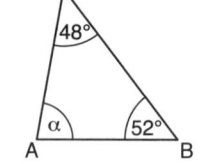

d) −(−x + 10) = x − 10

e) $\sqrt{3x \cdot 27x} = \sqrt{3x \cdot 3^3 x} = \sqrt{3^4 x^2} = \sqrt{81 x^2} = 9x$

f) Allgemein ist das Trapez definiert als ein Viereck mit zwei parallel zueinander liegenden Seiten.
Nur das gleichschenklige Trapez besitzt eine Symmetrieachse, die senkrecht auf den parallelen Seiten steht.
Die Aussage „Ein Trapez ist ein Viereck mit genau zwei Symmetrieachsen" ist also falsch.

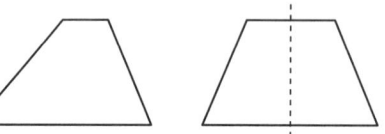

g) Ein Anteil von $\frac{3}{7}$ entspricht 12 Kindern der Klasse; ein Anteil von $\frac{1}{7}$ also 4 Kindern. Gesucht ist die Gesamtzahl der Kinder in der Klasse, also $\frac{7}{7}$.

Aus 7 · 4 = 28 folgt: Es sind 28 Kinder in der Klasse.

h) Die zugehörige Funktionsgleichung y = mx + n ermittelt man, indem man die Steigung m der Geraden sowie die Stelle n, an der die Gerade die y-Achse schneidet, ermittelt.

m = $\frac{\text{Höhendifferenz}}{\text{Seitendifferenz}} = \left(\frac{-2}{1}\right) = -2$

n = 0
Zur abgebildeten Geraden gehört also die Gleichung y = −2x.

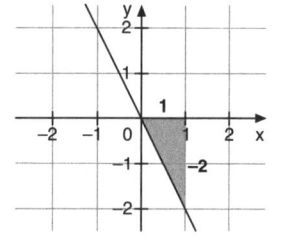

Aufgabe 2: Quadratische Funktionen

a) Der Scheitelpunkt der verschobenen Normalparabel liegt im Punkt S(2|−6).

b) Die Normalparabel ist um + 2 längs der x-Achse und um − 6 längs der y-Achse verschoben.
Die Funktionsgleichung lautet daher f(x) = (x − 2)² − 6.

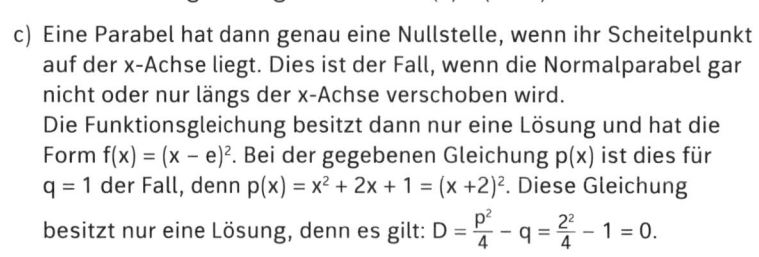

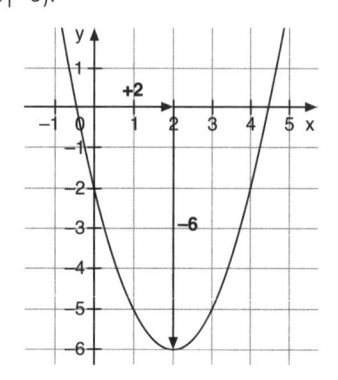

c) Eine Parabel hat dann genau eine Nullstelle, wenn ihr Scheitelpunkt auf der x-Achse liegt. Dies ist der Fall, wenn die Normalparabel gar nicht oder nur längs der x-Achse verschoben wird.
Die Funktionsgleichung besitzt dann nur eine Lösung und hat die Form f(x) = (x − e)². Bei der gegebenen Gleichung p(x) ist dies für q = 1 der Fall, denn p(x) = x² + 2x + 1 = (x +2)². Diese Gleichung besitzt nur eine Lösung, denn es gilt: D = $\frac{p^2}{4} - q = \frac{2^2}{4} - 1 = 0$.

Aufgabe 3: Gewächshaus

a) A = 2,48 m · 3,23 m = 8,0104 m² ≈ 8 m²   Die Angabe im Katalog stimmt.

b) Die Länge l einer Dachfläche ist aus der Zeichnung zu entnehmen, sie beträgt 3,23 m.
Gesucht ist die Breite b einer Dachfläche. Hierzu betrachtet man das in der Zeichnung skizzierte gleichschenklige Dreieck mit dem Winkel α als Basiswinkel und der Grundseite g (= 2,48 m). Die Höhe teilt das Dreieck in zwei kongruente rechtwinklige Dreiecke.
Die Länge der Höhe h ergibt sich aus der Differenz der Gesamthöhe des Gewächshauses und der Höhe der Seitenwand, also h = 2,50 m – 1,84 m = 0,66 m.
Mithilfe des Satzes von Pythagoras lässt sich jetzt die Breite b einer Dachfläche bestimmen:

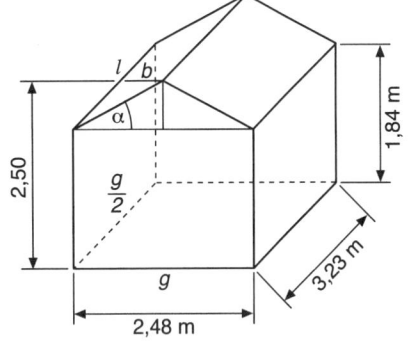

$b = \sqrt{h^2 + \left(\frac{g}{2}\right)^2} = \sqrt{0,66 \text{ m}^2 + \left(\frac{2,48 \text{ m}}{2}\right)^2} = \sqrt{0,66 \text{ m}^2 + 1,24 \text{ m}^2} \approx 1,405$ m. b ist also ca. 1,4 m lang.

Da die beiden Dachflächen kongruent sind, berechnet sich die Gesamtfläche A so:
A = 2 · (b · l) ≈ 2 · 1,4 m · 3,23 m = 9,044 m² ≈ 9 m²   Der Flächeninhalt beträgt etwa 9 m².

c) Um den Neigungswinkel α zu bestimmen, betrachten wir das rechtwinklige Dreieck mit der Höhe h = 0,66 m und der Seite $\frac{g}{2}$ = 1,24 m.

Es gilt: $\tan α = \frac{\text{Gegenkathete}}{\text{Ankathete}} = \frac{0,66 \text{ m}}{1,24 \text{ m}} \approx 0,53226$ α ≈ 28°

Der Neigungswinkel beträgt etwa 28°. Anstelle der Rechnung kann die Größe von α auch mithilfe einer maßstäblichen Zeichnung durch Ablesen ermittelt werden.

Aufgabe 4: Eiffelturm

a) Der Winkel α ergänzt sich mit seinem Nebenwinkel zu einem gestreckten Winkel, daher gilt: α = 180° – 27° = 153°
Aufgrund des Innenwinkelsummensatzes für Dreiecke folgt für γ: γ = 180° – 153° – 15° = 12°

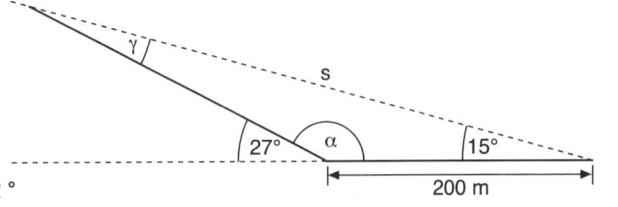

b) Gesucht ist die Länge s.
Nach dem Sinussatz gilt: In jedem beliebigen Dreieck ist das Verhältnis zweier Seitenlängen gleich dem Verhältnis der Sinuswerte der gegenüberliegenden Winkel.
Daher gilt:

$\frac{s}{200 \text{ m}} = \frac{\sin 153°}{\sin 12°}$, also $s = \frac{\sin 153° \cdot 200 \text{ m}}{\sin 12°} \approx 436,7$ m   Das Seil muss etwa 437 m lang sein. Das zur Verfügung stehende Seil ist also lang genug.

Aufgabe 5: Hausarbeit

a) Anna geht von insgesamt 11 möglichen Augensummen aus (2 bis 12). Bei 7 dieser Augensummen muss Anna spülen, nur bei 4 dieser Augensummen hat Paula zu spülen.

b) (3/6), (4/5), (5/4), (6/3) In den Zahlenpaaren steht die erste Zahl für die Augenzahl auf dem ersten Würfel, die zweite Zahl für die Augenzahl auf dem zweiten Würfel.

c) In der obersten Zeile stehen die möglichen Augenzahlen des ersten Würfels, in der linken Spalte die möglichen Augenzahlen des zweiten Würfels.
In den sonstigen Feldern stehen die jeweiligen Augensummen.
Umkreist sind die Augensummen 6, 7, 8 und 9.

P(Paula muss spülen) = $\frac{20}{36} = \frac{5}{9}$

Paula ist benachteiligt, denn $\frac{5}{9} > \frac{1}{2}$.

Die Wahrscheinlichkeit, dass Anna spülen muss, beträgt lediglich $\frac{16}{36} = \frac{4}{9}$.

W1\W2	1	2	3	4	5	6
1	2	3	4	5	(6)	(7)
2	3	4	5	(6)	(7)	(8)
3	4	5	(6)	(7)	(8)	(9)
4	5	(6)	(7)	(8)	(9)	(10)
5	(6)	(7)	(8)	(9)	(10)	(11)
6	(7)	(8)	(9)	(10)	(11)	12

Aufgabe 6: Aids

a) Die Zunahme von 60 % entspricht einem Wachstumsfaktor von $q = 1 + \frac{p}{100} = 1 + \frac{60}{100} = 1{,}6$.

b) Bekannt: $G_0 = 1000$, $q = 1{,}6$. Gefragt: Nach wie vielen Jahren n übersteigt G_n den Wert 20 000?

Zunächst stellt man die zugehörige Gleichung auf:
$20\,000 = 1000 \cdot 1{,}6^n$
$1{,}6^n = \frac{20\,000}{1000} = 20$

Die Lösung findet man
(1) durch probierendes Einsetzen:
$1{,}6^6 \approx 16{,}8$
$1{,}6^7 \approx 26{,}8$

(2) durch Logarithmieren:
$n \cdot \log 1{,}6 = \log 20$
$n = \frac{\log 20}{\log 1{,}6} \approx 6{,}4$

Nach etwas mehr als 6 Jahren überstieg die Zahl der HIV-Infizierten erstmals 20 000. Anzukreuzen ist also 1987. Geht man davon aus, dass die 1000 Krankheitsfälle erst am Ende des Jahres 1981 gezählt wurden, wird auch 1988 als richtige Lösung akzeptiert.

c) Falsch sind die Aussagen 1 und 3; richtig sind die Aussagen 2 und 4.
Veränderungen, die mit einer Funktion der Form $f(x) = a \cdot q^n$ beschrieben werden können, heißen exponentielles Wachstum. Dabei vergrößern oder verkleinern sich die Funktionswerte während einer bestimmten Zeiteinheit immer um den gleichen Faktor q.

Aufgabe 7: Straßenbäume

a) Mitte (oder Friedrichshain-Kreuzberg), da dort die Nachpflanzungen über 100 % liegen.

c) 213 % von 1003 Bäumen sind **2136** Bäume ($2{,}13 \cdot 1003$).
82 % von 4474 Bäumen sind **3669** Bäume ($0{,}82 \cdot 4474$).
Saskia hat bei ihrer Behauptung nur die Prozentzahlen verglichen.

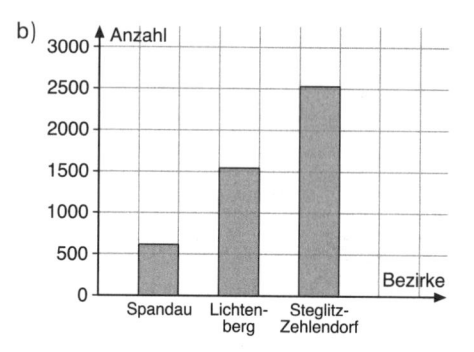

b)

Aufgabe 8: Kerzenverpackung

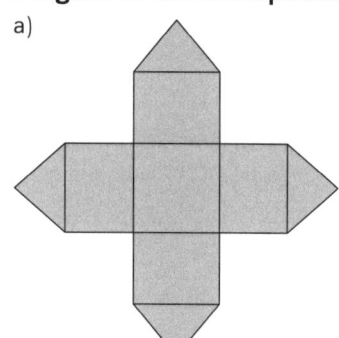

a)

b) $V_K = \frac{4}{3} \pi r^3 \qquad V_K = \frac{4}{3} \pi (2{,}5 \text{ cm})^3 \qquad V_K = 65{,}45 \text{ cm}^3$

Die Kerze hat ein Volumen von 65,45 cm³.

c) $V_{\text{Verpackung}} = V_{\text{Quader}} + V_{\text{Pyramide}} \qquad V_V = (5 \text{ cm})^2 \cdot 4 \text{ cm} + \frac{1}{3} (5 \text{ cm})^2 \cdot 1{,}5 \text{ cm}$
$V_V = 112{,}5 \text{ cm}^3$

Die Verpackung hat ein Volumen von 112,5 cm³.

$V_{\text{Hohlraum}} = V_V - V_K = 47{,}05 \text{ cm}^3$

Es müssen rund 47 cm³ ausgepolstert werden.

Meine Lösungen zu den Übungsaufgaben Seite 16 | Teil A Basisaufgaben | 17

1

a)
x	1,5	3
y	4,5	

b)
x	1	
y	5	15

c)
x	7	0,5
y	3,5	

d)
x	12	
y	5	6

Nebenrechnungen:

2 1)   2)

_____   _____

3)   4)

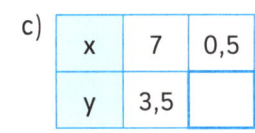

_____   _____

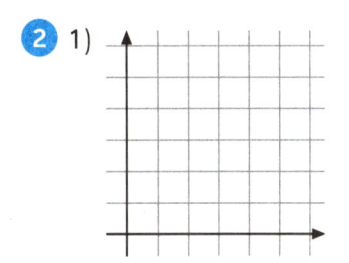

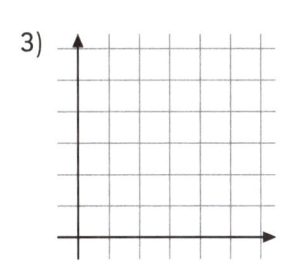

3 a) _____   b) _____

4 Richtiger Term: _____

Begründung: _____

_____

_____

5 Antwortsatz: _____

_____

6 a) Antwortsatz: _____

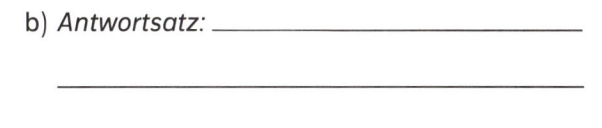

_____

_____

b) Antwortsatz: _____

_____

_____

Nebenrechnungen:

Teil A Basisaufgaben | Lösungen zum Eingangstest und Übungsaufgaben

6 Wintercheck (von S. 7)

Frau König lässt ihr Auto in der Werkstatt auf den Winter vorbereiten. Für Materialien und Arbeitsleistungen erstellt die Werkstatt die Rechnung mithilfe einer Tabellenkalkulation.
a) In welcher Zelle findest du den Einzelpreis für einen Reifen?
b) Gib an, wie teuer 1 Liter Motoröl (ohne MwSt.) ist.
c) Gib eine Formel an, mit der man die Zwischensumme in Zelle D10 berechnen kann.
d) Welche Formeln könnten in D11 stehen? Kreuze an.
☐ = D10 * 0,19   ☐ = D10 / B11*100
☐ = D10*B11/100   ☐ = 348,11 € / B11

Zu a)
Der Einzelpreis für einen Reifen steht in Zelle **C3**.
Zu b)
24,75 € : 1,5 = 16,50 €.
Ein Liter Motoröl kostet 16,50 €.
Zu c)
D10: **=D3+D4+D5+D7+D8**
Schneller geht es mit: **=Summe(D3:D8)**
Zu d)
Die Zwischensumme (in D10) muss mit 19 % multipliziert werden. Richtig sind:
= D10*0,19 und = D10*B11/100 (B11: =19)

7 Gleichungen und Graphen (von S. 8)

Ordne den Graphen (g_1, g_2, ... g_6) die zugehörige Funktionsgleichung zu. Zwei Gleichungen passen zu keinem Graphen.

$y = -0{,}5\,x^2$	$y = -2\,x^2$
$y = x - 2$	$y = 2\,x^2$
$y = -x - 2$	$y = -x + 2$
$y = x^2 + 2x + 2$	$y = 0{,}5\,x^2$

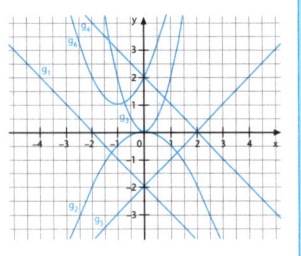

g_1, g_4 und g_5 haben Geradengleichungen der Form $y = mx + n$. Sie steigen bei $m > 0$ und fallen bei $m < 0$; die y-Achse schneiden sie an der Stelle n. Also gilt:
g_1: $y = -x - 2$; g_4: $y = -x + 2$; g_5: $y = x - 2$

g_2, g_3 und g_6 haben Parabelgleichungen der Form $y = ax^2 + bx + c$. Sie schneiden die y-Achse bei c; für $b = 0$ liegt der Scheitelpunkt auf der y-Achse. Bei $a > 0$ ($a < 0$) ist die Parabel nach oben (unten) geöffnet. Bei $|a| > 1$ ($|a| < 1$) ist sie steiler (flacher) als die Normalparabel. Also gilt:
g_2: $y = -0{,}5x^2$; g_3: $y = 2x^2$; g_6: $y = x^2 + 2x + 2$

---

1 Eine Rechnung beläuft sich einschließlich Mehrwertsteuer auf 1000 €.
Wie berechnet man den Rechnungsbetrag ohne Mehrwertsteuer? Kreuze an.
☐ 1000 € − 19 €   ☐ 1000 € − 190 €
☐ 1000 € : 0,19   ☐ 1000 € : 1,19

2 Frau Weber notiert sich, bei welchem Kilometerstand sie wieviel Liter getankt hat und was ein Liter Diesel gekostet hat.

	A	B	C	D	E
	Kilometer	Liter	Preis pro Liter	Gesamtpreis	Verbrauch in Liter auf 100 km
1					
2	35000	35,7	1,36 €	48,55 €	------
3	35867	49,4	1,45 €		
4	36422	29,4	1,28 €		
5	37225	52,5	1,22 €		

a) Mit welcher Formel kann in Zelle D2 der Gesamtpreis berechnet werden? Trage alle Gesamtpreise in Spalte D ein.
b) Berechne den durchschnittlichen Verbrauch auf 100 km zwischen jeweils zwei Tankstopps. Trage die Ergebnisse in die Tabelle ein.
c) Gib für Zelle E3 eine Formel zur Berechnung des Durchschnittsverbrauchs auf 100 km an.

3 Die Punkte $P(6|0)$, $Q(0|-3)$ und $R(-2|-4)$ gehören zum Graphen einer linearen Funktion.
a) Zeichne den Graphen der Funktion.
b) Gib die zugehörige Funktionsgleichung an.

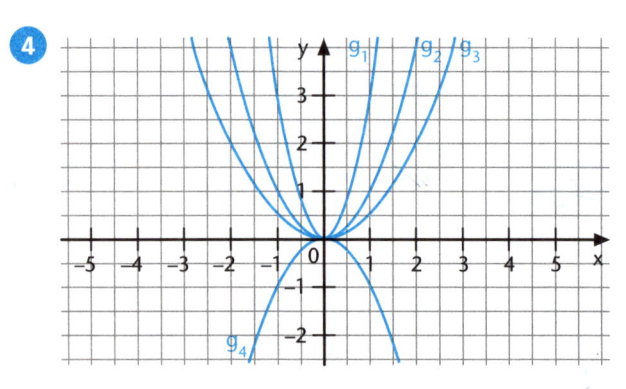

4

a) Ordne jedem Graphen die passende Funktionsgleichung zu.

| $y = -x^2$ | $y = 0{,}5x^2$ | $y = x^2$ | $y = 3x^2$ |

b) Was kannst du über den Verlauf des Graphen einer quadratischen Funktion mit der Gleichung $y = a \cdot x^2$ aussagen, wenn du weißt, dass $a < 0$ ist?

2 a) und b): Tabelle von Frau Weber:

	A	B	C	D	E
1	Kilometer	Liter	Preis pro Liter	Gesamtpreis	Verbrauch in Liter auf 100 km
2	35000	35,7	1,36 €	48,55 €	-------
3	35867	49,4	1,45 €		
4	36422	29,4	1,28 €		
5	37225	52,5	1,22 €		

a) Formel für Zelle D2: _____

c) Formel für Zelle E3: _____

Nebenrechnungen:

3 a)

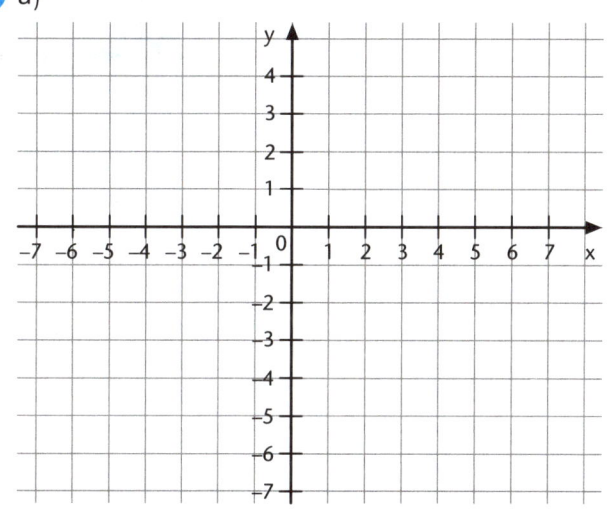

b) Funktionsgleichung:

_____

4 a)

Graph	Funktionsgleichung
	$y = -x^2$
	$y = 0,5x^2$
	$y = x^2$
	$y = 3x^2$

b) *Antwortsatz:* _____

8 Tablet (von S. 8)

Im Internet wird ein Tablet zu folgenden Preisen angeboten.

| 256 € | 252 € | 320 € | 269 € | 279 € |

a) Gib den Median (Zentralwert), die Spannweite und das arithmetische Mittel der Preise an.
b) Berücksichtigt man noch ein sechstes Angebot, beträgt das arithmetische Mittel nur noch 264 €. Wie teuer ist das Tablet aus diesem Angebot?

Zu a)
Zuerst werden die Daten der Größe nach geordnet:
252 €; 256 €; **269 €**; 279 €; 320 €
Bei einer ungeraden Anzahl von Daten ist der Median der Wert in der Mitte. Bei einer geraden Anzahl von Daten stehen in der Mitte zwei Werte. Als Median gibt man das arithmetische Mittel dieser beiden Werte an.

Median: 269 €

Die Spannweite ist die Differenz zwischen dem größten und kleinsten Preis.

Spannweite: 320 € − 252 € = **68 €**

Beim arithmetischen Mittel werden alle Preise addiert und durch die Anzahl der Daten geteilt.

Arithmetisches Mittel:
(252 € + 256 € + 269 € + 279 € + 320 €) : 5
= 1376 € : 5 = **275,20 €**

Zu b)
x sei der Preis des neuen Angebots. Alle sechs Preise zusammen ergeben das Sechsfache des neuen arithmetischen Mittels von 264 €, also:

1376 € + x = 6 · 264 €
1376 € + x = 1584 € | − 1376 €
         x = 208 €

Beim sechsten Angebot kostet das Tablet nur **208 €**.

---

1 Gib jeweils den Median (Zentralwert), das arithmetische Mittel und die Spannweite der Stichprobe an.

a) 84,30 €; 65,80 €; 111,40 €;
   99,70 €; 107,20 €

b) 4,50 m; 4,20 m; 5,10 m;
   4,80 m; 5,30 m; 4,60 m

2 In einem Fahrstuhl befinden sich 12 Personen mit den auf dem Zettel angegebenen Gewichten*.

78,5 kg	96 kg	81,4 kg	54,5 kg
67,5 kg	93,4 kg	72,2 kg	56,8 kg
98,6 kg	78,2 kg	73,8 kg	84,3 kg

a) Bei der Angabe „max. 12 Personen" wurde davon ausgegangen, dass eine Person durchschnittlich 80 kg wiegt. Ist das hier so?
b) Wie groß ist die Spannweite der Gewichte* in der Liste?
c) Bestimme den Median der Werte in der Liste und berechne den Unterschied zum arithmetischen Mittel.

*„Gewicht" ist der umgangssprachliche Begriff. Korrekt müsste es „Masse" heißen.

3 Sabine hat mit sieben Sprüngen für den Weitsprung-Wettbewerb trainiert. Hier sind die Weiten der ersten fünf Sprünge:

| 4,20 m | 4,65 m | 3,95 m | 4,10 m | 4,45 m |

Der 6. Sprung war zugleich Sabines schlechteste Weite. Nach dem 7. Sprung stellt Sabine fest:
(1) Die Weitsprungdaten haben eine Spannweite von 90 cm.
(2) Das arithmetische Mittel der Sprungweiten ist 4,20 m.

a) Wie weit ist Sabine im 6. Versuch gesprungen?
b) Wie weit ist Sabine im 7. Versuch gesprungen?
c) Gib den Median der 7 Weitsprungdaten an.

Meine Lösungen zu den Übungsaufgaben Seite 20 | Teil A Basisaufgaben

1 a) Median (Zentralwert): _____

arithmetisches Mittel: _____

Spannweite: _____

b) Median (Zentralwert): _____

arithmetisches Mittel: _____

Spannweite: _____

2 a) *Antwortsatz:* _____

_____

_____

_____

_____

b) *Antwortsatz:* _____

_____

_____

c) Median: _____

Unterschied zum arithmetischen Mittel:

_____

3 a) *Antwortsatz:* _____

_____

_____

b) *Antwortsatz:* _____

_____

_____

c) Median aller sieben Weitsprungdaten:

_____

Nebenrechnungen:

Nebenrechnungen:

9 Gleichungssysteme (von S. 8)

a) Löse das Gleichungssystem. I. $x - 2y = 4$
    II. $3x + y = 5$
b) Ein Rechteck hat den Umfang 30 cm, wobei die eine Seite 2 cm länger ist als die andere Seite.
   Wie lang sind die Seiten?

Zu a)

I. $x - 2y = 4$ I. $x - 2y = 4$
II. $3x + y = 5 \mid \cdot 2$ II. $6x + 2y = 10$

I. + II. $7x = 14 \mid : 7$
             $x = 2$

$x = 2$ z. B. in Gleichung I. einsetzen:
     $2 - 2y = 4$ $\mid -2$
     $-2y = 2$ $\mid : (-2)$
       $y = -1$

Zu b)

x: Breite; y: Länge   II. in I. einsetzen:
I. $2x + 2y = 30$ $2x + 2(x + 2) = 30$
II. $y = x + 2$ $2x + 2x + 4 = 30 \mid -4$
II. $y = 6{,}5 + 2$ $4x = 26 \mid : 4$
    $y = 8{,}5$ $x = 6{,}5$

Die Rechteckseiten sind **6,5 cm** und **8,5 cm** lang.

10 Dreieck im Koordinatensystem (von S. 9)

a) Gib die Koordinaten der Punkte P, Q und R an.
b) Welchen Flächeninhalt hat das Dreieck PQR?
c) Trage den Punkt S (4|4) in das Koordinatensystem ein. Wie heißt die Figur PQRS?
d) Bestimme den Flächeninhalt der Figur PQRS.

Zu a)
P (−1|3); Q (−1|−2); R (4|−1)

Zu b)
$g = 5$ cm; $h = 5$ cm $\rightarrow A = \dfrac{5 \text{ cm} \cdot 5 \text{ cm}}{2} = $ **12,5 cm²**

Zu c)
Die Figur PQRS ist ein **Parallelogramm**.

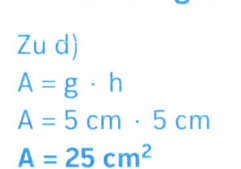

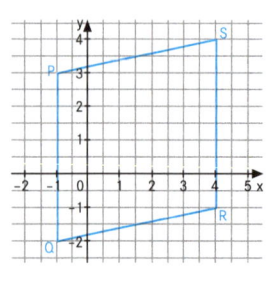

Zu d)
$A = g \cdot h$
$A = 5$ cm $\cdot 5$ cm
A = 25 cm²

---

1 Welche Lösungen hat das Gleichungssystem?

a) I. $x + 9y = -41$ b) I. $x + 5y = 17$
   II. $x - 4y = 24$ II. $2x - 4y = 20$

c) I. $2x - 3y = 8$ d) I. $3x + 4y = 1$
   II. $5x + 6y = 20$ II. $6x + 8y = 0$

2 Ein 50-Euro-Schein wird so in 10-Euro-Scheine und 5-Euro-Scheine gewechselt, dass die Anzahl der kleineren Scheine x dreimal so groß ist wie die Anzahl der größeren Scheine y.
Wie viele Scheine sind es?

3 Ein Korken und eine Flasche kosten zusammen 1,10 €.
Die Flasche ist 1 € teurer als der Korken.
Was kostet der Korken, was die Flasche?

4 Zeichne das Dreieck ABC mit A(−3|3,5), B(−3|0) und C(3|1) in das Koordinatensystem mit der Einheit 1 cm.

a) Welchen Flächeninhalt hat das Dreieck?
b) Finde einen vierten Punkt D so, dass das Viereck ABDC ein Parallelogramm ist. Welche Koordinaten hat der Punkt D?
c) Welchen Flächeninhalt hat das Viereck ABDC?

5 Trage die Punkte A(−3|1), B(4|1) und C(4|4) in ein Koordinatensystem (Einheit 1 cm) ein und verbinde sie zu einem Dreieck.

a) Berechne den Umfang des Dreiecks.
b) Markiere den Mittelpunkt M der Seite $\overline{BC}$. Welche Koordinaten hat der Punkt M?
c) Zeichne durch den Punkt M die Parallele zu $\overline{AB}$. Sie trifft $\overline{AC}$ im Punkt D.
Wie heißt das Viereck ABMD und welchen Flächeninhalt hat es?

6 Das Dreieck ABC hat einen Flächeninhalt von 9 cm² und ist in ein Koordinatensystem mit der Einheit 1 cm eingezeichnet.
Die Punkte A(2|4) und B(2|−2) sind bekannt; von C weiß man, dass dieser Punkt 1 cm von der x-Achse entfernt ist.
Welche vier Punkte des Koordinatensystems kommen für C in Frage?

Meine Lösungen zu den Übungsaufgaben Seite 22 | **Teil A Basisaufgaben** | **23**

1 a) x = _____ y = _____

b) x = _____ y = _____

c) x = _____ y = _____

d) x = _____ y = _____

Nebenrechnungen:

2 *Antwortsatz:* _____

_____

3 *Antwortsatz:* _____

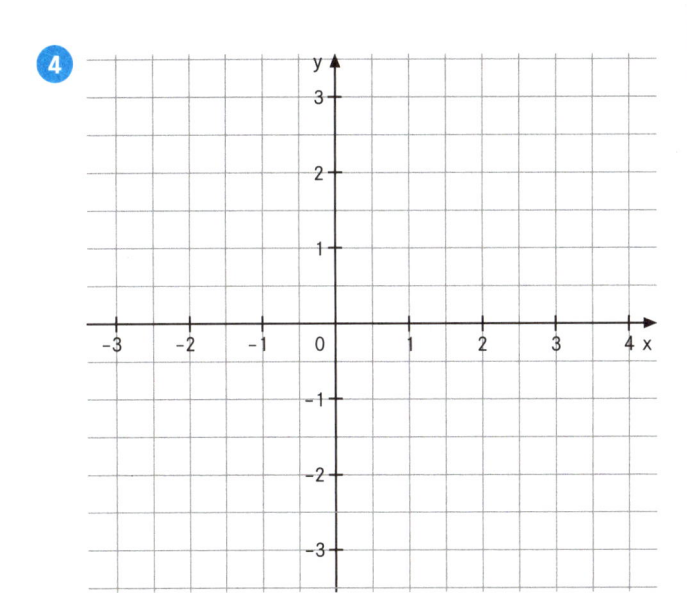

_____

4

a) Flächeninhalt $A_\triangle$ = _____ b) D (|) c) Flächeninhalt $A_\square$ = _____

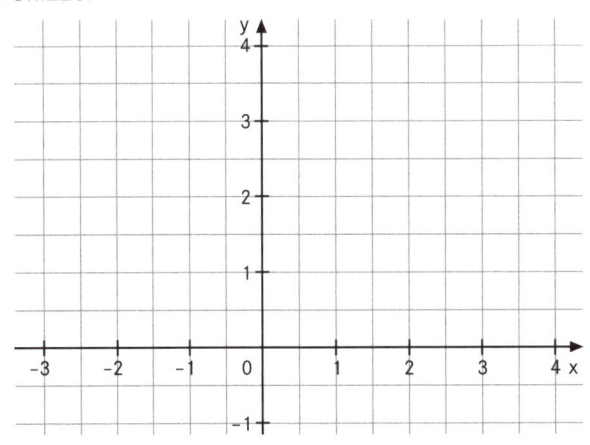

5 *Skizze:*

a) Umfang u = _____

b) M (|)

c) Figur: _____ ; A = _____

6 *Skizze:*

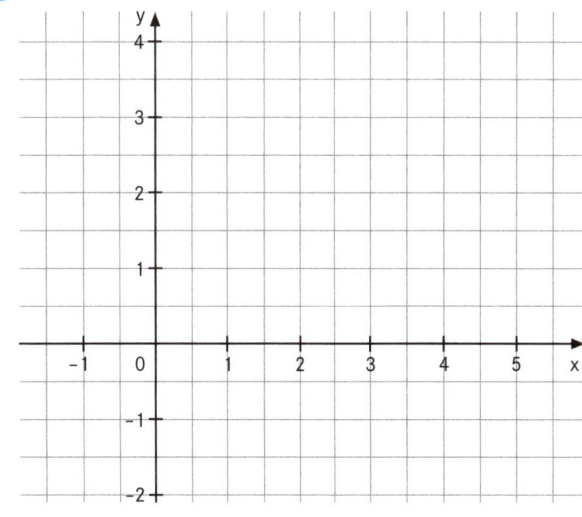

C_1 (|) C_3 (|)

C_2 (|) C_4 (|)

11 Schätzen (von S. 9)

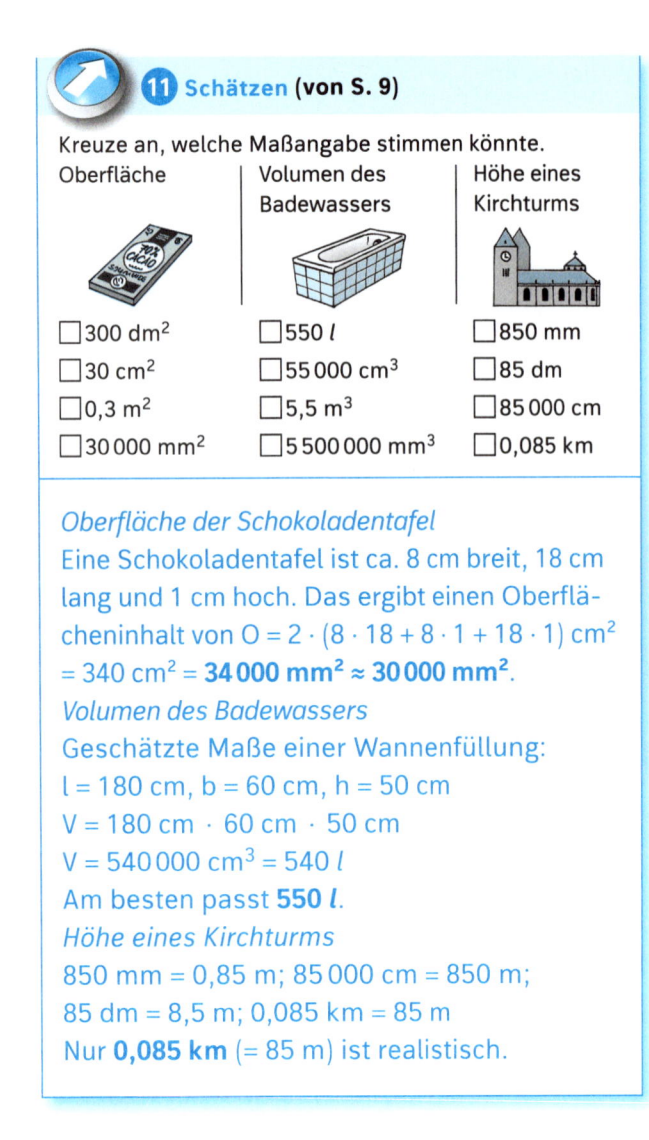

Kreuze an, welche Maßangabe stimmen könnte.

Oberfläche	Volumen des Badewassers	Höhe eines Kirchturms
☐ 300 dm²	☐ 550 l	☐ 850 mm
☐ 30 cm²	☐ 55 000 cm³	☐ 85 dm
☐ 0,3 m²	☐ 5,5 m³	☐ 85 000 cm
☐ 30 000 mm²	☐ 5 500 000 mm³	☐ 0,085 km

Oberfläche der Schokoladentafel
Eine Schokoladentafel ist ca. 8 cm breit, 18 cm lang und 1 cm hoch. Das ergibt einen Oberflächeninhalt von O = 2 · (8 · 18 + 8 · 1 + 18 · 1) cm²
= 340 cm² = **34 000 mm²** ≈ **30 000 mm²**.

Volumen des Badewassers
Geschätzte Maße einer Wannenfüllung:
l = 180 cm, b = 60 cm, h = 50 cm
V = 180 cm · 60 cm · 50 cm
V = 540 000 cm³ = 540 l
Am besten passt **550 l**.

Höhe eines Kirchturms
850 mm = 0,85 m; 85 000 cm = 850 m;
85 dm = 8,5 m; 0,085 km = 85 m
Nur **0,085 km** (= 85 m) ist realistisch.

12 Umzug (von S. 9)

Für den Transport von 70 Umzugskartons sucht Familie Meyer bei einer Leihfirma ein geeignetes Fahrzeug. Ein Karton hat folgende Abmessungen (in mm):
600 x 330 x 340.
Es stehen Transporter mit einem Ladevolumen von 5,8 m³, 6,7 m³ und 9,5 m³ zur Auswahl. Welchen Transporter würdest du empfehlen? Begründe rechnerisch.

Zunächst muss das Volumen eines Kartons berechnet werden.
Für Quader gilt die Volumenformel:
V = Länge · Breite · Höhe
V = 600 mm · 330 mm · 340 mm
    = 67 320 000 mm³
67 320 000 mm³ = 0,06732 m³
70 Kartons haben das Volumen:
70 · 0,06732 m³ = 4,7124 m³
Zu empfehlen ist der Transporter mit dem Ladevolumen von 5,8 m³.

---

1 Wie viele Sekunden hat eine Schülerin vom ersten Schultag bis zum Ende der 10. Klasse etwa in der Schule verbracht?

☐ 3 600 000 s ☐ 360 000 000 s
☐ 36 000 000 s ☐ 3 600 000 000 s

2 Der Flächeninhalt eines 20-€-Scheins wurde geschätzt. Welche Schätzung passt am besten?

☐ 957,6 cm² ☐ 95 760 mm²
☐ 95,76 dm² ☐ 9 576 mm²

3 Kreuze an, welche Angabe stimmen könnte.

a) Größe der lackierten Fläche eines Pkws
☐ 72 m² ☐ 720 dm²
☐ 720 000 mm² ☐ 7 200 cm²

b) Größe des Kofferraums eines Pkws
☐ 37 hl ☐ 370 000 ml
☐ 0,037 m³ ☐ 37 000 l

4 Der Boden eines quaderförmigen Aquariums hat die Innenmaße 8 dm x 4,5 dm. Das Aquarium ist 6 dm hoch und bis 5 cm unter dem Rand gefüllt.

a) Wie viel Liter Wasser befinden sich in diesem Aquarium?

b) Ein Liter Wasser wiegt 1 kg. Gib die Masse der Wasserfüllung an.

5 Ein Schwimmbecken ist 25 m lang und verfügt über acht Bahnen von je 1,50 m Breite. Es ist an allen Stellen gleich tief und fasst 750 m³ Wasser. Wie tief ist es?

6 Ein Quader ist doppelt so lang wie breit und dreimal so hoch wie breit. Sein Volumen beträgt 48 cm³. Wie breit ist er?

7 Eine Baugrube ist 4 m lang, 2,50 m breit und 1,80 m tief.

a) Wie viel Kubikmeter Erde mussten ausgehoben werden?

b) Ein Kubikmeter Erde wiegt 1700 kg. Berechne die Masse des Erdaushubs in Tonnen.

Meine Lösungen zu den Übungsaufgaben Seite 24 | Teil A Basisaufgaben

1. Zeit in der Schule

2. Fläche 20-€-Schein

3. a) lackierte Fläche Pkw
   b) Kofferraum Pkw

4. a) Antwortsatz: _____
   _____
   _____

   b) Antwortsatz: _____
   _____
   _____

5. Antwortsatz: _____
   _____
   _____

6. Antwortsatz: _____
   _____
   _____

7. a) Antwortsatz: _____
   _____
   _____

   b) Antwortsatz: _____
   _____
   _____

Nebenrechnungen:

13 Aussagen (von S. 10)

Welche der folgenden Sachtexte passen zu der Gleichung x + (x – 3) = 60? Kreuze jeweils an.

		Ja	Nein
1	Vera ist drei Jahre jünger als Max. Zusammen sind sie 60 Jahre alt.	☐	☐
2	Eine Lostrommel enthält dreimal so viele Nieten wie Gewinnlose. Insgesamt sind 60 Lose in der Trommel.	☐	☐
3	Familie Maier legt auf ihrer zweitägigen Radtour insgesamt 60 km zurück. Am zweiten Tag fahren sie 3 km weniger als am ersten Tag.	☐	☐
4	Ein 60 m² großer Saal wird mit Parkett ausgelegt. Länge und Breite des Raumes unterscheiden sich um 3 Meter.	☐	☐

(1): Max: x; Vera: x – 3
  Gleichung x + (x – 3) = 60   **Ja**
(2): Gewinnlose: x; Nieten: 3x
  Gleichung x + 3x = 60   **Nein**
(3): 1. Tag: x; 2. Tag : x – 3
  Gleichung x + (x – 3) = 60   **Ja**
(4): Breite: x, Länge: 3x
  Gleichung x · (x – 3) = 60   **Nein**

14 Parabeln in versch. Darstellungen (von S. 10)

Eine Parabel hat den Scheitelpunkt S(3|–15) und ist gegenüber der Normalparabel um den Faktor a = 2 gestreckt. Gib die Scheitelpunktform der Parabel an und wandle diese in die Normalform um.

$f(x) = 2(x – 3)^2 – 15$
$f(x) = 2(x^2 – 6x + 9) – 15$
$f(x) = 2x^2 – 12x + 18 – 15$
$f(x) = 2x^2 – 12x + 3$

15 Farbige Kugeln (von S. 10)

Aus einem Behälter mit 3 roten, 5 grünen und 2 blauen gleichartigen Kugeln wird eine verdeckt gezogen. Berechne die Wahrscheinlichkeiten für „blau" und für „nicht rot".
a) P (blau)   b) P (nicht rot)

$P(E) = \frac{\text{Anzahl der günstigen Ergebnisse}}{\text{Anzahl der möglichen Ergebnisse}}$

Zu a)
Möglich sind 10 Ergebnisse; günstig sind 2 Ergebnisse, da 2 der 10 Kugeln blau sind.
Also: P (blau) = $\frac{2}{10}$ = **0,2 = 20 %**

Zu b)
Möglich sind 10 Ergebnisse; günstig sind 7 Ergebnisse, da 7 der Kugeln nicht rot sind.
Also: P (nicht rot) = $\frac{7}{10}$ = **0,7 = 70 %**

---

1 Welche Sachtexte passen zu der Gleichung 5x + 17 = 57? Was gibt in diesen Fällen x an?

(1) Fünf Freunde gehen ins Kino. Sie kaufen Karten und anschließend Popcorn für 17 €. Insgesamt bezahlen sie 57 €.
(2) Frau May kauft 5 Flaschen Wein und 17 Flaschen Sekt. Sie bezahlt insgesamt 57 €.
(3) Ein 5 km langer Rundkurs für Crossräder wird x-mal durchfahren. Der Kurs liegt 17 km von Tannendorf entfernt. Es sind 57 Teilnehmer am Start.
(4) Ein Unternehmen soll 57 m³ Muttererde transportieren. Der große Lkw bringt pro Fahrt 17 m³, der kleine Lkw den Rest mit fünf Fahrten, jeweils voll beladen.
(5) Ein Rechteck ist 5 cm breit, seine Länge unbekannt. Wäre es 17 cm² größer, hätte es einen Flächeninhalt von 57 cm².

★ **2** Eine Parabel wird durch die Gleichung $f(x) = -1{,}5(x + 4)^2 + 8$ beschrieben.

a) Gib den Scheitelpunkt an und beschreibe, wie man die Parabel aus der Normalparabel gewinnen kann.

b) Wandle die Scheitelpunktform in die Normalform um.

★ **3** Lukas behauptet, dass diese drei Gleichungen dieselbe Funktion beschreiben:
(1) $f(x) = (x – 1{,}5)^2 – 20{,}25$
(2) $g(x) = x^2 – 3x – 18$
(3) $h(x) = (x + 3) · (x – 6)$
Überprüfe rechnerisch, ob Lukas recht hat.

4 Färbe die Kugeln im Behälter so, dass beim verdeckten Ziehen die angegebenen Wahrscheinlichkeiten bestehen. 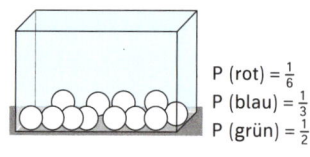
P (rot) = $\frac{1}{6}$
P (blau) = $\frac{1}{3}$
P (grün) = $\frac{1}{2}$

5 Aus dem Behälter zieht Uwe mit verbundenen Augen eine Kugel.

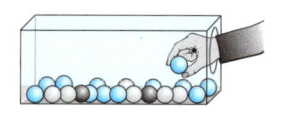

a) Mit welcher Wahrscheinlichkeit zieht er eine hellgraue Kugel?

b) Mit welcher Wahrscheinlichkeit zieht er keine schwarze Kugel?

Meine Lösungen zu den Übungsaufgaben Seite 26 | Teil A Basisaufgaben

1

Aussage	passt/passt nicht	Bedeutung von x bei den passenden Aussagen
(1)		
(2)		
(3)		
(4)		
(5)		

2 *Tipp:* Eine Parabel mit dem Scheitelpunkt S(u|v) wird durch die Scheitelpunktform f(x) = a (x − u)² + v beschrieben. Am Faktor a kannst du erkennen, ob die Parabel gestreckt oder gestaucht und nach oben oder unten geöffnet ist.

a) S(_____|_____)

_____

_____

_____

b) Normalform: f(x) = _____

3 (1) f(x) = _____

(2) g(x) = x² − 3x − 18

(3) h(x) = _____

Hat Lukas recht?

☐ ja   ☐ nein

4 Anzahl roter Kugeln: _____

Anzahl blauer Kugeln: _____

Anzahl grüner Kugeln: _____

5 a) Anzahl der möglichen Ergebnisse: _____

Anzahl der günstigen Ergebnisse: _____

P (hellgrau) = _____

b) Anzahl der möglichen Ergebnisse: _____

Anzahl der günstigen Ergebnisse: _____

P (nicht schwarz) = _____

16 Zylinder (von S. 10)

a) Skizziere das Netz eines Zylinders.
b) Ein Zylinder hat eine Grundfläche mit dem Radius 14 cm und ist 8 cm hoch. Bestimme die Oberfläche des Zylinders gerundet auf ganze cm².

Netz: a)

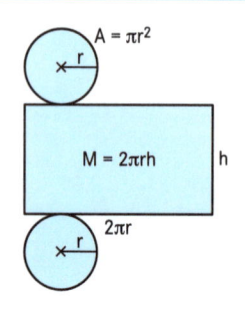

$A = \pi r^2$
$M = 2\pi rh$
$2\pi r$

b) $O = 2\pi r^2 + 2\pi rh$
$O = 2\pi \cdot (14\text{ cm})^2 + 2\pi \cdot 14\text{ cm} \cdot 8\text{ cm}$
$O = 2\pi \cdot 196\text{ cm}^2 + 2\pi \cdot 112\text{ cm}^2$
$O \approx 1935\text{ cm}^2$

17 Gehaltskürzungen (von S. 10)

Eine Tageszeitung schrieb am 18. Juli 2012 den Artikel: (siehe S. 10) Kreuze alle Fragen an, die man mithilfe dieses Artikels beantworten kann:
(1) ☐ Wie viel Euro jährliche Gehaltseinbußen hatten der König und der Prinz zusammen?
(2) ☐ Wurden beide Gehälter um denselben Prozentsatz gekürzt?
(3) ☐ Wie hoch war das Jahresgehalt von Felipe vor der Kürzung?
(4) ☐ Wie hoch war das Jahresgehalt des Königs nach der Kürzung?
(5) ☐ War das Jahresgehalt des Königs vor der Kürzung doppelt so hoch wie das Jahresgehalt von Felipe?

Die Fragen (1) und (4) können beantwortet werden:
(1) 20 910 € + 10 455 € = 31 365 €
(4) 20 910 € entsprechen 7,1 % also beträgt das neue Gehalt des Königs 92,9 % des alten Gehalts (Dreisatz):
20 910 € : 7,1 · 92,9 ≈ 273 597 €
Frage (2) kann nicht beantwortet werden, da man für Felipe nur den Prozentwert hat.
Frage (3) kann nicht beantwortet werden, da man für Felipe nur den Prozentwert hat.
Frage (5) kann nicht beantwortet werden, da man lediglich weiß, dass die Kürzung beim König doppelt so hoch war, aber nicht, ob beide Gehälter um denselben Prozentsatz gekürzt wurden.

---

1 a) Zeichne das Netz des Zylinders.
b) Berechne vom abgebildeten Zylinder den Flächeninhalt des Mantels und der Oberfläche.
c) Berechne das Volumen in Litern.

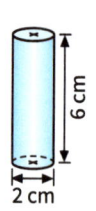

2 Eine Dose Suppe hat einen Durchmesser von 10,3 cm und eine Höhe von 12 cm.
a) Auf der Banderole (Dosenmantel) ist ein Inhalt von 998 ml angegeben. Trifft diese Angabe zu?
b) Wie viel Quadratmeter Papier braucht man zur Herstellung von 50 000 Banderolen?

3 Abgebildet ist der Mantel eines 8 cm hohen Zylinders. Berechne Durchmesser und Volumen des Zylinders.

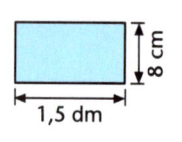

4 Markiere alle Zahlangaben, die benötigt werden, um die Schulden mit Zinsen zu berechnen. Berechne die Schulden.

> **Prinz Charles zahlt 350 Jahre alte Schulden zurück**
> Prinz Charles hat im Jahr 2008 eine über 350 Jahre alte Familienschuld beglichen, die anzusetzenden 3 % Zinsen aber ignoriert. Sein Urahn Karl II hatte 1651 für umgerechnet 572,20 Euro Uniformen beim Verband der Tuchmacher in Auftrag gegeben, aber nie bezahlt. Laut BBC hätte Prinz Charles über 50 000 Euro zurückzahlen müssen.

5 Die Klasse 10a mit 26 Schülerinnen und Schülern befindet sich an der Sophie-Scholl-Schule mit 542 Schülerinnen und Schülern. Im Kollegium dieser Schule sind 64 % Frauen, während in der 10a der Anteil weiblicher Personen bei 46 % liegt. Kreuze alle Fragen an, die mit diesen Informationen beantwortet werden können und berechne die Ergebnisse.
(1) ☐ Wie viele männliche Lehrkräfte hat die Sophie-Scholl-Schule?
(2) ☐ Wie viel Prozent aller Schülerinnen und Schüler gehören der Klasse 10a an?
(3) ☐ Ist der weibliche Anteil in der 10a oder im Kollegium größer?
(4) ☐ Wie viele Jungen besuchen die 10a?
(5) ☐ Wie viele Jungen gibt es an der Schule?
(6) ☐ Wie viele Schülerinnen und Schüler kommen auf eine Lehrkraft?

Meine Lösungen zu den Übungsaufgaben Seite 28 | Teil A Basisaufgaben | 29

1 b) M = _____

O = _____

c) V = _____

2 a) *Antwortsatz:* _____

_____

_____

b) *Antwortsatz:* _____

_____

c) _____

3 d = _____

V = _____

4 **Prinz Charles zahlt 350 Jahre alte Schulden zurück**
Prinz Charles hat im Jahr 2008 eine über 350 Jahre alte Familienschuld beglichen, die anzusetzenden 3 % Zinsen aber ignoriert. Sein Urahn Karl II hatte 1651 für umgerechnet 572,20 Euro Uniformen beim Verband der Tuchmacher in Auftrag gegeben, aber nie bezahlt. Laut BBC hätte Prinz Charles über 50 000 Euro zurückzahlen müssen.

Zinssatz: _____

Kapital: _____

Schulden: _____

5 Ergebnisse:

(1) _____

_____

(2) _____

_____

(3) _____

_____

(4) _____

_____

(5) _____

_____

(6) _____

_____

Nebenrechnungen und Zeichnung:
a) Netz

18 Dynamischer Flächeninhalt (von S. 11)

Mit einer dynamischen Geometrie-Software wurde die Strecke $\overline{AB}$ mit der Länge 4 cm erstellt und ein Kreis um A mit dem Radius $\overline{AB}$ gezeichnet. C ist ein Punkt auf dem Kreis um A. Das Dreieck ABC hat für α = 110° einen Flächeninhalt von 7,52 cm². Wie verändern sich die Seitenlängen, die Winkelgrößen und der Flächeninhalt des Dreiecks, wenn du den Punkt C auf dem Kreis um A bewegst? Begründe.

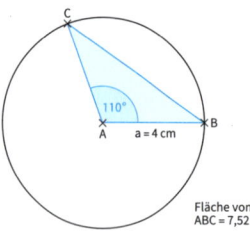

Bewegt man Punkt C des Dreiecks ABC auf dem Kreisbogen um A, dann verändern sich
– die Lage der Seite $\overline{AC}$, denn C ist ein Punkt auf $\overline{AC}$,
– die Größe des Winkels α, denn $\overline{AC}$ ist ein Schenkel von α und
– die Länge der Seite $\overline{BC}$, denn C ist ein Punkt auf $\overline{BC}$.
– Zudem verändert sich der Flächeninhalt des Dreiecks ABC, denn z. B.
  • für α = 0° kommen die Schenkel zur Deckung, es entsteht kein Dreieck bzw. der Flächeninhalt ist 0.
  • für α = 90° entsteht ein rechtwinkliges gleichschenkliges Dreieck (vorstellbar als ein durch eine Diagonale halbiertes Quadrat mit der Seitenlänge 4 cm). Der Flächeninhalt beträgt also 8 cm². 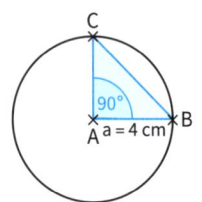
  • für α = 180° bilden die Schenkel einen gestreckten Winkel, es entsteht kein Dreieck bzw. der Flächeninhalt ist 0.

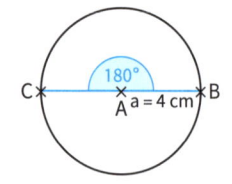

Bewegt man Punkt C des Dreiecks ABC auf dem Kreisbogen um A, dann bleiben die Längen der Seiten $\overline{AB}$ und $\overline{AC}$ gleich, denn ihre Länge entspricht dem Radius des Kreises auf dem C bewegt wird. Das Dreieck ABC bleibt also immer gleichschenklig.

1
Die Abbildungen zeigen Anfang und Ende einer Bewegung des Punktes B. In Abb. 1 sieht man die Konstruktion. In dieser Konstruktion wird der Punkt B bewegt. Abb. 2 zeigt das Ergebnis dieser Bewegung.

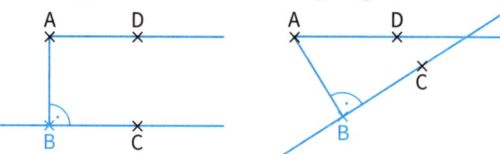

Begründe, ob die folgenden Aussagen zur Konstruktion richtig oder falsch sind.
(1) AD ist eine Gerade durch A und D.
(2) BC ist eine Gerade durch B und C.
(3) BC ist eine Senkrechte auf $\overline{AB}$.
(4) AD ist eine Senkrechte auf $\overline{AB}$.

2
Die Zeichnung wurde nach dem abgebildeten Konstruktionsprotokoll mit einem dynamischen Geometrieprogramm erstellt. Anschließend wird der Punkt B auf dem Kreis bewegt.

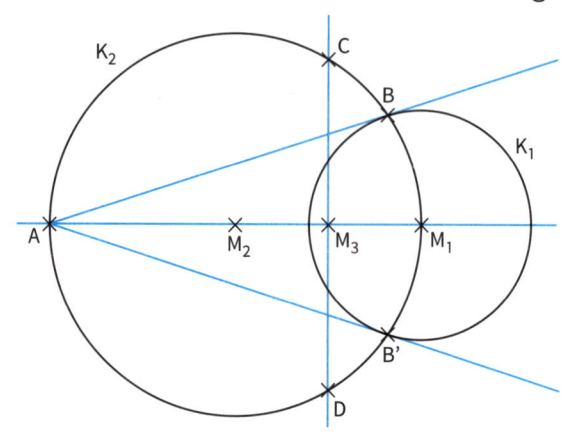

– M_2 ist Mittelpunkt des Kreises K_2.
– A und B sind Punkte auf K_2, die durch einen Strahl verbunden sind.
– $\overline{AB}$ wurde an AM_2 gespiegelt.
– M_1 ist der Schnittpunkt von AM_2 und K_2.
– Um M_1 wurde ein Kreis mit dem Radius $\overline{BM_1}$ gezeichnet.
– M_3 ist der Mittelpunkt der Strecke $\overline{M_1M_2}$.
– Die Senkrechte auf AM_2 im Punkt M_3 schneidet den Kreis K_2 in den Punkten C und D.

a) Skizziere wie die Figur aussieht, wenn B so auf dem Kreis K_2 bewegt wird, dass sich der Kreis K_1 und die Gerade AM_1 im Punkt M_3 schneiden.

b) Vergleiche anhand deiner Skizze die Radien der beiden Kreise K_1 und K_2. Begründe deine Vermutung.

1 Aussage 1: _____

Aussage 2: _____

Aussage 3: _____

Aussage 4: _____

2 a) *Skizze:*

b) _____

19 Würfel (von S. 11)

(1) Netz mit Zahlen 4, 3, 4, 3, 3, 3

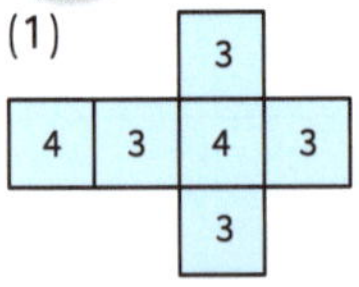

(2) Netz mit Zahlen 6, 4, 4, 3, 4, 6

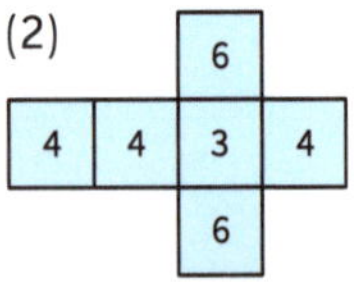

Oben siehst du die Netze zweier Würfel. Der Würfel (1) hat nur die Zahlen 3 und 4, der Würfel (2) die Zahlen 3, 4 und 6.
a) Wie groß ist die Wahrscheinlichkeit, mit Würfel (1) eine Vier zu würfeln?
b) Wie groß ist die Wahrscheinlichkeit, mit Würfel (2) eine Augenzahl größer als 3 zu würfeln?
c) Mit einem der beiden Würfel wurde 1000-mal gewürfelt und dabei 324-mal die Vier erzielt. Welcher Würfel ist das vermutlich gewesen? Begründe.

Zu a)
Von den sechs Feldern der Würfeloberfläche (1) sind zwei mit der Zahl 4 beschriftet, also gilt

$P(4) = \frac{2}{6} = \frac{1}{3}$

Zu b)
Von den sechs Feldern der Würfeloberfläche (2) sind fünf mit einer Zahl beschriftet, die größer als 3 ist, also gilt

$P(\text{größer als 3}) = \frac{5}{6}$

Zu c)
Bei 1000 Würfen kommt die relative Häufigkeit (rH) für ein bestimmtes Ereignis der Wahrscheinlichkeit schon sehr nah.

$rH(4) = \frac{324}{1000} = 0{,}324$

Für Würfel (1) gilt $P(4) = \frac{1}{3}$.
Für Würfel (2) gilt $P(4) = \frac{1}{2}$.
Da die relative Häufigkeit knapp unter $\frac{1}{3}$ liegt ($0{,}324 < 0{,}333\ldots$), ist mit großer Berechtigung davon auszugehen, dass mit dem **Würfel (1)** gewürfelt wurde. Sicher kann man aber nicht sein.

Hinweis: Bei der häufigen Wiederholung von Zufallsversuchen können – zwar ganz selten – völlig unerwartete Ergebnisse auftreten, bei denen die relative Häufigkeit von der Wahrscheinlichkeit erheblich abweicht.

---

1 a) Wie groß ist die Wahrscheinlichkeit, mit Würfel (1) eine Vier zu würfeln?

(1) Netz mit Zahlen 3, 2, 4, 2, 4, 3

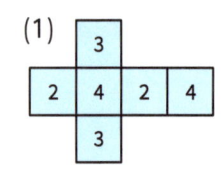

b) Wie groß ist die Wahrscheinlichkeit, mit Würfel (2) eine gerade Zahl zu würfeln?

(2) Netz mit Zahlen 4, 2, 3, 4, 5, 4

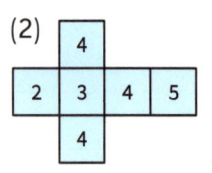

c) Wie groß ist die Wahrscheinlichkeit, mit Würfel (3) keine Sechs zu würfeln?

(3) Netz mit Zahlen 4, 1, 5, 6, 4, 5

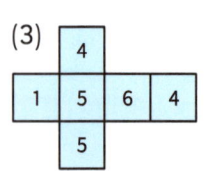

d) Mit einem der abgebildeten Würfel (1), (2) oder (3) wurde 800-mal gewürfelt. Dabei lag 548-mal eine Primzahl oben. Welcher Würfel ist das vermutlich gewesen? Begründe.

2 In einem Gefäß sind 9 Kugeln mit den Zahlen 1 bis 9. Es wird zufällig eine Kugel gezogen. 
a) Wie groß ist die Wahrscheinlichkeit, eine ungerade Zahl zu ziehen?
b) Wie groß ist die Wahrscheinlichkeit, dass die gezogene Zahl kleiner als 5 ist?
c) Wie groß ist die Wahrscheinlichkeit, dass die gezogene Zahl
(1) durch 2 oder 3,
(2) durch 2 und 3 teilbar ist?

3 Bei einem zylinderförmigen „Würfel" stehen auf den Grundflächen die Augenzahlen 1 und 2 sowie auf der Mantelfläche die Augenzahl 3. 
Bei einer langen Versuchsreihe von 2000 Würfen wurde die Augenzahl 3 insgesamt 1280-mal gewürfelt.
Gib Näherungswerte für die Wahrscheinlichkeiten der Augenzahlen an. Begründe.

Meine Lösungen zu den Übungsaufgaben Seite 32 | Teil A Basisaufgaben

1 a) Antwortsatz: _____

b) Antwortsatz: _____

c) Antwortsatz: _____

d) Antwortsatz: _____

_____

Begründung: _____

_____

_____

_____

Nebenrechnungen:

2 a) Antwortsatz: _____

_____

b) Antwortsatz: _____

_____

c) Antwortsätze: _____

_____

_____

_____

3 Lösung: _____

_____

_____

Begründung: _____

_____

_____

_____

_____

20 Buchstaben-Design (von S. 11)

Emil ist Designer und entwirft neue Schriftarten für den Computer. Er beginnt mit dem Entwurf des Buchstabens A (siehe Abbildung rechts). Den noch fehlenden Querstrich möchte er aus ästhetischen Gründen so einzeichnen, dass er 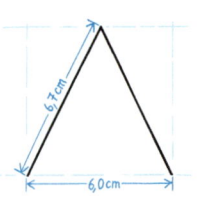
- $\frac{1}{3}$ der unteren Breite des Buchstabens als Länge hat und
- parallel zum Boden verläuft.

Berechne zunächst, wo Emil den Querstrich einzeichnen muss. Zeichne den Buchstaben auf ein extra Blatt. Zeichne den Querstrich ein und überprüfe an der Zeichnung deine Berechnung.

Gesucht ist $\overline{SC}$ bzw. $\overline{SD}$. Da die beiden Seiten $\overline{CD}$ und $\overline{AB}$ parallel zueinander verlaufen, kann man den Strahlensatz anwenden.

$\overline{CD} = \frac{1}{3} \cdot \overline{AB} = \frac{1}{3} \cdot 6$ cm $= 2$ cm

Mit Strahlensatz:

$\frac{\overline{AB}}{\overline{AS}} = \frac{\overline{CD}}{\overline{SC}}$

$\frac{6 \text{ cm}}{6{,}7 \text{ cm}} = \frac{2 \text{ cm}}{\overline{SC}}$

$\overline{SC} = 2 \text{ cm} \cdot \frac{6{,}7 \text{ cm}}{6 \text{ cm}}$

$\overline{SC} = 2{,}2\overline{3}$ cm

Wenn man genau gezeichnet hat, sollte man an der Zeichnung ungefähr 2,2 cm als Länge messen.

★ 21 Lineare Funktion (von S. 11)

Die Graphen der Funktionen f mit der Gleichung $y = 0{,}5x - 3$ und g mit der Gleichung $y = -2x - 3$ wurden in einem Koordinatensystem dargestellt.
Beschreibe – ohne zu zeichnen – Lage und Verlauf der beiden Graphen.

Beide Funktionen f und g sind lineare Funktionen der Form $y = m \cdot x + n$, wobei m die Steigung und n den y-Achsenabschnitt angibt. Da bei beiden Funktionen der y-Achsenabschnitt gleich ist, schneiden sich die Geraden im Punkt $(0 | -3)$.
Der Graph von f steigt, weil $m_f = 0{,}5 > 0$ ist und der Graph von g fällt, weil $m_g = -2 < 0$ ist.
Hinweis: Wenn man die Geraden zeichnet, erkennt man, dass die beiden Geraden senkrecht aufeinander stehen. Rechnerisch sieht man das daran, dass $m_f \cdot m_g = 0{,}5 \cdot (-2) = -1$ ist.

1
Fins Augenhöhe beträgt 1,75 m. Er peilt über den Stab die Spitze des Hausdaches an. Wie hoch ist das Haus?

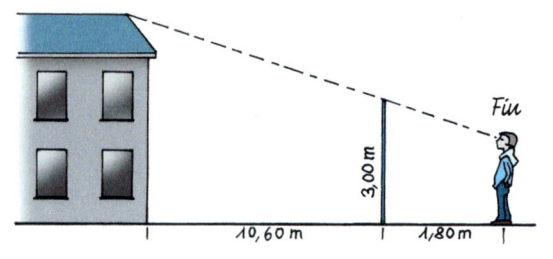

2
Es gilt: $\overline{XY}$ ist parallel zu $\overline{VW}$
$\frac{1}{3}\overline{UX} = \overline{UV}$
Welche der folgenden Gleichungen ist richtig?
Begründe deine Antwort.

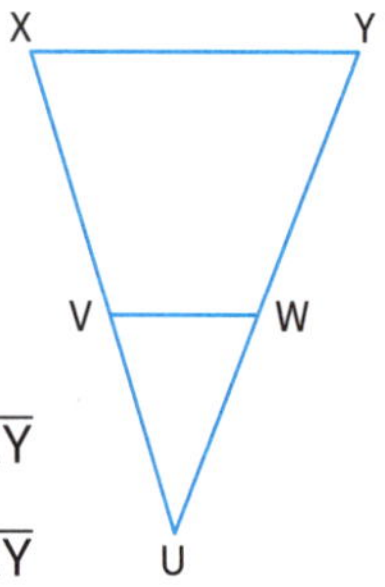

☐ $\frac{1}{3}\overline{VW} = \overline{XY}$ ☐ $\overline{VW} = 3 \cdot \overline{XY}$

☐ $\overline{VW} \cdot \overline{XY} = \frac{1}{3}$ ☐ $3 \cdot \overline{VW} = \overline{XY}$

3
Hanna ist 1,50 m groß und wirft einen 1,20 m langen Schatten. Der neben ihr laufende Sebastian hat zum gleichen Zeitpunkt einen Schatten von 1,45 m.
Wie groß ist Sebastian?

★ 4
Ordne Funktionsgleichungen und Diagramme einander zu.

(1) $y = 2x - 5$ (3) $y = \frac{3x + 5}{2}$

(2) $y = 3 - x$ (4) $y = -\frac{1}{5}x$

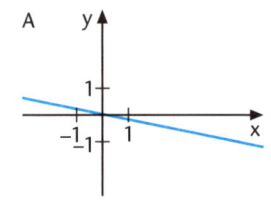

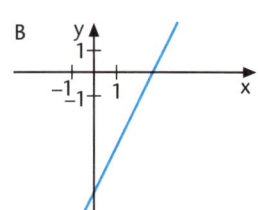

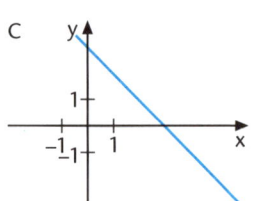

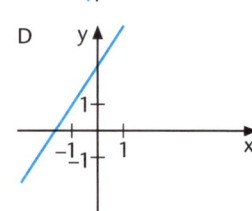

★ 5
Beschreibe den Verlauf der Graphen der linearen Funktionen f und g mit den Gleichungen
f: $y = 1{,}5x$ und g: $y = 1{,}5x - 1$.

★ 6
Gib die Steigung einer Geraden an, die durch die Punkte $A(0|2)$ und $B(4|0)$ verläuft.

Meine Lösungen zu den Übungsaufgaben Seite 34 | Teil A Basisaufgaben

1 Antwortsatz: _____

_____

_____

Skizze und Nebenrechnungen:

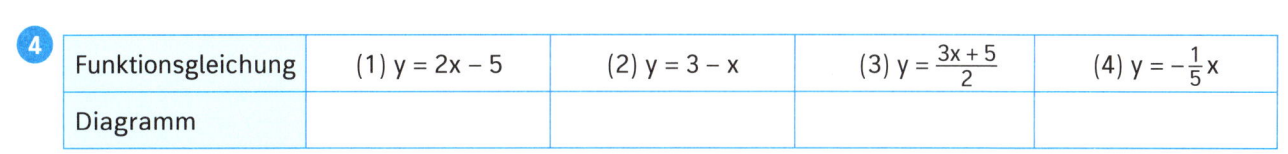

2 Begründung: _____

_____

_____

_____

3 Antwortsatz: _____

_____

4

Funktionsgleichung	(1) y = 2x − 5	(2) y = 3 − x	(3) y = $\frac{3x + 5}{2}$	(4) y = $-\frac{1}{5}$ x
Diagramm				

5 Verlauf des Graphen von f: _____

_____

Verlauf des Graphen von g: _____

_____

Vergleich: _____

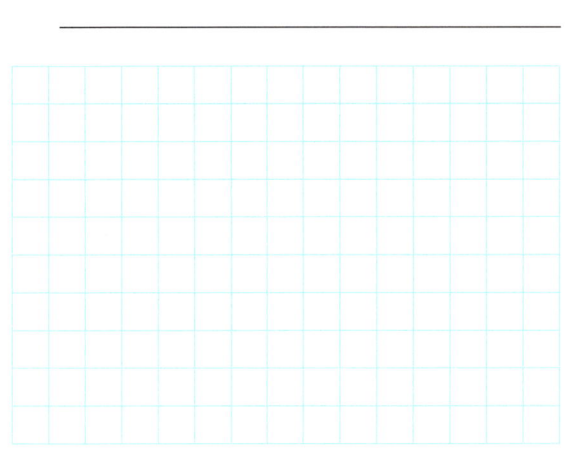

_____

6 Antwortsatz: _____

_____

Skizze:

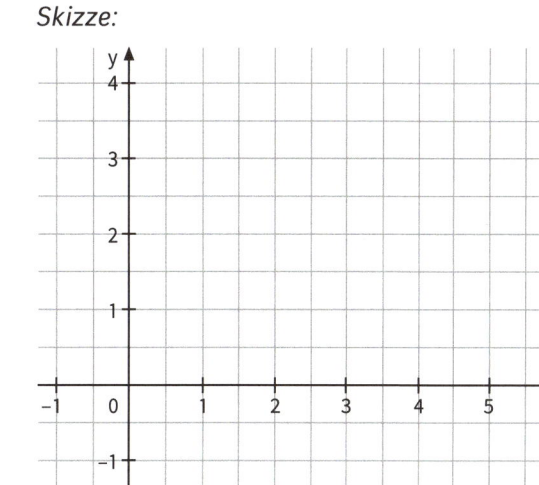

Abschlusstest – Basisaufgaben

1 Rechnen und Ordnen

Rechne und trage deine Ergebnisse auf der Zahlengeraden ein.

a) Berechne die Differenz von 6,5 und 7,3.

b) Berechne die Differenz von –1,2 und –0,8.

c) Dividiere 4 durch –16.

d) Teile das Produkt aus –3 und –50 durch die dritte Potenz von 5.

e) Subtrahiere vom Produkt aus $-\frac{3}{5}$ und 35 das Vierfache von –5.

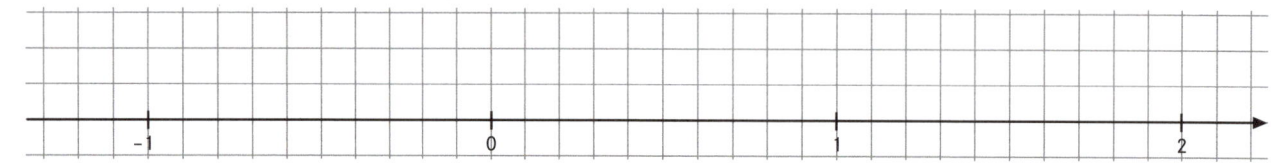

2 Quadrat und Rechteck

Der Flächeninhalt eines Quadrats beträgt 36 cm².

a) Bestimme den Umfang. u = _____

b) Gib die Seitenlängen von zwei Rechtecken an, die auch einen Flächeninhalt von 36 cm² haben.

(1) a = _____ b = _____ (2) a = _____ b = _____

3 Abschlussfahrt

Für die Abschlussfahrt einer Jahrgangsstufe 10 stehen Venedig, Paris, Prag oder London als Ziele zur Auswahl. Eine Abstimmung unter den 80 Schülerinnen und Schülern der Jahrgangsstufe ergab:
Jeder Vierte ist für Venedig, 20 % sind für Paris. Nach London wollen dreimal so viele wie nach Prag.

a) Wie viele Schülerinnen und Schüler sind für die einzelnen Ziele?

Venedig: _____ Paris: _____ London: _____ Prag: _____

b) Gib die relativen Häufigkeiten für die einzelnen Ziele in Prozent an.
Runde auf volle Prozent.

Kreisdiagramm:

Venedig: _____ % Paris: _____ %

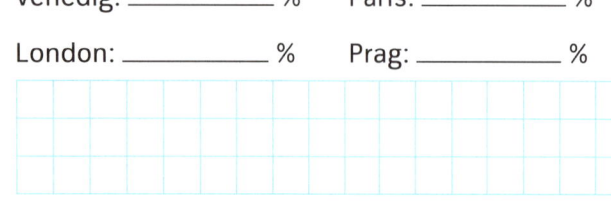

London: _____ % Prag: _____ %

c) Stelle die relativen Häufigkeiten in einem Kreis- und einem Streifendiagramm dar.

Streifendiagramm:

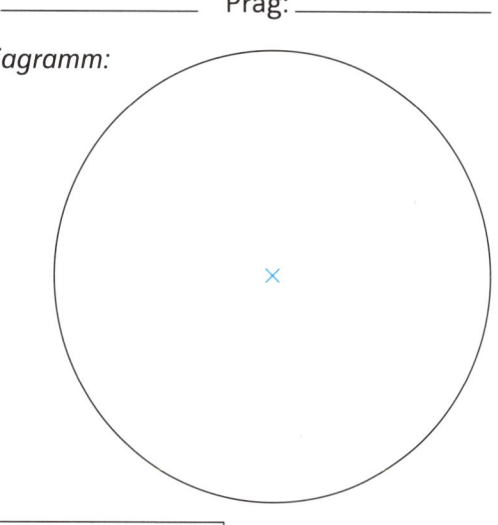

④ Lineare Funktionen

In einem Koordinatensystem sind die Graphen der Funktionen f (x) = –0,2x – 3 und g (x) = –0,2x + 3 dargestellt. Beschreibe Lage und Verlauf der beiden Graphen, ohne zu zeichnen.

_____

_____

⑤ Gleichungssysteme

a) Löse das Gleichungssystem.

I: 5x – 3y = 53
II: 4x + 3y = 37

x = _____   y = _____

b) Das Dreifache einer Zahl ist um 1 kleiner als eine zweite Zahl. Die Summe aus dem Doppelten der ersten Zahl und 2 ergibt 36. Berechne die beiden Zahlen mit einem Gleichungssystem.

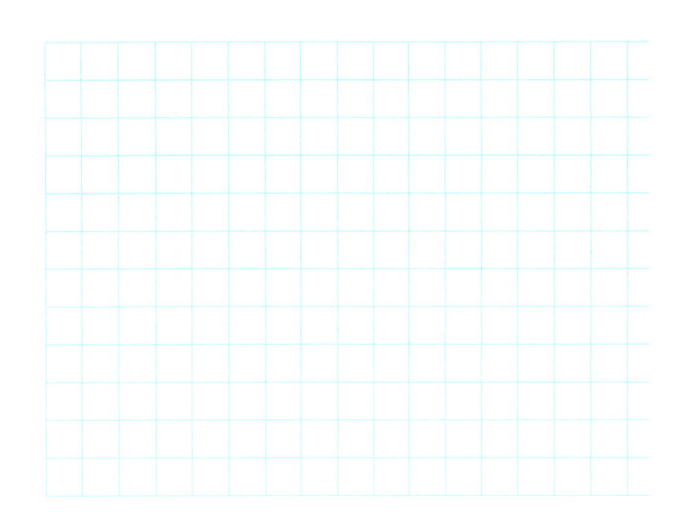

1. Zahl: _____   2. Zahl: _____

⑥ Dynamisches Dreieck

Mit einem dynamischen Geometrieprogramm wurde nebenstehende Zeichnung erstellt:

- g ist die Parallele zu h durch D.
- A und B sind Punkte auf h.
- C ist ein Punkt auf g.
- A, B und C sind Eckpunkte des Dreiecks ABC.

a) Der Punkt C wird auf der Geraden g bewegt. Was verändert sich, was bleibt gleich? Begründe.

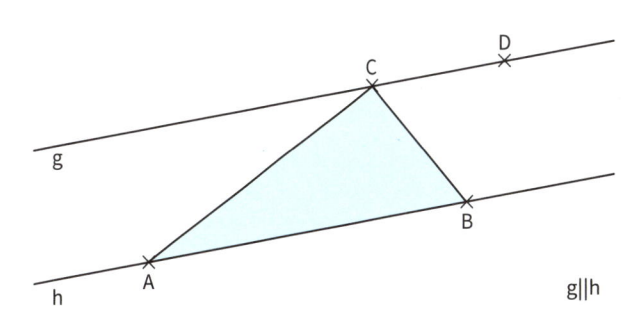

_____

_____

b) Der Punkt D wird auf den Punkt B gezogen. Skizziere, wie die Figur dann aussieht.

⑦ Dreieck im Koordinatensystem

a) Zeichne das Dreieck A (–1 | –1), B (3 | –1) und C (3 | 2) in das gegebene Koordinatensystem.

b) Berechne die Länge der Seite $\overline{AC}$ und den Flächeninhalt A des Dreiecks.

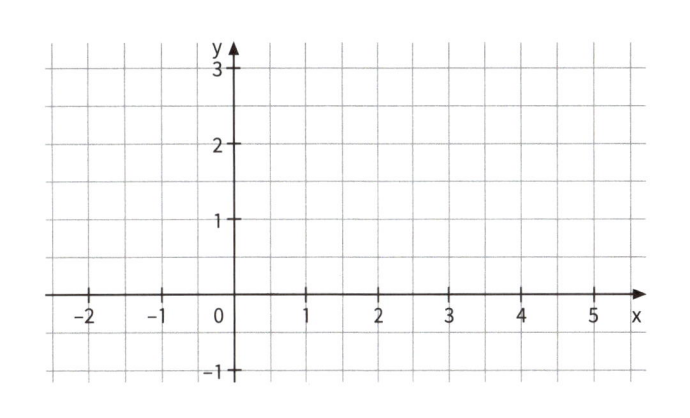

$\overline{AC}$ = _____

A = _____

8 Prozente

a) Wie viel sind 40 % von 130 €?

b) Von wie viel Kilogramm sind 4 % genau 12 kg?

c) Wie viel Prozent sind 24 cm von 6 m?

d) Berechne 3 % Zinsen von 760 € Spareinlage.

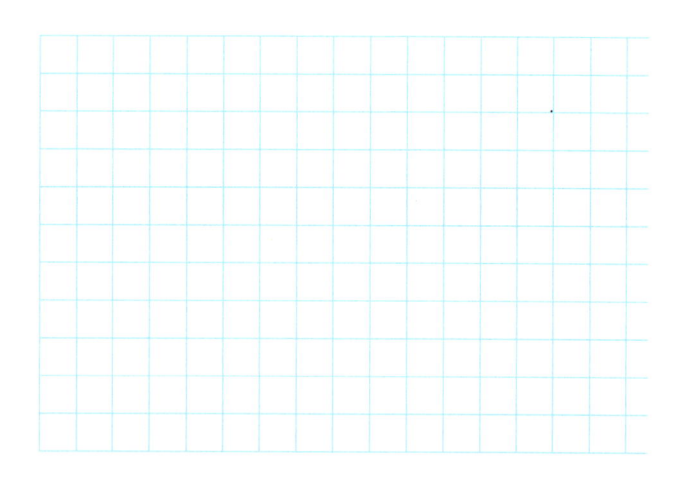

9 Kinobesucher

In der ersten Woche nach der Premiere eines neuen Science Fiction Films sind in einem Kino folgende Besucherzahlen notiert worden:
Do: 625,   Fr: 745,   Sa: 820,   So: 655,   Mo: 423,   Di: 388,   Mi: 495.

a) Gib für diese erste Kinowoche des Films das arithmetische Mittel der Besucherzahlen pro Tag an.

b) Nachdem der Film zwei Wochen gelaufen ist, steht in der Zeitung: „In den ersten beiden Kinowochen haben durchschnittlich 450 Besucher pro Tag den Film gesehen."
Wie viele Personen haben den Film noch in der zweiten Kinowoche gesehen?

10 Lostrommel

In einer Lostrommel sind 300 Lose, davon 20 Hauptgewinne.

a) Wie groß ist die Wahrscheinlichkeit, dass das erste gezogene Los ein Hauptgewinn ist?

b) Unter den ersten 30 gezogenen Losen waren zwei Hauptgewinne. Lukas zieht das 31. Los.
Vergleiche die Wahrscheinlichkeit für einen Hauptgewinn mit der 1. Ziehung. Ist sie jetzt:

☐ kleiner,   ☐ größer,   ☐ genauso groß?

11 Gleichungen und Graphen

Ordne den Funktionsgleichungen die zugehörigen Graphen (g_1, g_2, ...) zu.

$y = x + 1$	$y = x^2 - 2$
$y = -x^2$	$y = 0{,}5x + 1$
$y = x^2 + 2x + 1$	$y = -2x + 1$
$y = x^2 + 2$	$y = -2x^2$

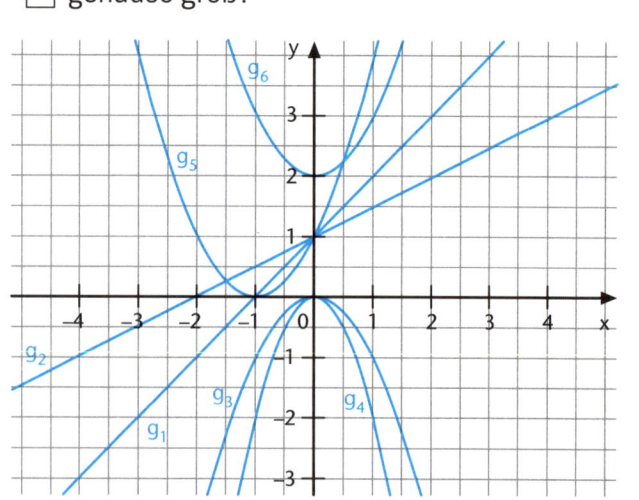

Abschlusstest | Teil A Basisaufgaben | 39

12 Fahrstuhl

Für ein Büro in der 1. Etage wird eine Palette Kopierpapier angeliefert. Der Fahrstuhl hat eine Tragfähigkeit von 630 kg. Darf die Palette im Fahrstuhl transportiert werden?
Hinweis:
Maße eines DIN-A4-Blattes (in cm): 21 x 29,7

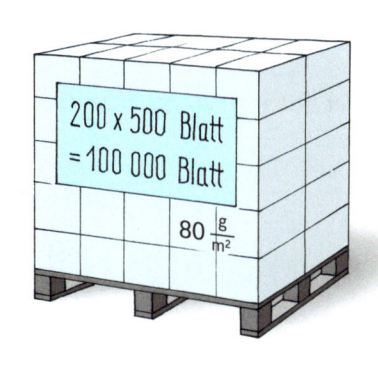

200 x 500 Blatt = 100 000 Blatt
80 $\frac{g}{m^2}$

★ 13 Parabeln in verschiedenen Darstellungen

Eine Parabel hat den Scheitelpunkt S(–1,5 | 3,5). Sie ist nach unten geöffnet und gegenüber der Normalparabel um 0,5 gestaucht.
Gib die Scheitelpunktform der Parabel an und wandle diese in die Normalform um.

f(x) = _____

f(x) = _____

14 Wasserfass

a) Berechne das Volumen des Wasserfasses. Runde auf Liter.

V = _____

b) Berechne die Oberfläche ohne Deckel. Runde auf Zehntel m².

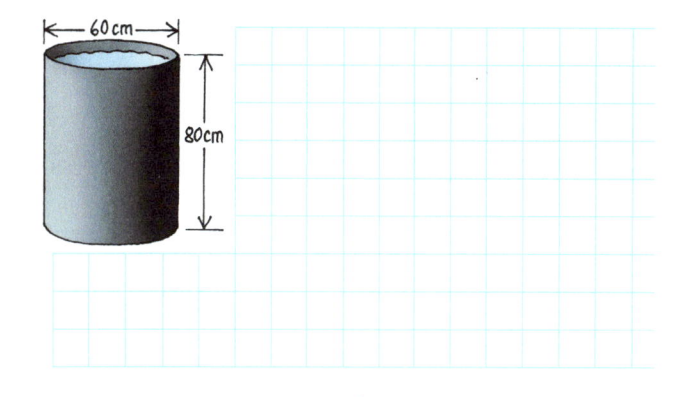

O = _____

(60 cm Durchmesser, 80 cm Höhe)

15 Größen bestimmen

Kreuze an, welche Maßangabe stimmen könnte. *Tipp:* Schätze zuerst die Maße.

Ladevolumen eines Lasters
☐ 5 m³   ☐ 500 000 dm³
☐ 50 000 l ☐ 500 cm³

Länge eines Springseils
☐ 250 000 mm ☐ 25 dm
☐ 2500 cm   ☐ 0,025 km

Fläche eines Handballfeldes
☐ 80 000 cm² ☐ 8000 dm²
☐ 800 m²   ☐ 0,8 km²

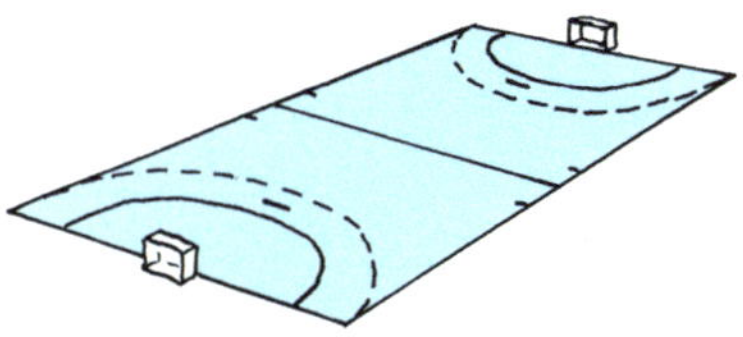

16 Straßenfest

Die Bewohner des Parkwegs planen ein Straßenfest.
Die Tabelle zeigt die Kalkulation für den Grillstand.

	A	B	C	D
1		Verkaufspreis	Stückzahl	Einnahmen
2	Essen			
3	Bratwurst	2,00 €	60	120,00 €
4	Currywurst	2,50 €	45	112,50 €
5	Steak	3,50 €	50	175,00 €
6	Brötchen	0,50 €	200	100,00 €
7				
8	Trinken			
9	Softdrinks	2,00 €	250	500,00 €
10	Wasser	1,00 €	150	150,00 €
11				
12			Gesamteinnahmen	1.157,50 €
13				

a) Insgesamt sollen _____ Würste verkauft werden.

b) Der Preis für ein Steak steht in Zelle _____ .

   Es soll _____ € kosten.

c) Die voraussichtlichen Einnahmen aus dem Bratwurstverkauf werden in der Zelle _____ mit der

   Formel _____ berechnet.

d) Gib zwei verschiedene Formeln an, um die Gesamteinnahmen in Zelle D12 zu berechnen.

   D12: _____ oder _____

17 Lohnerhöhungen

Kreuze die Fragen an, die anhand des Artikels beantwortbar sind:

(1) ☐ Wurde das Gehalt von Facharbeitern und ungelernten Arbeitern um denselben Prozentsatz erhöht?

(2) ☐ Wurde das Gehalt von Facharbeitern und Akademikern mit Berufserfahrung um denselben Prozentsatz erhöht?

(3) ☐ Um wie viel Prozent wurde das monatliche Gehalt von Facharbeitern angehoben?

(4) ☐ Um wie viel Prozent wurde das monatliche Gehalt von ungelernten Arbeitern angehoben?

(5) ☐ Um wie viel Prozent wurde das monatliche Gehalt aller drei Gruppen (Facharbeiter, Ungelernte, Akademiker) durchschnittlich erhöht?

Sattes Lohnplus

Müde kamen die acht Verhandlungsführer, bestehend aus Arbeitgebern und Arbeitnehmern, nach über 13 Stunden Diskussion aus dem Hotel „Gloria" und stellten sich den Fragen der Presse. In langen Gesprächen haben sie vereinbart, die Einkommen der Facharbeiter auf 2 712 € und die der Arbeiter ohne Ausbildung auf 2 007 € zu erhöhen. In beiden Fällen wird damit das Gehalt um 112 € angehoben. Bei Akademikern mit Berufserfahrung wird das Gehalt sogar um 200 € angehoben. Die vereinbarte Laufzeit des Vertrages beträgt 13 Monate.

18 Funktionsbeschreibung

Beschreibe so genau wie möglich, wie bei den jeweiligen Funktionen der x-Wert und der y-Wert zusammenhängen. Gib auch jeweils an, um welche Art von Funktion es sich handelt.

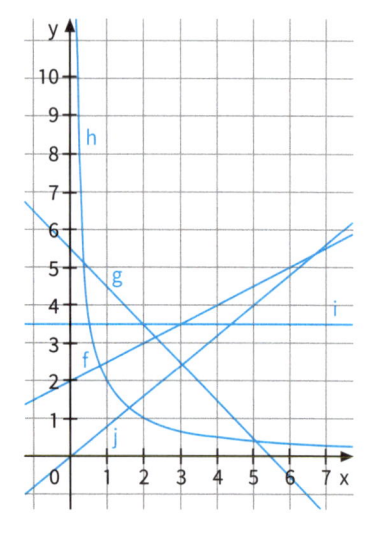

Graph f	
Graph g	
Graph h	
Graph i	
Graph j	

19 Würfeln mit einem Quader

Die Grundflächen des abgebildeten Holzquaders sind Quadrate. Auf den Flächen des Quaders stehen wie bei einem normalen Würfel die Zahlen 1 bis 6. Mit einer sehr großen Anzahl von Versuchen wurde ermittelt, dass die Wahrscheinlichkeit, die Augenzahl 6 zu würfeln, ca. 8 % beträgt.

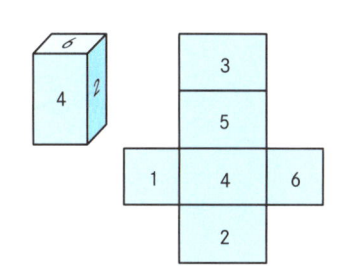

a) Schau dir das Netz des Quaders genau an und bestimme auch für die übrigen Augenzahlen 1 bis 5 Näherungswerte für die Wahrscheinlichkeiten. Warum kann man nur Näherungswerte angeben?

Augenzahl	1	2	3	4	5	6
Näherungswert für die Wahrscheinlichkeit	8 %	21 %	21 %	21 %	21 %	8 %

Die Augenzahlen 1 und 6 liegen auf den quadratischen Grundflächen, die anderen auf den rechteckigen Seitenflächen. Da es sich um einen Zufallsversuch handelt, kann man nur Näherungswerte (empirische Wahrscheinlichkeiten) angeben.

b) Der Quader wurde in der Versuchsreihe 4000-mal gewürfelt. Wie oft ist dann ungefähr die Augenzahl 6 aufgetreten?

$4000 \cdot 0{,}08 = 320$

Die Augenzahl 6 ist ungefähr 320-mal aufgetreten.

20 Messkeil

Messkeile werden zur Überprüfung von Unebenheiten und Zwischenräumen verwendet. Bestimme die Höhe des Zwischenraums.

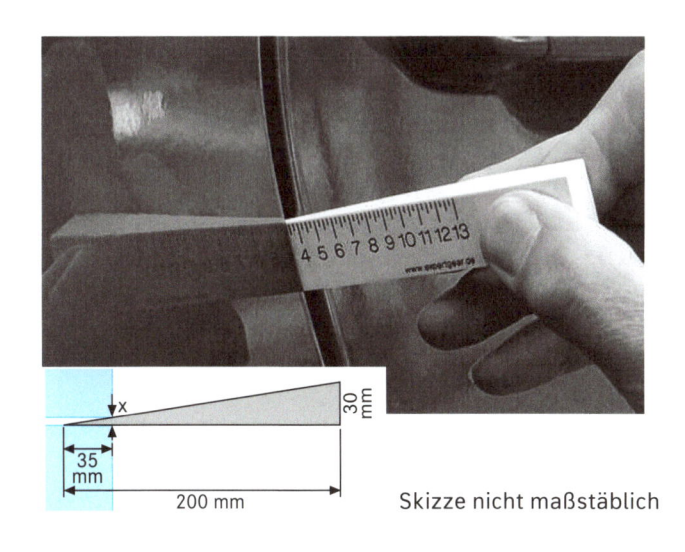

Höhe: $x = \dfrac{35 \text{ mm} \cdot 30 \text{ mm}}{200 \text{ mm}} = 5{,}25 \text{ mm}$

21 Rechengeschichten

Welche der folgenden Sachtexte passen zu der Gleichung x + 0,5x = 30? Kreuze jeweils an!

		Ja	Nein
1	Eine Lostrommel enthält 30 Lose. Es gibt doppelt so viele Gewinne wie Nieten.		☒
2	Robert nimmt sich vor, 30 Tage lang täglich 1 Euro zu sparen. Die Hälfte der Zeit schafft er leider nur 50 Cent zu sparen.		☒
3	Für eine Feier werden 30 Liter Fruchtbowle bestellt. Zu einer 1-Liter-Flasche Mineralwasser wird jeweils 0,5 Liter frischer Fruchtsaft hinzugefügt.	☒	
4	Max ist nur halb so alt wie sein Bruder. Zusammen sind sie 30 Jahre alt.	☒	

Eingangstest – Komplexe Aufgaben

1 Preisänderungen (Lösung Seite 52)

a) Eine Bluse kostet 74,90 €. Der Preis wird um 35 % gesenkt. Berechne den neuen Preis.

_____

b) Der Preis für einen Anzug wurde um 40 % auf 179,94 € reduziert. Wie teuer war er vorher?

_____

c) Der Preis für ein Rennrad wird um 50 € erhöht und beträgt jetzt 499 €. Um wie viel Prozent wurde der Preis erhöht?

_____

2 Werkstück (Lösung Seite 53)

Das abgebildete Werkstück ist ein Quader, aus dem oben eine Halbkugel mit dem Radius 5 cm gefräst wurde (Maße in cm).
Das Werkstück besteht aus Stahl mit der Dichte 7,9 $\frac{g}{cm^3}$.

a) Berechne die Masse.

m = _____

b) Berechne die Oberfläche.

O = _____

3 Straßenbahnfahrplan (Lösung Seite 54)

Der grafische Fahrplan gibt Auskunft über die Fahrt einer Straßenbahn vom Bahnhof (Bhf.) bis zum Tierpark mit den Zwischenhalten Rosentor, Nordheide und Stadion.

a) Gib die Entfernung zwischen den Haltestellen Bahnhof und Tierpark an.

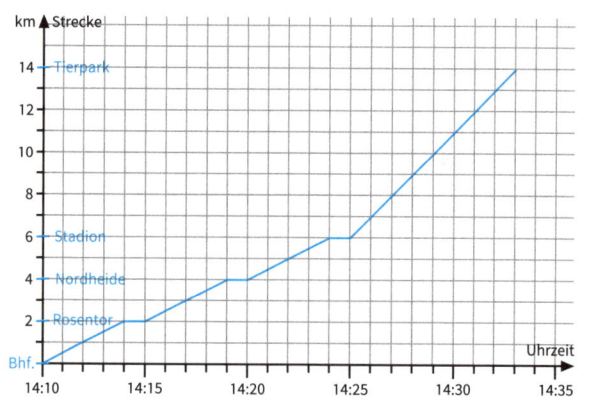

_____

b) Bestimme mithilfe der Grafik die Durchschnittsgeschwindigkeiten zwischen den Haltestellen.

_____

c) Vervollständige mithilfe der Grafik den Fahrplan mit Ankunfts- und Abfahrtzeiten.

Haltestelle	Bahnhof	Rosentor		Nordheide		Stadion		Tierpark
	ab	an	ab	an	ab	an	ab	an
Uhrzeit	_____	_____	_____	_____	_____	_____	_____	_____

Eingangstest | Teil B Komplexe Aufgaben | 43

4 Fahrradurlaub (Lösung Seite 55)

Die nebenstehende Grafik zeigt, wie sich der Verbrauch eines Autos ändert, wenn man einen Dach- oder Heckträger (mit Fahrrädern) montiert.

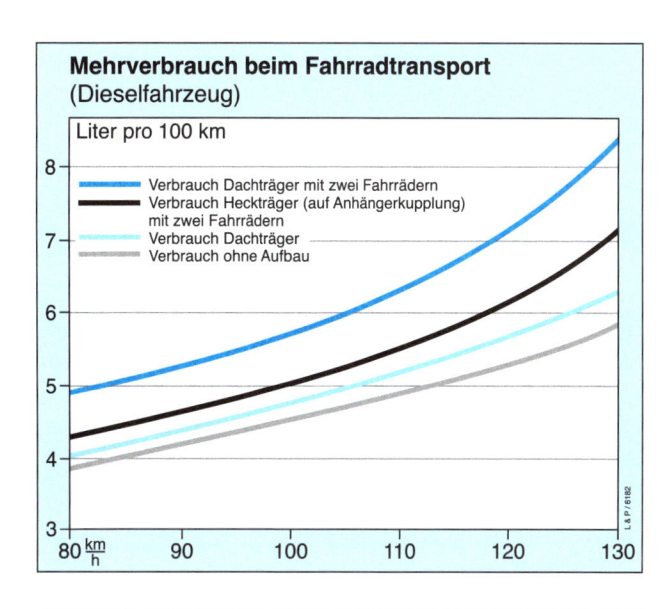

a) Lennard behauptet, dass bei 80 $\frac{km}{h}$ der Verbrauch eines Autos mit zwei Fahrrädern auf dem Dachträger ungefähr doppelt so hoch ist wie bei einem Auto ohne Aufbau. Nimm Stellung zu dieser Aussage.

_____

_____

b) Um wie viel Prozent steigt bei 120 $\frac{km}{h}$ der Verbrauch, wenn man nicht mit einem leeren Dachträger, sondern mit einem Dachträger mit zwei Fahrrädern fährt?

_____

_____

c) Herr und Frau Tropper überlegen, ob sie auf dem Dachträger des Autos ihre beiden Fahrräder in den Urlaub nach Schweden mitnehmen. Herr Tropper fährt im Schnitt 100 $\frac{km}{h}$. Erstelle einen Graphen, der den Gesamtverbrauch für beide Varianten (mit und ohne Fahrräder) in Abhängigkeit von der zurückgelegten Strecke beschreibt.
Benutze dafür das rechts abgebildete Koordinatensystem.

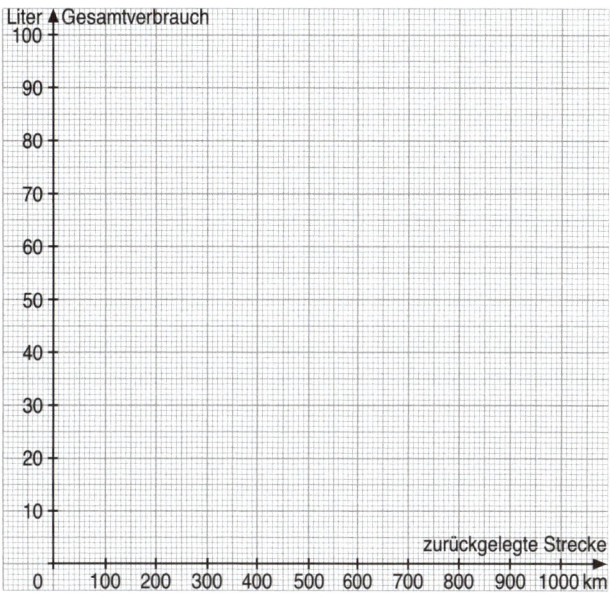

5 Herzogstandbahn (Lösung Seite 56)

Der Kartenausschnitt zeigt ein Wandergebiet in der Nähe von München. Anhand der Höhenlinien kann man erkennen, wie steil das Gelände ist. Eine Höhenlinie verbindet jeweils Punkte der Erdoberfläche, die auf gleicher Höhe über dem Meeresspiegel (ü. M.) liegen.
Wer sich den anstrengenden Aufstieg auf den Fahrenberg sparen will, benutzt den Sessellift. Die Herzogstandbahn bringt in nur 4 Minuten ihre Gäste von der Talstation am Walchensee auf den Fahrenberg.
Wie lang ist die Strecke, die eine Kabine bei ihrer Fahrt auf den Berg zurücklegt?

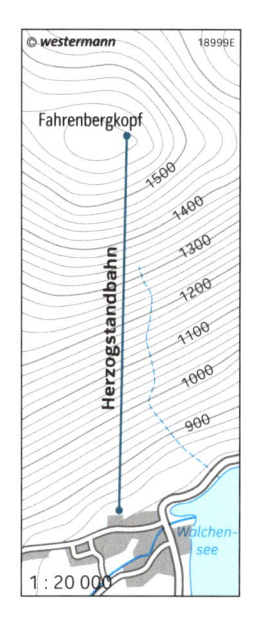

6 Konservendosen (Lösung Seite 57)

Sechs Konservendosen werden von einem Plastikband umfasst. Jede Dose hat einen Radius von 4 cm.

a) Berechne die Länge des Plastikbandes.

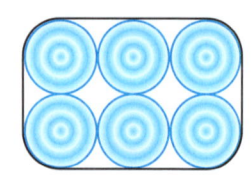

Länge: _____

b) Reicht für Dosen mit doppeltem Radius ein doppelt so langes Plastikband? Begründe deine Antwort.

_____

7 Gläser (Lösung Seite 58)

Ein Likörglas und ein Rotweinglas werden mit Wasser gefüllt.

a) Wie viele vollständig gefüllte Likörgläser werden benötigt, um das Rotweinglas bis zum Rand zu füllen?

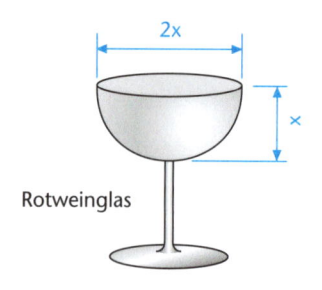

b) Welcher der abgebildeten Graphen zeigt am besten, wie sich die *Höhe h* des Flüssigkeitsspiegels beim gleichmäßigen Befüllen des **Rotweinglases** in Abhängigkeit von der *Zeit t* ändert? Kreuze an.

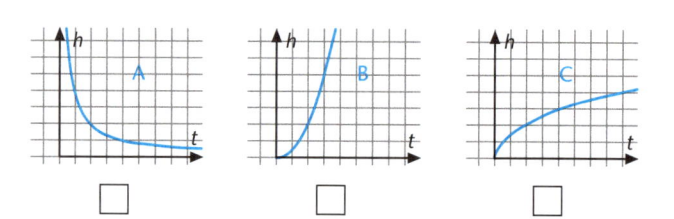

8 Agenturmeldung (Lösung Seite 59)

Vor allem in Thüringen und Sachsen hängt oder liegt die *weiße Bluse* bei fast jeder neunten Frau (87,4 Prozent) im Schrank, ergab jetzt eine Umfrage.

Die nebenstehende Pressemeldung ist fehlerhaft. Begründe.

_____
_____
_____
_____

9 Kugelstoßen (Lösung Seite 60)

Hier siehst du den ersten Teil der Flugbahn einer gestoßenen Kugel (Maße in m).

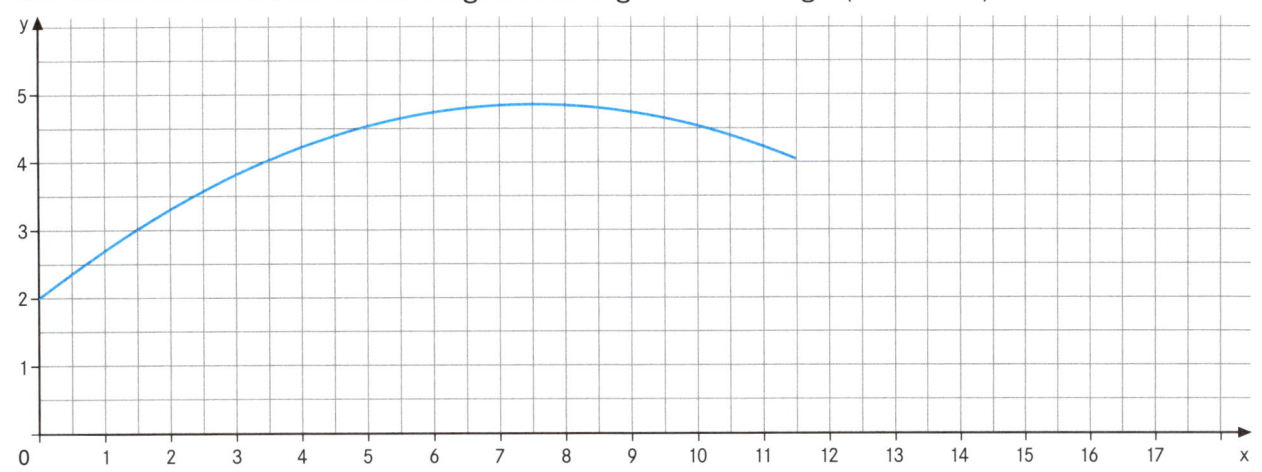

a) Lies am Graphen ab:

(1) Welche maximale Höhe erreichte die Kugel?

_____

(2) In welcher Höhe wurde die Kugel abgestoßen?

_____

b) Die Flugbahn kann näherungsweise mit der Funktionsgleichung $f(x) = -0{,}05\,x^2 + 0{,}75\,x + 2$ beschrieben werden. Berechne die Kugelstoßweite und vervollständige die Flugbahn.

_____

10 Haus mit Satteldach (Lösung Seite 61)

Der Zeichnung kannst du die Außenmaße eines Einfamilienhauses entnehmen.

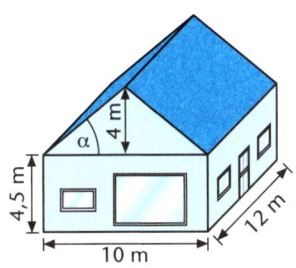

a) Berechne das Volumen des Hauses (umbauter Raum).

_____

b) Wie groß ist die gesamte Dachfläche?

_____

c) Berechne den Neigungswinkel α des Dachs.

_____

11 Nebenjobs (Lösung Seite 62)

Bei einer Umfrage unter 580 Zehntklässlern geben 30 % an, neben der Schule zu jobben. Insgesamt nehmen 348 Mädchen an der Umfrage teil. Von den befragten Mädchen haben 25 % einen Nebenjob.

a) Berechne den prozentualen Anteil der Mädchen und Jungen an den befragten Zehntklässlern.

b) Wie viele Mädchen haben keinen Nebenjob?

c) Wie viel Prozent der Jungen haben keinen Nebenjob?

12 Kraftstoffkosten im Vergleich (Lösung Seite 63)

a) Berechne die unterschiedlichen Kraftstoffkosten für eine Fahrleistung von 10 000 km/Jahr. Veranschauliche die Kosten in einem Diagramm.

b) Für einen Liter Super (1,50 €) muss der Verbraucher eine Mineralölsteuer von 65,96 ct zahlen. Wie hoch ist der prozentuale Anteil dieser Steuer am Preis von Super?

c) Im Preis von einem Liter Diesel (1,40 €) sind 47,39 ct Mineralölsteuer enthalten. Frau Schmidt (Benzinfahrzeug) und Herr Groß (Dieselfahrzeug) fahren beide pro Jahr 15 000 km. Wie viel Euro zahlt Frau Schmidt jährlich mehr Mineralölsteuer?

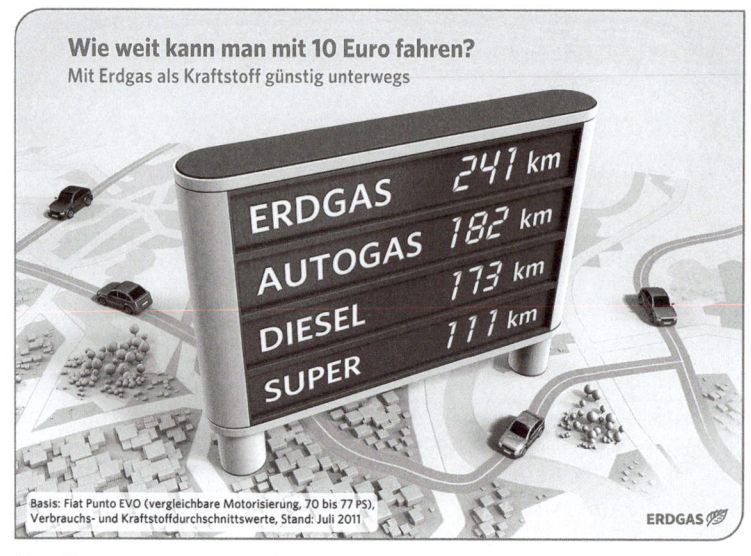

Wie weit kann man mit 10 Euro fahren?
Mit Erdgas als Kraftstoff günstig unterwegs

ERDGAS 241 km
AUTOGAS 182 km
DIESEL 173 km
SUPER 111 km

Basis: Fiat Punto EVO (vergleichbare Motorisierung, 70 bis 77 PS), Verbrauchs- und Kraftstoffdurchschnittswerte, Stand: Juli 2011

(Quelle: www.erdgas.info)

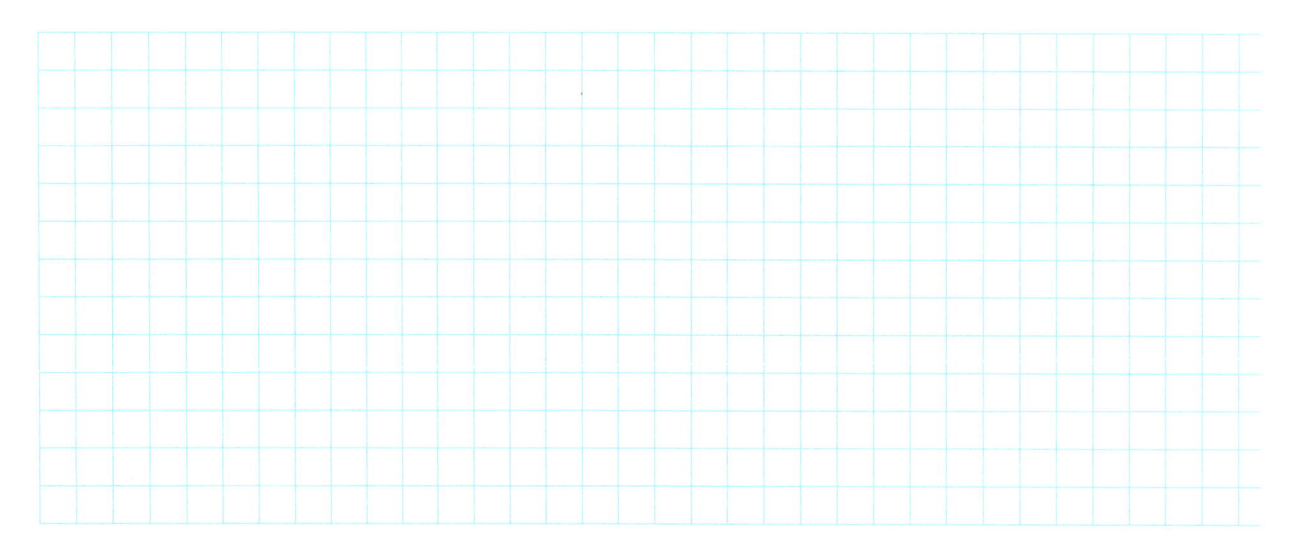

13 Seitenlängen beim Quadrat (Lösung Seite 64)

Welche Aussagen sind falsch? Begründe, warum sie falsch sind.
(1) Verdoppelt man die Seitenlänge eines Quadrats, so vervierfacht sich der Umfang.
(2) Verdoppelt man die Seitenlänge eines Quadrats, so vervierfacht sich der Flächeninhalt.
(3) Verdreifacht man die Seitenlänge eines Quadrats, so verdreifacht sich der Umfang.
(4) Verdreifacht man die Seitenlänge eines Quadrats, so verdreifacht sich der Flächeninhalt.

★ 14 Tonnenschwere Goldmünze (Lösung Seite 65)

Zwei Zeitungen berichteten im Oktober 2011 über die größte Goldmünze der Welt.

> (1) „Eine Tonne schwer und 80 cm Durchmesser, reines Gold im Wert von 55 Millionen US-Dollar."
> (2) „… sie ist 80 cm hoch, 12 cm dick, 1 Tonne schwer und zu 99,99 Prozent aus Feingold. Ihr Materialwert liegt bei 34 000 000 €."

a) Vergleiche die Angaben zum Materialwert der Meldungen (1) und (2). Bestimme den Wechselkurs zwischen Euro und Dollar für Oktober 2011.

b) Stimmt die angegebene Dicke in (2) mit den in (1) genannten Maßen überein? Rechne bei Gold mit einer Dichte von $19{,}3 \frac{g}{cm^3}$.

c) Löse die Formel für das Volumen eines Zylinders nach r auf. Berechne damit den Radius r einer solchen Goldmünze, die dieselbe Dicke hat, aber nur halb so schwer ist.

★ 15 Kapitalanlage (Lösung Seite 66)

Zur Konfirmation erhält Henrik 1000 € von seinen Großeltern. Er legt das Geld zu 1,5 % an und will den Betrag so lange unangetastet lassen, bis sich sein Anfangskapital verdoppelt hat.

a) Wie viele Jahre muss Henrik ungefähr warten?

b) In welcher Zeit würde sich bei gleicher Verzinsung ein Kapital von 10 000 € verdoppeln?

48 Teil B Komplexe Aufgaben | Eingangstest

★ 16 Zwei Würfel (Lösung Seite 67)

Es wird gleichzeitig mit einem blauen und einem schwarzen Würfel gewürfelt.
Das Ergebnis (3|5) bedeutet: Mit dem blauen Würfel wurde eine 3 und mit dem schwarzen Würfel eine 5 gewürfelt.

a) Wie viele Ergebnisse sind möglich?

   _____

b) Wie groß ist die Wahrscheinlichkeit für das Ergebnis (3|5)?

   _____

c) Wie groß ist die Wahrscheinlichkeit, einen Pasch, d.h. zwei gleiche Zahlen, zu würfeln?

   _____

17 Die Welt als Dorf (Lösung Seite 68)

Die unten stehende Grafik vergleicht die Entwicklung der Bevölkerung auf der Welt mit einem Dorf.

Die Welt als Dorf

2015 
Stellt man sich die Weltbevölkerung des Jahres 2015 (etwa 7 Milliarden Menschen) als Dorf mit 100 Einwohnern vor, dann …

…lebten dort: 60 Asiaten
16 Afrikaner
10 Europäer
8 Lateinamerikaner
1 Ozeanier und
5 Nordamerikaner.

Zukunft 2050
Im Jahr 2050 würden bereits 133 Menschen im Dorf leben.

Davon wären: 73 Asiaten
33 Afrikaner
10 Europäer
10 Lateinamerikaner
1 Ozeanier und
6 Nordamerikaner.

a) Wie groß war im Jahr 2015 der prozentuale Anteil der Lateinamerikaner an der Gesamtbevölkerung des 100-Einwohner-Dorfes?

   _____

b) „Auf allen Kontinenten nimmt die Zahl der Dorfbewohner bis zum Jahr 2050 zu". Stimmt das?

   _____

★ c) Laut Angaben der UN-Statistik vermehrt sich die Menschheit zurzeit um 1,1 % pro Jahr. Überprüfe rechnerisch, ob die Angaben für 2050 in der Grafik mit dem beschriebenen Wachstum von 1,1 % pro Jahr übereinstimmen. Beschreibe deinen Lösungsweg.

   _____

18 Zahlenrätsel (Lösung Seite 69)

(1) Subtrahiere vom Dreifachen einer Zahl 8, dann erhältst du 5 mehr als die Zahl.

(2) Verdreifachst du die Differenz aus einer Zahl und 8, so erhältst du 5 weniger als die Zahl.

(3) Subtrahiert man 8 von einer Zahl, so erhält man das Dreifache der Summe aus 5 und der Zahl.

a) Welches Zahlenrätsel gehört zu der Gleichung $x - 8 = 3(5 + x)$?   Nr.: _____

b) Löse die Gleichung $x - 8 = 3(5 + x)$.

   $x = $ _____

c) Schreibe auch zu den anderen Zahlenrätseln eine passende Gleichung auf.

   Nr. ( ): _____

   Nr. ( ): _____

19 Smartphone-Nutzung (Lösung Seite 70)

Die Schülerinnen und Schüler aller 10. Klassen einer Schule wurden befragt, wie oft sie ihr Smartphone am Tag vor der Befragung zum Telefonieren, Simsen oder Surfen ungefähr benutzt haben. Das Ergebnis wurde in einem Boxplot dargestellt.

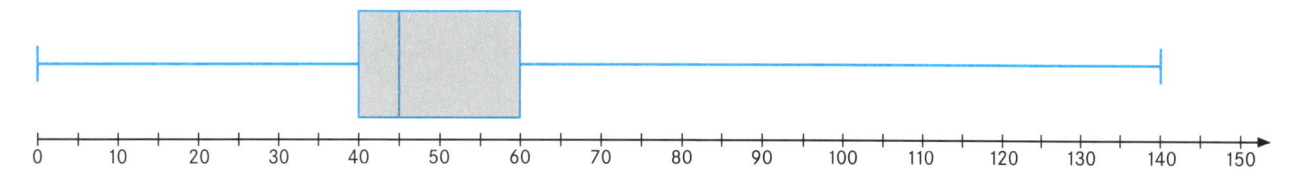

a) Entnimm dem Boxplot folgende Werte:

   Spannweite: _____   Median (Zentralwert): _____   unteres Quartil: _____   oberes Quartil: _____

b) Felix behauptet: „Die meisten Schüler haben mehr als 60-mal mit dem Smartphone telefoniert, gesimst oder gesurft." Nimm Stellung.

20 Fläche Berlin-Brandenburg (Lösung Seite 71)

Der Kartenausschnitt zeigt die Hauptstadtregion Berlin-Brandenburg. Bestimme näherungsweise die Größe der Fläche der Hauptstadtregion. Benutze den Maßstab der Karte. Begründe dein Vorgehen.

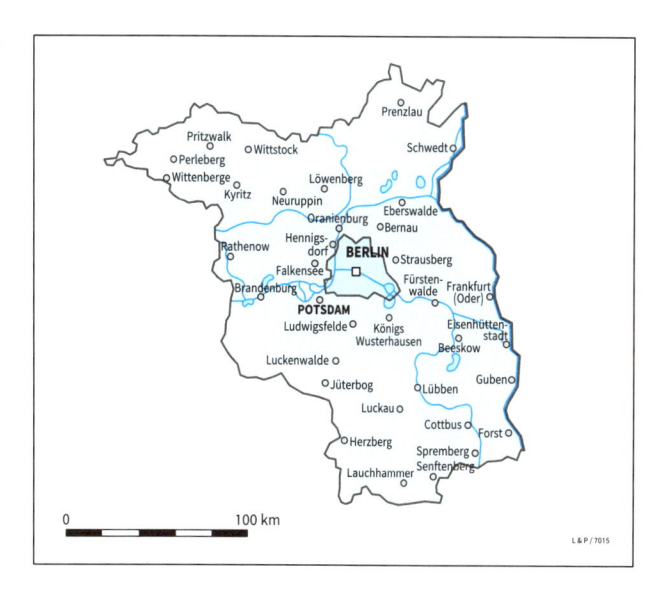

21 Quadratische Gleichungen (Lösung Seite 72)

In der Abbildung siehst du, wie zwei Schüler die Gleichung $x^2 - 8x + 20 = 0$ gelöst haben.

a) Prüfe die Lösungswege. Welcher Weg stimmt, welcher Fehler wurde gemacht?

b) Löse folgende Gleichungen. Nicht immer brauchst du eine Lösungsformel.

(1) $(x + 7) \cdot (x - 7) = 0$ (2) $x^2 + 8x + 16 = 0$ (3) $x^2 - 5x = 0$ (4) $4x^2 + 96x - 100 = 0$

Marcel
$x^2 - 8x + 20 = 0$
$x_{1/2} = 4 \pm \sqrt{16 + 20}$
$x_{1/2} = 4 \pm \sqrt{36}$
$x_1 = 4 + 6 = 10$
$x_2 = 4 - 6 = -2$

Paul
$x^2 - 8x + 20 = 0$
$x_{1/2} = 4 \pm \sqrt{16 - 20}$
$x_{1/2} = 4 \pm \sqrt{-4}$

keine Lösung

22 Glücksrad (Lösung Seite 73)

Auf einem Schulfest kann man am Stand der Klasse 10a für einen Einsatz von 1 € zweimal das abgebildete Glücksrad drehen. Bleibt es jedes Mal auf der gleichen Farbe stehen, gewinnt man, und zwar bei „blau" einen Trostpreis im Wert von 0,30 € und bei „weiß" einen Sachpreis von 8 €.

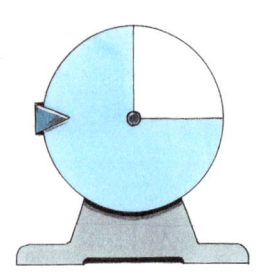

a) Zeichne ein Baumdiagramm und bestimme die Wahrscheinlichkeiten:

(1) P(blau/blau): _____

(2) P(weiß/weiß): _____

b) Wie groß ist die Wahrscheinlichkeit, bei diesem Spiel zu verlieren?

c) Es werden 400 Spiele durchgeführt. Mit welchem Gewinn kann die Klasse rechnen?

23 Angebote (Lösung Seite 74)

Frau Kurt kann für zwei Jahre einen Lottogewinn von 1 000 000,– € sparen. Drei Banken bieten ihr unterschiedliche Zinssätze an:

A 1. Jahr 1,2 %; 2. Jahr 1,7 %   **B** 1. Jahr 0,9 %; 2. Jahr 2,0 %   **C** 1. Jahr 1,4 %; 2. Jahr 1,5 %

a) Welche Bank kannst du empfehlen? Begründe.

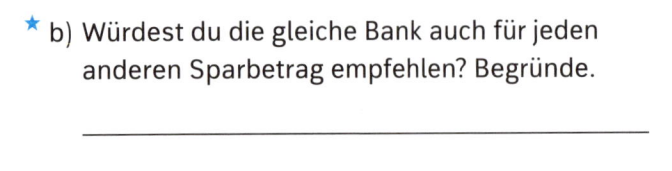

b) Würdest du die gleiche Bank auch für jeden anderen Sparbetrag empfehlen? Begründe.

24 Brückenkonstruktion (Lösung Seite 75)

Über den Fluss soll eine Brücke führen, die in A beginnt und in B endet. Vermesser haben am unteren Flussufer eine 400 m lange Strecke $\overline{AC}$ abgesteckt und von dort folgende Winkel vermessen:
∢ BAC = 67,8° und ∢ ACB = 49,3°
Bestimme die Länge der Brücke durch eine maßstäbliche Zeichnung und durch Berechnung auf einem extra Blatt.

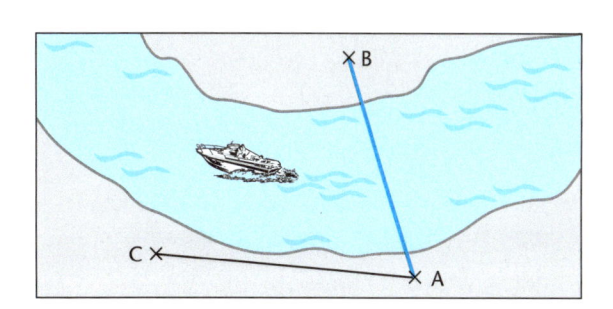

25 Tabellenkalkulation
(Lösung Seite 76)

Paul untersucht Umfang und Flächeninhalt bei Quadraten unterschiedlicher Seitenlängen mithilfe einer Tabellenkalkulation.

	A	B	C	D	E	F	G	H	I
1	Seitenlänge x (in cm)	0,5	1	1,5	2	2,5	3	3,5	4
2	Flächeninhalt A (in cm²)	0,25	1	2,25	4	6,25	9	12,25	16
3	Umfang u (in cm)	2	4	6	8				

a) Wie groß ist der Umfang u eines Quadrats mit der Seitenlänge 1,5 cm?   u = _____

b) Notiere die Formel, die Paul in die Zelle B2 eingegeben hat.   Formel: _____

c) Welche Eingaben liefern das korrekte Ergebnis in Zelle F3? Kreuze an.

☐ 4*F1   ☐ =4*F1   ☐ =E3+4*0,5   ☐ =4*x

d) Stelle den Zusammenhang zwischen Seitenlänge und Umfang im Koordinatensystem dar.

26 Riesentasse (Lösung Seite 77)

In Koblenz steht vor einem Café die rechts abgebildete Riesentasse.

a) Schätze folgende Größen:

Tassenhöhe: _____

oberer/unterer Tassendurchmesser: _____ / _____

b) Jenny hat die folgenden drei Körper gezeichnet, um das Volumen der Riesentasse damit abzuschätzen. Welcher der drei Körper wird das beste Ergebnis liefern? Kreuze an und begründe deine Antwort.

☐   ☐   ☐

c) Wie teuer wäre ein Cappuccino in dieser Riesentasse, wenn 0,2 l Cappuccino in diesem Café 2,80 € kosten?

1 Preisänderungen (von S. 42)

a) Eine Bluse kostet 74,90 €. Der Preis wird um 35 % gesenkt. Berechne den neuen Preis.
b) Der Preis für einen Anzug wurde um 40 % auf 179,94 € reduziert. Wie teuer war er vorher?
c) Der Preis für ein Rennrad wird um 50 € erhöht und beträgt jetzt 499 €. Um wie viel Prozent wurde der Preis erhöht?

Zu a)
35 % von 74,90 € = 74,90 € · 0,35
$\approx$ 26,22 €

74,90 € − 26,22 € = 48,68 €
oder
100 % − 35 % = 65 %
74,90 € · 0,65 ≈ 48,68 €

Der neue Preis der Bluse ist **48,68 €.**

Zu b)
179,94 € entsprechen 60 % des ursprünglichen Preises x.

x = (179,94 € · 100) : 60

$\frac{60}{100}$ · x = 179,94 €

= 299,90 €

kürzer: x = 179,94 € : 0,6 = 299,90 €

Der Anzug kostete vorher **299,90 €.**

Zu c)
Gesucht ist zunächst der prozentuale Wachstumsfaktor q.

Alter Preis: 449 €   (499 € − 50 €)
Neuer Preis: 499 €

449 € · q = 499 €
q = 499 € : 449 €
q = 1,1113585 …

Zu diesem Wachstumsfaktor q gehört der Prozentsatz (gerundet) p % ≈ 11,14 %
oder
Wie viel Prozent sind 50 € von 449 €?
p % = $\frac{50\ €}{449\ €}$ ≈ 0,1114 = 11,14 %

Der Preis wurde um rund **11,14 %** erhöht.

---

1 Svenja und Silke sind begeisterte Kart-Fahrerinnen.
Svenja legt 12 Runden zurück, das sind nur 80 % der Anzahl von Runden, die Silke in derselben Zeit geschafft hat.
Wie viele Runden hat Silke geschafft?

2 Ein Reisebüro wirbt für eine 14-tägige Mittelmeer-Kreuzfahrt im September. Der Normalpreis pro Person in einer Außenkabine im B-Deck beträgt 1 990 €. Bei Buchung bis Ende März kostet die Kreuzfahrt in derselben Kategorie nur 1 293,50 €.
Wie viel Prozent gegenüber dem Normalpreis spart man bei Buchung bis Ende März?

3 Gegenüber dem Vorjahr ist ein Auto 8 % billiger geworden. Es kostet jetzt 22 264 €.
Wie teuer war das Auto im Vorjahr?

4 In einer Kleinstadt sind wöchentlich 840 Hausmülltonnen zu leeren.
Jede dieser Hausmülltonnen ist erfahrungsgemäß mit durchschnittlich 18 kg Abfall gefüllt.
Durch ein Neubaugebiet hat sich Anfang 2012 die Zahl der Tonnen um 15 % erhöht, zugleich ist auch die durchschnittliche Abfallmenge pro Tonne um 5 % gewachsen.
Wie viel Abfall aus Hausmülltonnen mussten die Stadtreinigungswerke der Kleinstadt 2012 insgesamt abtransportieren?

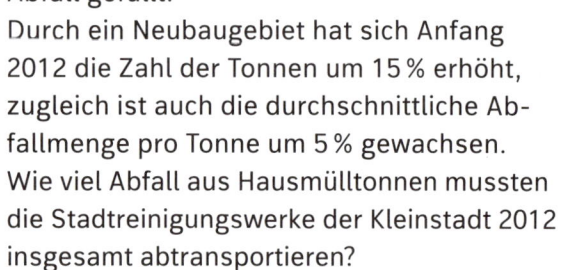

5 Zum Schuljahresbeginn 2012/2013 nahm eine neue Schule ihren Betrieb mit wenigen Schülerinnen und Schülern auf. 2013/2014 waren es schon 50 % mehr, zum Schuljahresbeginn 2014/2015 noch einmal 40 % mehr, nämlich 189.
Mit wie vielen Schülerinnen und Schülern nahm die Schule den Betrieb auf?

2 Werkstück (von S. 42)

Das abgebildete Werkstück ist ein Quader, aus dem oben eine Halbkugel mit dem Radius 5 cm gefräst wurde (Maße in cm). Das Werkstück besteht aus Stahl mit der Dichte 7,9 $\frac{g}{cm^3}$.

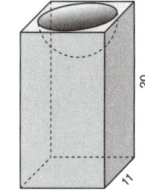

a) Berechne die Masse.
b) Berechne die Oberfläche.

Zu a)
Volumen Werkstück =
Volumen Quader – Volumen Halbkugel
- Das Volumen des Quaders mit a = 11 cm, b = 11 cm und c = 20 cm beträgt:
  V_Q = 11 cm · 11 cm · 20 cm = 2 420 cm³
- Das Volumen der Kugel mit dem Radius r = 5 cm beträgt:
  $V_K = \frac{4}{3} \cdot \pi \cdot (5\,cm)^3 = \frac{4}{3} \cdot \pi \cdot 125\,cm^3 \approx$ 523,6 cm³
- Das Volumen des Werkstücks beträgt dann
  $V_Q - \frac{1}{2} V_K$ = 2 420 cm³ – 261,8 cm³ = 2 158,2 cm³

Da jeder Kubikzentimeter Stahl 7,9 g wiegt, ergibt sich die **Masse** m des Werkstücks aus:
m = 7,9 $\frac{g}{cm^3}$ · 2 158,2 cm³ = 17 049,78 g ≈ **17 kg**

Zu b)

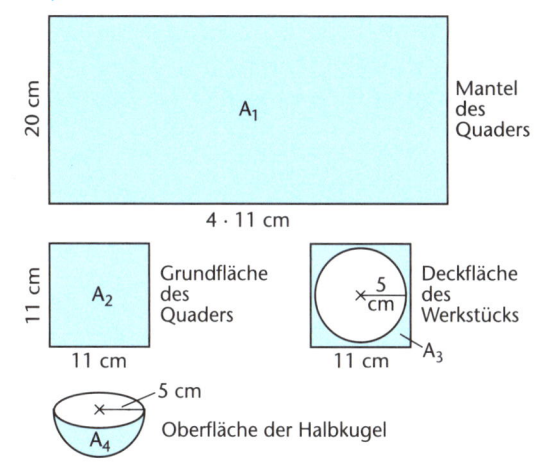

A_1 = 20 cm · 44 cm = 880 cm²
A_2 = (11 cm)² = 121 cm²
A_3 = 121 cm² – π · (5 cm)² ≈ 42,5 cm²
A_4 = 2 π r² → A_4 = 2 π · (5 cm)² ≈ 157,1 cm²

O = $A_1 + A_2 + A_3 + A_4$
O = 880 cm² + 121 cm² + 42,5 cm² + 157,1 cm²
O = 1200,6 cm²

Die **Oberfläche ist ca. 1200 cm²** groß.

---

1 Dieser Turm aus Holz steht als Modell vor dem Eingang zu einer Ausstellung.

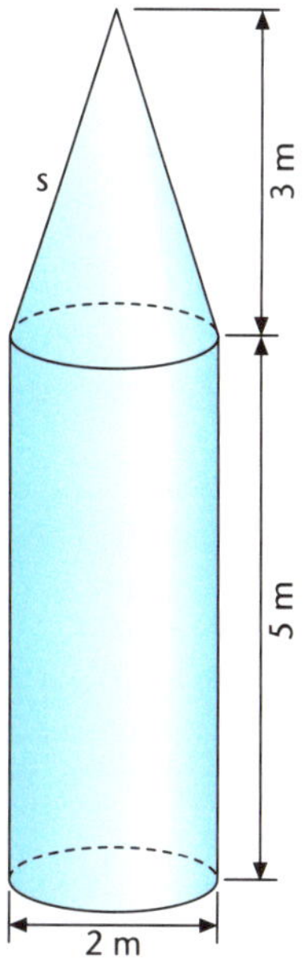

a) Jeder Kubikmeter Holz wiegt 0,7 t. Wie schwer ist das Modell insgesamt? Runde auf zehntel Tonne.

b) Das Modell soll einen Schutzanstrich erhalten, damit es vor der Witterung geschützt ist. Pro Quadratmeter wird ein halber Liter Farbe gebraucht. Wie viele Liter Farbe werden insgesamt benötigt?
Hinweis: Berechne zunächst s.

2 In den abgebildeten Holzzylinder wird ein 5 cm tiefes Loch mit dem Radius 2 cm gebohrt. 1 cm³ Holz wiegt 0,76 g. Berechne die Masse des Werkstücks.

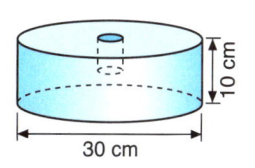

3 Die Skizze zeigt ein Werkstück aus Aluminium. Es besteht aus einer quadratischen Pyramide mit einer kegelförmigen Aushöhlung. Der Winkel zwischen den Seitenflächen und der Grundfläche beträgt 67°. Die Höhe des Kegels beträgt die Hälfte der Höhe der Pyramide.

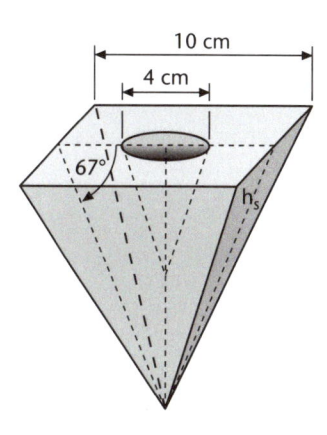

a) Wie groß ist die Körperhöhe der Pyramide?
b) Wie groß ist das Volumen des Werkstücks?
c) Ein Kubikzentimeter Aluminium wiegt 2,7 g. Berechne die Masse des Werkstücks in kg.

3 Straßenbahnfahrplan (von S. 42)

Der grafische Fahrplan gibt Auskunft über die Fahrt einer Straßenbahn vom Bahnhof (Bhf.) bis zum Tierpark mit den Zwischenhalten Rosentor, Nordheide und Stadion.

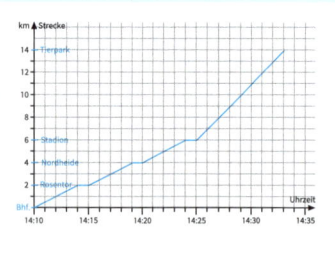

a) Gib die Entfernung zwischen den Haltestellen Bahnhof und Tierpark an.
b) Bestimme mithilfe der Grafik die Durchschnittsgeschwindigkeiten zwischen den Haltestellen.
c) Vervollständige mithilfe der Grafik den Fahrplan mit Ankunfts- und Abfahrtzeiten.

Zu a)
Die Entfernung zwischen den Haltestellen Bahnhof und Tierpark lässt sich aus dem Weg-Zeit-Diagramm ablesen. Sie **beträgt 14 km.**

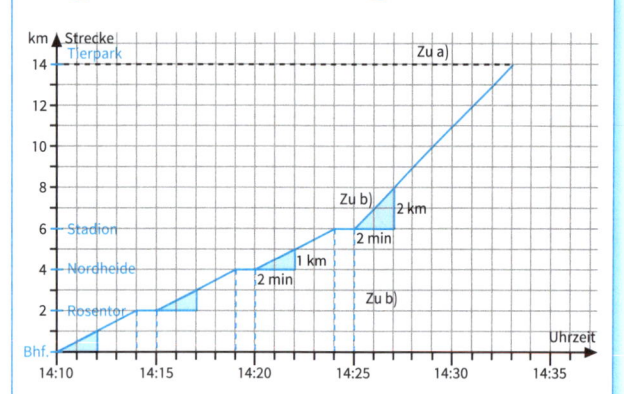

Zu b)
Je schneller die Straßenbahn fährt, desto steiler steigt der Graph an. Drei der vier Steigungsdreiecke sind kongruent, d. h., vom Bahnhof bis Stadion fährt die Straßenbahn zwischen den Haltestellen mit gleicher Durchschnittsgeschwindigkeit ($\frac{1\,km}{2\,min}$, also 30 $\frac{km}{h}$). Vom Stadion bis zum Tierpark fährt sie schneller ($\frac{2\,km}{2\,min}$, also 60 $\frac{km}{h}$).

Zu c)

		Uhrzeit
Bahnhof	ab	14:10
Rosentor	an	14:14
	ab	14:15
Nordheide	an	14:19
	ab	14:20
Stadion	an	14:24
	ab	14:25
Tierpark	an	14:33

---

1 Die Klasse 10a veranstaltet um 20.00 Uhr eine Party im Jugendheim. Ina und Paul machen sich mit dem Fahrrad auf den Weg.

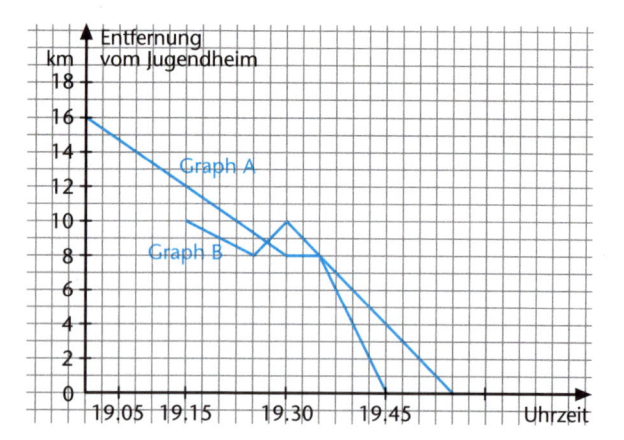

a) Ina startet 19.00 Uhr. Graph A beschreibt ihre Fahrt. Beurteile anhand dieser Darstellung, ob die Aussagen zutreffen können.

	Ja	Nein
Nach einer Viertelstunde hat Ina bereits 5 km zurückgelegt.	☐	☐
Nach 30 Minuten legt Ina eine Rast ein.	☐	☐
Anfangs fährt Ina durchschnittlich 8 $\frac{km}{h}$.	☐	☐

b) Paul beginnt seine Fahrt 15 Minuten nach Ina. Wie könnte seine Fahrt, die von Graph B dargestellt ist, verlaufen sein? Beschreibe.

c) Mit welcher konstanten Geschwindigkeit hätte Paul die gesamte Strecke fahren müssen, um zeitgleich mit Ina anzukommen?

2 Eine 8 km lange Wanderung führt die Klasse 10b auf das Nebelhorn.

> Die ersten Kilometer geht es nur leicht bergauf, und die Gruppe kommt gut voran. Dann fordert ein Klettersteig (K) die Kondition aller heraus. Gut, dass am Ende des Steigs eine Hütte (H) zur Rast einlädt. Von hier aus führt ein fast ebener Weg zum Gipfelkreuz (G).

a) Skizziere in einem Koordinatensystem einen zu der Beschreibung passenden Graphen für die Zuordnung *Zeit t → Weg s*.

b) Trage K, H und G am Graph ein.

4 Fahrradurlaub (von S. 43)

Die Grafik (siehe S. 43) zeigt, wie sich der Verbrauch eines Autos ändert, wenn man einen Dach- oder Heckträger (mit Fahrrädern) montiert.
a) Lennard behauptet, dass bei 80 $\frac{km}{h}$ der Verbrauch eines Autos mit zwei Fahrrädern auf dem Dachträger ungefähr doppelt so hoch ist wie bei einem Auto ohne Aufbau. Nimm Stellung zu dieser Aussage.
b) Um wie viel Prozent steigt bei 120 $\frac{km}{h}$ der Verbrauch, wenn man nicht mit einem leeren Dachträger, sondern mit einem Dachträger mit zwei Fahrrädern fährt?
c) Herr und Frau Tropper überlegen, ob sie auf dem Dachträger des Autos ihre beiden Fahrräder in den Urlaub nach Schweden mitnehmen. Herr Tropper fährt im Schnitt 100 $\frac{km}{h}$. Erstelle einen Graphen, der den Gesamtverbrauch für beide Varianten (mit und ohne Fahrräder) in Abhängigkeit von der zurückgelegten Strecke beschreibt.

Zu a)
Lennards **Aussage ist falsch.**
Man muss beachten, dass die y-Achse nicht bei 0 beginnt. Entsprechend muss man die Werte von 4 Liter bzw. 5 Liter pro 100 km vergleichen.

Zu b)
Bei 120 $\frac{km}{h}$ lesen wir ab:
Der Verbrauch mit leerem Dachgepäckträger liegt bei ca. 5,6 Liter pro 100 km, mit zwei Fahrrädern auf dem Dach bei ca. 7,1 Liter pro 100 km. Mit dem Dreisatz kann man nun den prozentualen Anstieg bestimmen:
5,6 Liter ≙ 100 %
1,0 Liter ≙ 17,86 %   (≈ 100 % : 5,6)
7,1 Liter ≙ 126,8 %   (≈ 17,86 % · 7,1)
Also steigt der Verbauch um **ungefähr 27 %.**

Zu c)

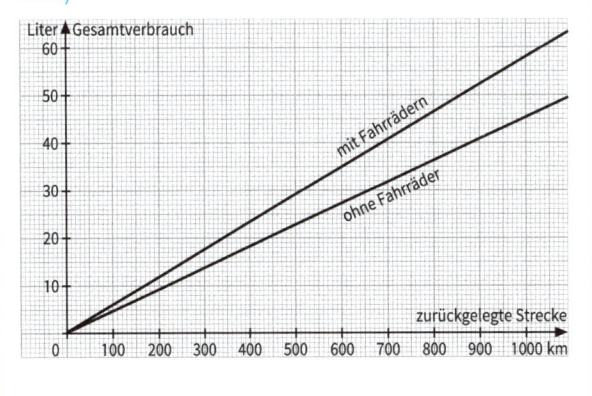

1
Die Grafik zeigt die Entwicklung der Aktie der Firma UV in den Monaten Januar bis Juni.

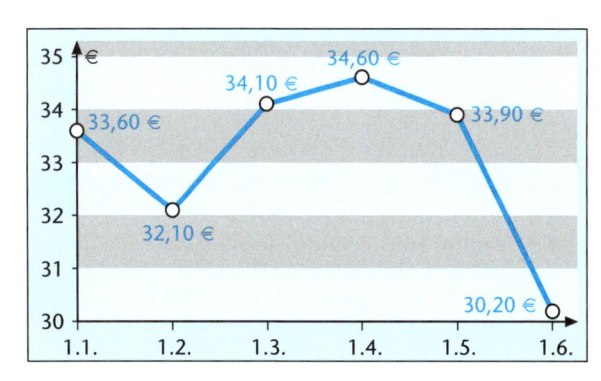

a) Um wie viel Prozent hat die Aktie der Firma UV vom 1. 5. bis 1. 6. verloren?

b) Im letzen Jahr hatte die Aktie der Firma durchschnittlich einen Wert von 33,65 €. Hat sie diesen Durchschnittswert auch in den dargestellten 6 Monaten erreicht?

c) Die Grafik vermittelt den Eindruck, als sei die Aktie der Firma UV vom 1. 5. bis 1. 6. so abgestürzt, dass sie fast nichts mehr wert ist. Wodurch entsteht dieser Eindruck?

d) Zeichne ein Säulendiagramm, das die Entwicklung des Aktienkurses vom 1. 1. bis 1. 6. realistisch darstellt.

2
Die Klasse 10a führte eine Befragung zur Computernutzung in zwei 7. Klassen durch.

	7a	davon befragt	7b	davon befragt
Mädchen	14	11	16	14
Jungen	16	13	16	12

a) Wie viel % der Schülerinnen und Schüler aus der Klasse 7a haben an der Umfrage teilgenommen?

b) Stelle für die Klasse 7b in einem Kreisdiagramm die Anteile der Jungen und Mädchen in der Klasse und die jeweiligen Anteile der Mädchen und Jungen, die befragt wurden, dar.

c) Von den Befragten nutzten den Computer 45 % für Emails, 84 % zum Chatten, 72 % zum Spielen und 38 % für Internetrecherchen. Ist es sinnvoller, die Umfrageergebnisse in einem Kreisdiagramm oder in einem Säulendiagramm darzustellen? Begründe deine Antwort.

5 Herzogstandbahn (von S. 43)

Der Kartenausschnitt zeigt ein Wandergebiet in der Nähe von München. Anhand der Höhenlinien kann man erkennen, wie steil das Gelände ist. Eine Höhenlinie verbindet jeweils Punkte der Erdoberfläche, die auf gleicher Höhe über dem Meeresspiegel (ü. M.) liegen. Wer sich den anstrengenden Aufstieg auf den Fahrenberg sparen will, benutzt den Sessellift. Die Herzogstandbahn bringt in nur 4 Minuten ihre Gäste von der Talstation am Walchensee auf den Fahrenberg.
Wie lang ist die Strecke, die eine Kabine bei ihrer Fahrt auf den Berg zurücklegt?

Die Länge der gesuchten Strecke ermittelt man mithilfe des Satzes des Pythagoras.

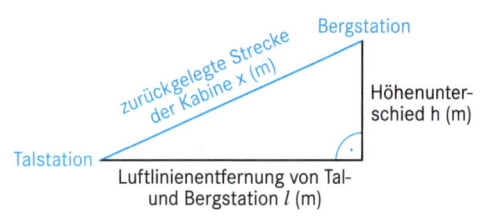

Zunächst bestimmen wir den Höhenunterschied zwischen Tal- und Bergstation.
An den Höhenlinien lesen wir ab:
Talstation 830 m ü. M.
Bergstation 1580 m ü. M.
Der Höhenunterschied h beträgt also 750 m.

Die Luftlinienentfernung (Entfernung über Grund) l zwischen Tal- und Bergstation bestimmt man mithilfe der
(1) Entfernungen der beiden Orte in der abgebildeten Karte und
(2) dem angegebenen Kartenmaßstab.

Zu (1) Der Abstand zwischen Tal- und Bergstation in der Karte beträgt 5 cm.
Zu (2) Der Maßstab 1 : 20 000 bedeutet:
1 cm auf einer Karte entsprechen 20 000 cm in der Wirklichkeit. Man muss die gemessene Strecke also mit 20 000 multiplizieren:
5 cm · 20 000 = 100 000 cm.
Die Entfernung l zwischen den beiden Orten beträgt in der Realität also etwa 1000 m.
Jetzt lässt sich die gesuchte Strecke x mit dem Satz des Pythagoras ermitteln:
$x^2 = h^2 + l^2$
$= (750 \text{ m})^2 + (1000 \text{ m})^2 = 1\,562\,500 \text{ m}^2$
$x \approx 1250$ m
Die Kabine legt also eine Strecke von ungefähr **1250 m** zurück.

---

1 Alpine Bergkletterer bereiten sich mit besonderen Karten auf eine Klettertour vor. Sie geben neben dem Start- und Zielpunkt auch die Schwierigkeitsgrade der einzelnen Etappen an. Die Abbildung zeigt die Beschreibung einer Steilwandtour an der Westwand des Sas Pordoi in den Dolomiten.

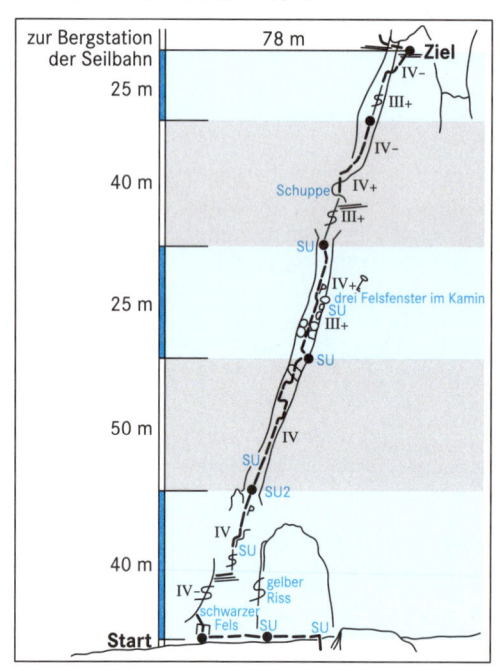

a) Wie viel Meter Höhenunterschied umfasst diese Klettertour?

b) Bestimme rechnerisch, welche Entfernung (in m) ein Kletterer vom Start- bis zum Zielpunkt ungefähr zurücklegt. Wie realistisch ist der berechnete Wert? Argumentiere.

2 Bei Skisprungwettbewerben werden häufig Seilkameras eingesetzt. Sie liefern Aufnahmen der Skispringer aus der Vogelperspektive und übertragen diese an verschiedene Fernsehsender. In der Skizze ist eine Seilkamera an einem Trageseil befestigt, das zwischen zwei 12 m hohen Stahlpfosten über die Sportstätte gespannt ist.
Wie lang ist das Trageseil?

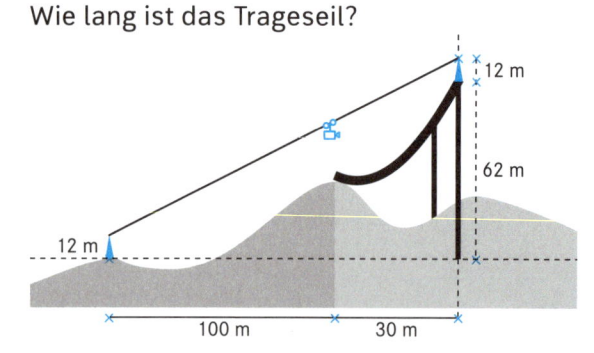

6 Konservendosen (von S. 44)

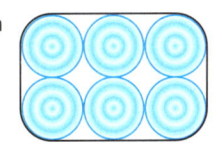

Sechs Konservendosen werden von einem Plastikband umfasst. Jede Dose hat einen Radius von 4 cm.
a) Berechne die Länge des Plastikbandes.
b) Reicht für Dosen mit doppeltem Radius ein doppelt so langes Plastikband? Begründe deine Antwort.

Zu a)
Zur Berechnung der Länge des Bandes unterteilt man es in gerade und gekrümmte Stücke.

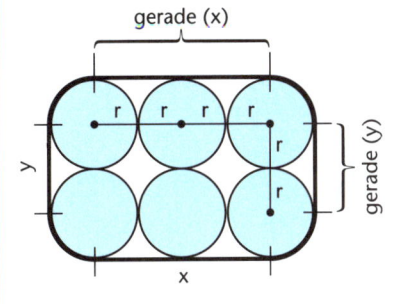

x = 4 · Radius   y = 2 · Radius
x = 4 · 4 cm   y = 2 · 4 cm
x = 16 cm   y = 8 cm

Die vier gekrümmten Stücke entsprechen jeweils dem Viertelkreis, bilden zusammen also einen ganzen Kreis, dessen Umfang zu berechnen ist.

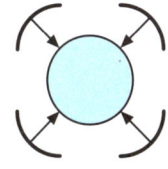

$u = 2\pi r$
$u = 2 \cdot \pi \cdot 4$ cm
$u \approx 25{,}1$ cm

Die Gesamtlänge des Bandes berechnet sich so:
$l = 2x + 2y + u$
$l \approx 2 \cdot 16$ cm $+ 2 \cdot 8$ cm $+ 25{,}1$ cm
$l \approx 73{,}1$ cm

Zu b)
Bei doppeltem Radius ergibt sich
x = 4 · 8 cm = 32 cm, y = 2 · 8 cm = 16 cm
und u = 2 · π · 8 cm = 50,3 cm.

Wegen $l = 2x + 2y + u$ ergibt sich nun:
$l = 2 \cdot 32$ cm $+ 2 \cdot 16$ cm $+ 50{,}3$ cm
$l = 146{,}3$ cm

Ein doppelt so langes Band reicht
(2 · 73,1 cm = 146,2 cm ≈ 146,3 cm).

---

1 Vier Konservendosen werden von einem Plastikband umfasst. Jede Dose hat einen Radius von 5 cm. Berechne die Länge des Plastikbandes.

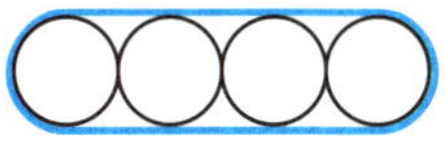

2 Sechs Konservendosen werden wie in der Abbildung gezeigt von einem Plastikband umfasst. Jede Dose hat einen Radius von 6 cm. Berechne die Bandlänge.

Hinweis: Das Lupenbild hilft dir bei der Lösung der Aufgabe. Überlege dazu, wie groß der Winkel α und demzufolge der Winkel β ist.

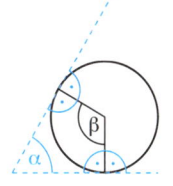

3 Der Kreis hat einen Radius von r = 8 cm.

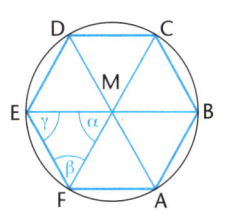

a) Berechne im Dreieck FME die Größe der Winkel.

b) Berechne den Umfang des regelmäßigen Sechsecks ABCDEF.

c) Um wie viel Prozent ist der Umfang des Kreises größer als der Umfang des regelmäßigen Sechsecks?

d) Welche Höhe hat das Trapez BCDE? Ermittle diese Höhe mit einer Zeichnung und berechne anschließend den Flächeninhalt des Trapezes.

e) Wie vergrößert sich der Flächeninhalt des Sechsecks, wenn der Radius des Umkreises verdoppelt wird? Wie vergrößert sich gleichzeitig der Umfang des Sechsecks?

4 Aus einer quadratischen Sperrholzplatte mit einer Fläche von 0,25 m² wird der größtmögliche Kreis ausgeschnitten.

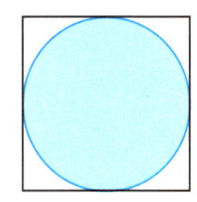

a) Berechne Flächeninhalt und Umfang des Kreises.

b) Wie viel Prozent der ursprünglichen Platte sind Abfall?

7 Gläser (von S. 44)

Ein Likörglas und ein Rotweinglas werden mit Wasser gefüllt.

a) Wie viele vollständig gefüllte Likörgläser werden benötigt, um das Rotweinglas bis zum Rand zu füllen?

b) Welcher der abgebildeten Graphen zeigt am besten, wie sich die *Höhe h* des Flüssigkeitsspiegels beim gleichmäßigen Befüllen des **Rotweinglases** in Abhängigkeit von der *Zeit t* ändert? Kreuze an.

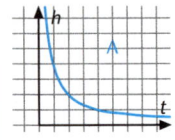

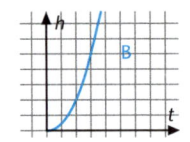

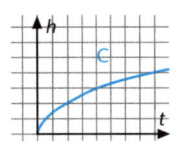

Zu a)
Zunächst muss das Volumen jedes Glases mit einem Term beschrieben werden.
– Der Kelch des Likörglases hat die Form eines auf die Spitze gestellten Kegels mit $r = \frac{1}{2}x$ und $h = x$. Also:
$V_{Likörglas} = \frac{1}{3} \cdot \pi \cdot (\frac{1}{2}x)^2 \cdot x = \frac{1}{3} \cdot \pi \cdot \frac{1}{4}x^2 \cdot x$
$= \frac{1}{12} \pi \cdot x^3$

– Der Kelch des Rotweinglases hat die Form einer Halbkugel mit $r = x$. Also:
$V_{Rotweinglas} = \frac{1}{2} \cdot \frac{4}{3} \cdot \pi \cdot x^3 = \frac{2}{3} \cdot \pi \cdot x^3$

Aus $(\frac{1}{12}\pi \cdot x^3) \cdot 8 = \frac{2}{3} \cdot \pi \cdot x^3$ folgt: **8** randvolle Likörgläser füllen das Rotweinglas.

Zu b)
Je höher ein Punkt des Graphen liegt, desto voller ist das Gefäß.

A: Zu Beginn nimmt die Füllhöhe für eine kurze Zeit rapide, später immer allmählicher ab.

B: Die Füllhöhe steigt zu Beginn ein wenig, später immer stärker an.

C: Der Flüssigkeitsspiegel steigt für kurze Zeit rasch, später immer weniger stark an.

Da das Rotweinglas nach oben zunehmend breiter wird und in gleicher Zeit stets die gleiche Flüssigkeitsmenge in das Glas fließt, steigt die Füllhöhe immer langsamer an.
Deshalb: Richtig ist C.

---

1 Ein quaderförmiger Behälter besitzt die in der Zeichnung angegebenen Innenmaße. Er wird langsam mit einer Flüssigkeit gefüllt. Pro Minute fließen 150 cm³ in den Behälter.

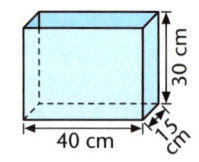

a) Welches Volumen hat der Behälter?

b) Nach wie vielen Minuten ist der Behälter voll?

c) Skizziere den Graphen der Funktion f: *Zeit x (in min) → Füllhöhe y (in cm)*.

★ d) Wie lautet die zu f gehörende Funktionsgleichung?

2 Auch der folgende Behälter wird langsam mit einer Flüssigkeit gefüllt.

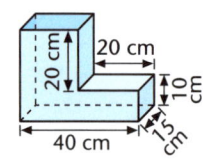

Es sollen in jeder Minute 150 cm³ in den Behälter fließen.

a) Nach wie vielen Minuten ist jetzt der Behälter bis zum Rand gefüllt?

b) Skizziere den Graphen dieses Füllvorgangs im Koordinatensystem.

3 Verschiedene Gefäße werden gleichmäßig mit Wasser gefüllt.

a) Ordne jedem Gefäß den Graphen zu, der dessen Füllvorgang am besten darstellt.

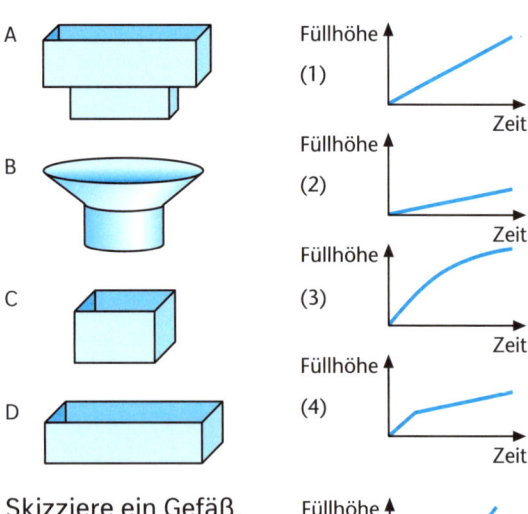

b) Skizziere ein Gefäß, dessen Füllvorgang zu diesem Graphen passt.

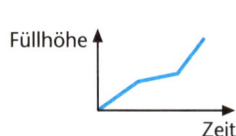

Lösungen zum Eingangstest und Übungsaufgaben | Teil B Komplexe Aufgaben

8 Agenturmeldung (von S. 44)

> Vor allem in Thüringen und Sachsen hängt oder liegt die *weiße Bluse* bei fast jeder neunten Frau (87,4 Prozent) im Schrank, ergab jetzt eine Umfrage.

Die nebenstehende Pressemeldung ist fehlerhaft. Begründe.

Die Meldung ist fehlerhaft, denn „jede neunte Frau" bedeutet:

👤👤👤👤👤👤👤👤👤

Bei einer von 9 Frauen hängt eine weiße Bluse im Schrank.
Unter 100 Frauen sind dann etwa 11 Frauen zu finden, bei denen eine weiße Bluse im Schrank hängt, also 11 von 100 oder 11 %.

Oder kürzer:
1 von 9 = $\frac{1}{9} \approx 0{,}11 = \frac{11}{100} = 11\,\%$

Laut Agenturmeldung ist die weiße Bluse als Kleidungsstück sehr beliebt, nämlich bei 87,4 % der Frauen, d. h. unter 100 Frauen gibt es etwa 87, unter 10 Frauen sind etwa 9 zu finden, bei denen eine weiße Bluse im Schrank hängt.

👤👤👤👤👤👤👤👤👤👤

Richtig müsste die Meldung also lauten:
„Vor allem in Thüringen und Sachsen hängt oder liegt die weiße Bluse bei **etwa 9 von 10 Frauen (87,4 Prozent)** im Schrank, ergab jetzt eine Umfrage."

Weitere Möglichkeit:
Da 87,4 % ≈ 88 % ≈ $\frac{8}{9}$ gilt, hätte man auch schreiben können:
„Vor allem in Thüringen und Sachsen hängt oder liegt die weiße Bluse **bei etwa 8 von 9 Frauen (87,4 Prozent)** im Schrank, ergab jetzt eine Umfrage."

---

1 Aus dem Mitteilungsblatt des FC Dribbel:

> In der vorletzten Saison gewann unsere 1. C-Jugend-Mannschaft jedes dritte Spiel. Die letzte Saison verlief deutlich besser. Nach jedem 6. Spiel verließ unsere Mannschaft als Sieger den Platz. Der Vereinsvorsitzende äußerte daher stolz: „Dies ist eine Steigerung um 50 %."

Was sagst du dazu?

2
> Fuhr vor einigen Jahren noch jeder zehnte Autofahrer zu schnell, so ist es heute ‚nur noch' jeder fünfte. Doch auch fünf Prozent sind zu viele, und so wird weiterhin kontrolliert, und die Schnellfahrer haben zu zahlen.

Die Meldung ist fehlerhaft. Begründe.

3 Zur Weltmeisterschaft 2010 veröffentlichte eine Zeitschrift folgende Grafik. Sie stellt die Ergebnisse einer Studie aus 626 Elfmetern vor. Die Kreise geben den Bereich an, auf den der Elfmeterschütze zielte. Der Prozentsatz in jedem Kreis gibt die Trefferquote an, die Zahl unten die Anzahl der Elfmeterschüsse.

Treffer bei einem Elfmeter

100% Treffer 16	100% 10	100% 10	100% 5	100% 17
91,38% 58	50% 28	84% 25	77,78% 18	84,79% 46
80,99% 163	42,11% 38	62,5% 16	61,23% 49	87,41% 127

Torversuche

a) Wohin sollte man schießen – besser in die Ecke unten links oder unten rechts? Nutze die angegebenen Daten, um deine Antwort zu begründen.

b) Thorsten meint: „Auf jeden Fall besser links als rechts vom Torwart!" Stimmt das?

c) In der Grafik gehört zur Trefferquote 100 % eine doppelt so große Kreisfläche wie zur Trefferquote 50 %. Angenommen, der 100-%-Kreis hat einen Durchmesser von 1 cm. Wie groß ist dann der Durchmesser des 50-%-Kreises?

9 Kugelstoßen (von S. 45)

Hier siehst du den ersten Teil der Flugbahn einer gestoßenen Kugel (Maße in m).

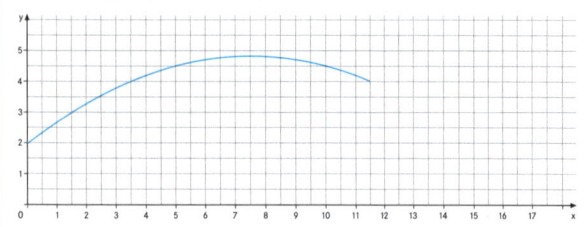

a) Lies am Graphen ab:
   (1) Welche maximale Höhe erreichte die Kugel?
   (2) In welcher Höhe wurde die Kugel abgestoßen?
b) Die Flugbahn kann näherungsweise mit der Funktionsgleichung $f(x) = -0,05x^2 + 0,75x + 2$ beschrieben werden. Berechne die Kugelstoßweite und vervollständige die Flugbahn.

Zu a)

(1) Die Kugel erreichte eine **maximale Höhe von ungefähr 4,80 m,** also knapp 5 m. Diese Flughöhe ist bei einer Entfernung vom Kugelstoßer von etwa 7,50 m – über dem Boden gemessen – erreicht.

(2) Die Kugel verlässt die Hand des Kugelstoßers in einer **Höhe von 2 m** (Punkt auf der y-Achse).

Zu b)

Wenn die Kugel auf den Boden aufprallt, ist die Flughöhe $f(x) = 0$. Zu lösen ist also die quadratische Gleichung

$$-0,05x^2 + 0,75x + 2 = 0 \qquad |:(-0,05)$$
$$x^2 - 15x - 40 = 0$$
$$p = -15 \quad q = -40 \rightarrow x_{1/2} = 7,5 \pm \sqrt{7,5^2 + 40}$$
$$x_{1/2} = 7,5 \pm \sqrt{96,25}$$
$$x_1 \approx 17,31 \qquad (x_2 \approx -2,31)$$

Die Kugelstoßweite beträgt **17,31 m.**

Das ist die **vollständige Flugbahn:**

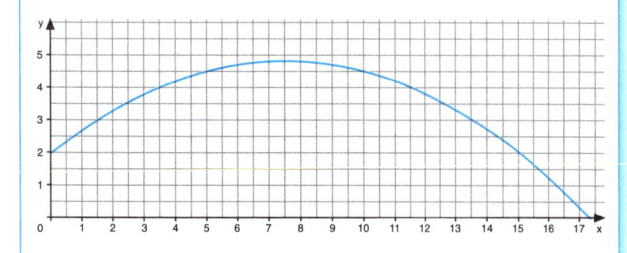

---

1 Ein Brückenbogen hat die Form einer Parabel mit der Gleichung $f(x) = y = -0,04x^2 + 38$

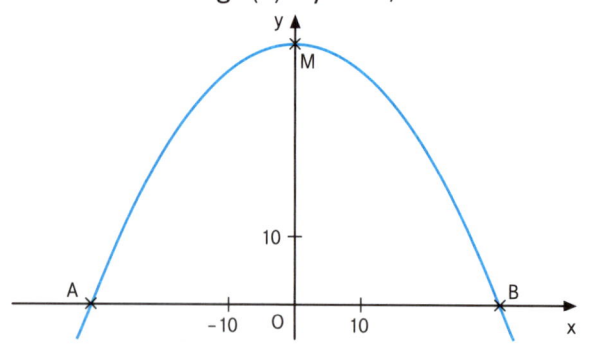

a) Wie lang ist die Strecke $\overline{OM}$?

b) Wie lang ist die Strecke $\overline{AB}$?

2 Die Zeichnung zeigt schematisch den Ablauf eines Weitsprungs. Das Gesäß des Springers bewegt sich etwa auf einer Parabel mit der Gleichung $y = -0,08x^2 + 0,4x + 0,7$.

Wie weit vom Absprung entfernt setzt der Springer im Sand auf?

3 Elke versucht einen Korbwurf. Trifft sie? Begründe.

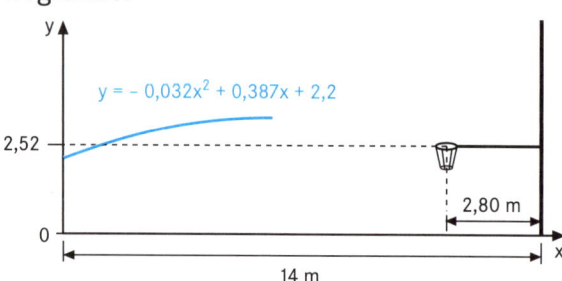

$y = -0,032x^2 + 0,387x + 2,2$

2,52

2,80 m

14 m

4 Das ist die Flugbahn eines Golfballes. Sie ist eine Parabel der Form $y = ax^2 + bx + c$.

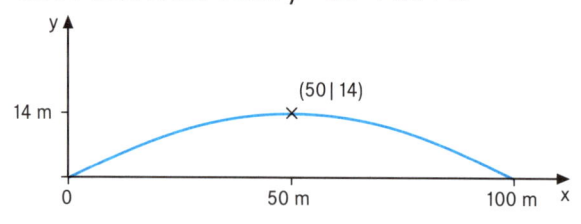

14 m, (50 | 14), 50 m, 100 m

a) Bestimme den Wert von c.

b) Berechne a und b mithilfe der Punkte (50 | 14) und (100 | 0).

c) Schreibe die Funktionsgleichung auf.

Lösungen zum Eingangstest und Übungsaufgaben | Teil B Komplexe Aufgaben | 61

10 Haus mit Satteldach (von S. 45)

Der Zeichnung kannst du die Außenmaße eines Einfamilienhauses entnehmen.

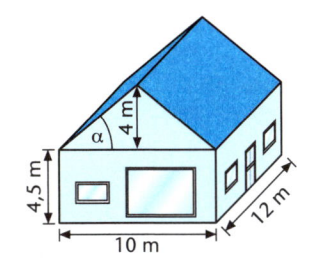

a) Berechne das Volumen des Hauses (umbauter Raum).
b) Wie groß ist die gesamte Dachfläche?
c) Berechne den Neigungswinkel α des Dachs.

Zu a)
Der untere Teil des Hauses ist ein Quader, der obere Teil ein Prisma mit einem Dreieck als Grundfläche G.

$V_1 = a \cdot b \cdot c$ $V_2 = G \cdot h$

$V_1 = 10\,m \cdot 4{,}5\,m \cdot 12\,m$ $V_2 = \frac{10\,m \cdot 4\,m}{2} \cdot 12\,m$

$V_1 = 540\,m^3$ $V_2 = 240\,m^3$

$V = V_1 + V_2$

$V = 540\,m^3 + 240\,m^3 = 780\,m^3$

Das Volumen des Hauses beträgt insgesamt **780 m³**.

Zu b)
Die Länge der Dachkante x wird mit dem Satz des Pythagoras berechnet.

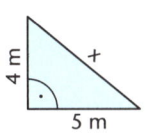

$x^2 = 4^2 + 5^2$
$x^2 = 41$
$x \approx 6{,}40\,m$ $x = \sqrt{41} = 6{,}4031\ldots$

$A = (6{,}40\,m \cdot 12\,m) \cdot 2 = 153{,}6\,m^2$

Die gesamte Dachfläche ist **153,6 m²** groß.

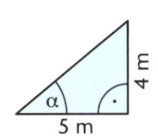

Zu c)
$\tan α = \frac{4}{5}$
$\tan α = 0{,}8$
$α = 38{,}659\ldots°$

Der Neigungswinkel des Daches beträgt rund **39°**.

---

1 Abgebildet ist ein gleichschenkliges Dreieck.

a) Berechne den Flächeninhalt des Dreiecks.
⋆ b) Berechne die Innenwinkel des Dreiecks.

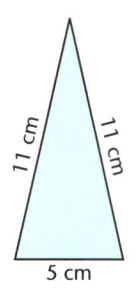

2 Das Werkstück aus Eisen ist ein Prisma mit einem gleichschenkligen Trapez als Grundfläche.

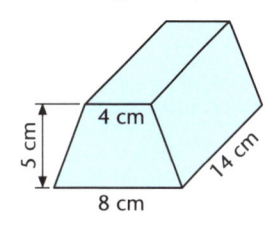

a) Berechne das Volumen des Werkstücks.
b) Berechne die Oberfläche des Werkstücks.
⋆ c) Berechne die Innenwinkel der Trapezfläche.

3 Abgebildet sind die Maße von Tor, Torraum und Strafraum eines Fußballfeldes. Das Tor ist 2,44 m hoch.

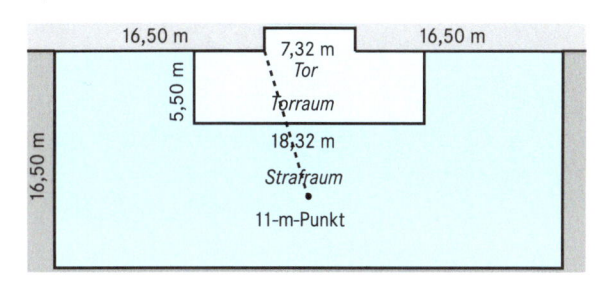

a) Wie groß ist der Strafraum eines Fußballfeldes außerhalb des Torraumes?
b) Vom Elfmeterpunkt wird ein Ball in gerader Linie gegen die obere linke Ecke geschossen, wo Pfosten und Latte zusammentreffen. Welchen Weg legt der Ball zurück?
⋆ c) Mit welchem Winkel hebt der Ball, dessen Weg in Teilaufgabe b) beschrieben ist, vom Boden ab?

⋆ **4** Berechne Flächeninhalt und Umfang des Parallelogramms.

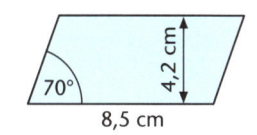

11 Nebenjobs (von S. 46)

Bei einer Umfrage unter 580 Zehntklässlern geben 30 % an, neben der Schule zu jobben. Insgesamt nehmen 348 Mädchen an der Umfrage teil. Von den befragten Mädchen haben 25 % einen Nebenjob.
a) Berechne den prozentualen Anteil der Mädchen und Jungen an den befragten Zehntklässlern.
b) Wie viele Mädchen haben keinen Nebenjob?
c) Wie viel Prozent der Jungen haben keinen Nebenjob?

Zu a)
348 der 580 Befragten sind Mädchen.
G = 580   W = 348   p % ist gesucht.
$p\% = \frac{W}{G} = \frac{348}{580} = 0{,}6 = 60\%$
Der prozentuale Anteil der **Mädchen** an den befragten Zehntklässlern beträgt **60 %.**
Also sind 40 % der befragten Zehntklässler Jungen.
Das sind 232 (= 580 − 348).

Zu b)
25 % (ein Viertel) der befragten 348 Mädchen geben an, einen Nebenjob zu haben. Das sind 348 : 4 = 87 Mädchen. Damit haben **261** (= 348 − 87) Mädchen keinen Nebenjob.

Zu c)
30 % der 580 befragten Zehntklässler haben einen Nebenjob.
G = 580   p % = 30 %   W ist gesucht.
W = G · p % = 580 · 30 % = 580 · 0,3 = 174
174 der befragten Zehntklässler haben also einen Nebenjob und **406** (= 580 − 174) haben keinen Nebenjob.
Von diesen 406 Zehntklässlern ohne Nebenjob sind 261 Mädchen (s. Teil b)), also haben 145 (= 406 − 261) Jungen keinen Nebenjob.
Da insgesamt 232 Jungen an der Befragung teilgenommen haben, entspricht dies einem Anteil von $\frac{145}{232} = 0{,}625 = 62{,}5\%$.
62,5 % der Jungen haben keinen Nebenjob.
In der folgenden Tabelle sind noch einmal alle Daten zusammengestellt.

	Mit Nebenjob	Ohne Nebenjob	
Mädchen	87	261	348
Jungen	87	145	232
	174	406	**580**

---

1 An einer Schule sind 55 % der Schülerinnen und Schüler Mädchen. 35 % der Mädchen kommen mit dem Fahrrad zur Schule. Insgesamt fahren 40 % mit dem Fahrrad zur Schule.

a) Vervollständige das Baumdiagramm.

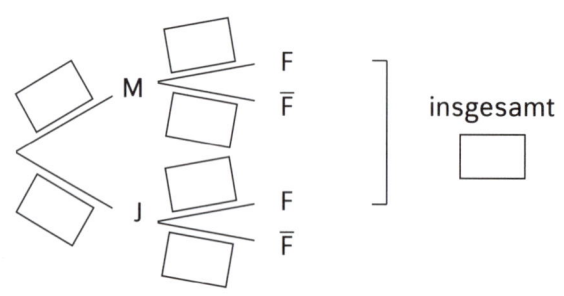

F: mit dem Fahrrad
$\overline{F}$: nicht mit dem Fahrrad

b) Berechne, wie viel Prozent der Jungen mit dem Fahrrad zur Schule kommen.

2 Bei einer Umfrage gaben 72 der 1200 Befragten an, Ökostrom zu beziehen. 32 % der Befragten waren älter als 40 Jahre. Von den unter 40-Jährigen bezogen 6,25 % Ökostrom.
Vergleiche den prozentualen Anteil der Ökostromnutzer in den beiden Altersgruppen.

3 Eine Tüte Lakritzkonfekt enthält 60 Stücke in zwei Geschmacksrichtungen: Kakao und Kokos. Zwei Drittel der Konfektstücke besitzen die Form eines Quaders, der Rest ist zylinderförmig. Ein Drittel des Konfekts hat Kakaogeschmack, 12 Konfektstücke sind zylinderförmig und schmecken nach Kokos.

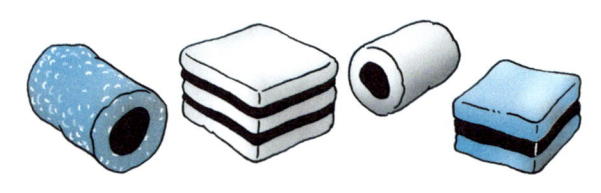

a) Wie viel % der Konfektstücke sind zylinderförmig?
b) Wie viele Konfektstücke sind zylinderförmig und schmecken nach Kakao?
c) Wie hoch ist die Wahrscheinlichkeit, ein quaderförmiges Konfekt mit Kokosgeschmack aus der vollen Tüte zu ziehen?

12 Kraftstoffkosten im Vergleich (von S. 46)

a) Berechne die unterschiedlichen Kraftstoffkosten für eine Fahrleistung von 10 000 km/Jahr. Veranschauliche die Kosten in einem Diagramm.

b) Für einen Liter Super (1,50 €) muss der Verbraucher eine Mineralölsteuer von 65,96 ct zahlen. Wie hoch ist der prozentuale Anteil dieser Steuer am Preis von Super?

c) Im Preis von einem Liter Diesel (1,40 €) sind 47,39 ct Mineralölsteuer enthalten. Frau Schmidt (Benzinfahrzeug) und Herr Groß (Dieselfahrzeug) fahren beide pro Jahr 15 000 km. Wie viel Euro zahlt Frau Schmidt jährlich mehr Mineralölsteuer?

Zu a)
Erdgas: $\frac{10\,000 \text{ km}}{241 \text{ km}} = \frac{E}{10\,€}$ → **E = 414,94 €**

Autogas: $\frac{10\,000 \text{ km}}{182 \text{ km}} = \frac{A}{10\,€}$ → **A = 549,45 €**

Diesel: $\frac{10\,000 \text{ km}}{173 \text{ km}} = \frac{D}{10\,€}$ → **D = 578,03 €**

Super: $\frac{10\,000 \text{ km}}{111 \text{ km}} = \frac{S}{10\,€}$ → **S = 900,90 €**

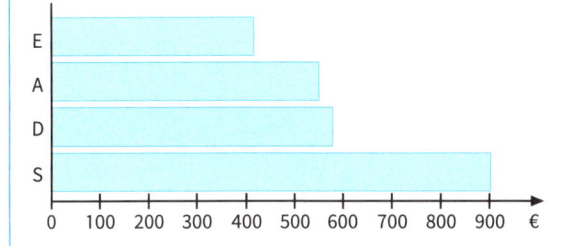

Zu b) $p\% = \frac{65{,}96 \text{ ct}}{150 \text{ ct}} \approx 0{,}4397 = \mathbf{43{,}97\,\%}$

Der Anteil der Steuer am Benzinpreis beträgt **43,97 %**.

Zu c)

① $p\% = \frac{47{,}39 \text{ ct}}{140 \text{ ct}} \approx 0{,}3385 = 33{,}85\,\%$ Steueranteil bei Diesel

② Gesamtkosten bei 15 000 km:
Super: 900,90 € · 1,5 = 1351,35 €
Diesel: 578,03 € · 1,5 = 867,05 €
  Kosten bei 10 000 km (siehe a)

③ Steueranteile:
Frau Schmidt: 43,97 % von 1351,35 €
    ≈ **594,19 €**
Herr Groß: 33,85 % von 867,05 €
    ≈ **293,50 €**

Frau Schmidt zahlt 300,69 € mehr Steuern.

---

1 Ein Routenplaner zeigt für die Strecke von Köln nach Dortmund mit dem Auto 95 km an und nennt eine Fahrtzeit von 1 Stunde 30 Minuten. Der Regionalexpress fährt die etwas längere Bahnstrecke mit einer Durchschnittsgeschwindigkeit von 72 $\frac{km}{h}$ in der gleichen Zeit. Wie lang ist die Bahnstrecke?

2 Das Schaubild gibt an, wie viel die Bundesbürger für Waren und Dienstleistungen des täglichen Bedarfs ausgeben, wenn 1000 € zu Grunde liegen.

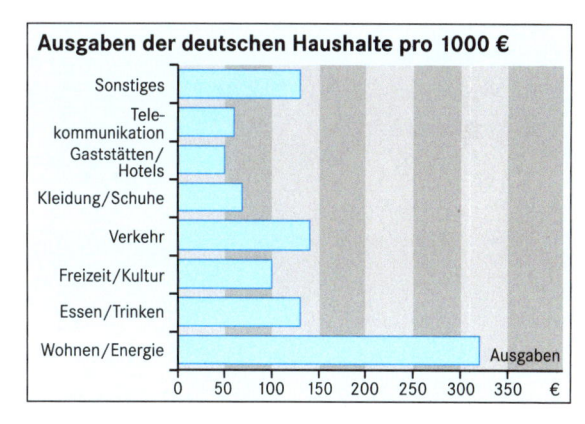

a) Aus dem Schaubild kann folgender Vergleich herausgelesen werden: „Für Wohnen/Energie geben die Bundesbürger etwa dreimal so viel aus wie für Freizeit/Kultur." Stelle mithilfe des Schaubilds mindestens drei weitere Vergleiche an.

b) Familie Wagner hat jährlich rund 30 000 € zur Verfügung. Ihre Ausgaben entsprechen ungefähr den durchschnittlichen Ausgaben deutscher Haushalte. Wie viel Geld würde Familie Wagner nach dem abgebildeten Modell für Wohnen/Energie im Jahr ausgeben, wie viel für Verkehr?

13 Seitenlängen beim Quadrat (von S. 47)

Welche Aussagen sind falsch? Begründe, warum sie falsch sind.
(1) Verdoppelt man die Seitenlänge eines Quadrats, so vervierfacht sich der Umfang.
(2) Verdoppelt man die Seitenlänge eines Quadrats, so vervierfacht sich der Flächeninhalt.
(3) Verdreifacht man die Seitenlänge eines Quadrats, so verdreifacht sich der Umfang.
(4) Verdreifacht man die Seitenlänge eines Quadrats, so verdreifacht sich der Flächeninhalt.

Aussage (1) ist **falsch**:
$u_1 = 4a \qquad u_2 = 4 \cdot 2a = 8a$
8a ist nur das Doppelte von 4a.

Aussage (2) ist **richtig**:
$A_1 = a^2 \qquad A_2 = (2a)^2 = 2a \cdot 2a = 4a^2$
$4a^2$ ist das Vierfache von a^2.

Aussage (3) ist **richtig**:
$u_1 = 4a \qquad u_3 = 4 \cdot 3a = 12a$
12a ist das Dreifache von 4a.

Aussage (4) ist **falsch**:
$A_1 = a^2 \qquad A_3 = (3a)^2 = 3a \cdot 3a = 9a^2$
$9a^2$ ist sogar das 9-fache von a^2.

Verdreifacht man dagegen bei einem Würfel die Kantenlänge, hat das folgende Auswirkung auf das Volumen:

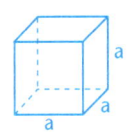

$V = a^3 \qquad V_3 = (3a)^3 \qquad V_3 = 27a^3$

Verlängert man bei einer Fläche oder einem Körper alle Kanten um den Faktor k, so wächst:
– der Umfang der Fläche um das k-fache,
– der Flächeninhalt bzw. die Oberfläche um das k^2-fache,
– das Volumen des Körpers um das k^3-fache.

Beispiel:
Bei einem Kegel mit dem Radius r und der Höhe h werden beide Maße verdoppelt. Wie ändert sich das Volumen?
Der vergrößerte Kegel hat den Radius 2r und die Höhe 2h.

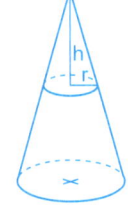

Es gilt: $V = \frac{\pi}{3} r^2 h \qquad V = \frac{\pi}{3} \cdot (2r)^2 \cdot 2h$

$$V = \frac{\pi}{3} \cdot 8r^2 h$$

Das Volumen ist 8-mal so groß.

---

1 Wie ändert sich der Umfang eines Rechtecks, wenn man Länge und Breite verdoppelt?
☐ Der Umfang verdoppelt sich.
☐ Der Umfang vervierfacht sich.
☐ Der Umfang verachtfacht sich.

2 Wie ändert sich der Flächeninhalt eines Kreises, wenn man den Radius vervierfacht?
☐ Der Flächeninhalt verdoppelt sich.
☐ Der Flächeninhalt vervierfacht sich.
☐ Der Flächeninhalt verachtfacht sich.
☐ Der Flächeninhalt versechszehnfacht sich.

3 Wie ändert sich das Volumen eines Würfels, wenn man seine Kantenlänge halbiert?

★ **4** Abgebildet sind eine große Kugel und vier kleine Kugeln, die nur halb so hoch sind. 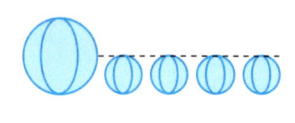
Die fünf Kugeln sind aus demselben Material. Die große Kugel wiegt 7 kg. Wie viel wiegen die vier kleinen Kugeln zusammen?

5 Beim abgebildeten Quader werden die Kantenlängen a, b und c verdoppelt. 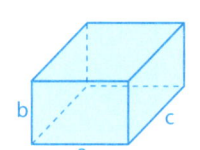
a) Wie ändert sich die Oberfläche des Quaders?
b) Wie ändert sich das Volumen des Quaders?

★ **6** Die abgebildete Holzpyramide ist 24 cm hoch und wiegt 2 kg. 6 cm unterhalb der Spitze wird parallel zur Grundfläche ein Schnitt durch die Pyramide gelegt.

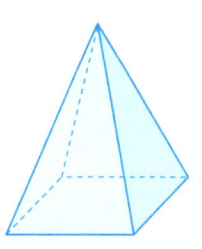

a) Wie schwer ist die abgeschnittene Spitze, die ja ebenfalls eine Pyramide ist?
b) Welchen Bruchteil von der Oberfläche der gesamten Pyramide beträgt die Oberfläche der Spitze?

☐ $\frac{1}{2}$ ☐ $\frac{1}{16}$
☐ $\frac{1}{4}$ ☐ $\frac{1}{32}$
☐ $\frac{1}{8}$ ☐ $\frac{1}{64}$

★ 14 Tonnenschwere Goldmünze (von S. 47)

Zwei Zeitungen berichteten im Oktober 2011 über die größte Goldmünze der Welt.

(1) „Eine Tonne schwer und 80 cm Durchmesser, reines Gold im Wert von 55 Millionen US-Dollar."

(2) „… sie ist 80 cm hoch, 12 cm dick, 1 Tonne schwer und zu 99,99 Prozent aus Feingold. Ihr Materialwert liegt bei 34 000 000 €."

a) Vergleiche die Angaben zum Materialwert der Meldungen (1) und (2). Bestimme den Wechselkurs zwischen Euro und Dollar für Oktober 2011.

b) Stimmt die angegebene Dicke in (2) mit den in (1) genannten Maßen überein? Rechne bei Gold mit einer Dichte von 19,3 $\frac{g}{cm^3}$.

c) Löse die Formel für das Volumen eines Zylinders nach r auf. Berechne damit den Radius r einer solchen Goldmünze, die dieselbe Dicke hat, aber nur halb so schwer ist.

Zu a)

Euro	US-Dollar
34 000 000	55 000 000
34	55
1	$\frac{55}{34} \approx 1{,}6176$

Im Oktober 2011 betrug der Wechselkurs zwischen Euro und Dollar **1,6176**. Für 1 Euro erhielt man 1,62 US-Dollar.

Zu b)

(1) $V = \frac{\text{Masse}}{\text{Dichte}} = \frac{1\,t}{19{,}3\,\frac{g}{cm^3}} = \frac{1\,000\,000\,g}{19{,}3\,\frac{g}{cm^3}}$

$V \approx 51\,813{,}5\ cm^3$

Wegen $V = \pi \cdot r^2 \cdot h$ gilt:

$h = \frac{V}{\pi \cdot r^2} \approx \frac{51\,813{,}5\ cm^3}{\pi \cdot (40\ cm)^2}$, **h ≈ 10,3 cm**

Dabei ist h die Dicke der Münze. Die Angaben stimmen also **nicht** überein.

Zu c)

$V = \pi \cdot r^2 \cdot h \rightarrow r^2 = \frac{V}{\pi \cdot h} \rightarrow r = \sqrt{\frac{V}{\pi \cdot h}}$

Halbe Masse bedeutet halbes Volumen.

$V = \frac{51\,813{,}5\ cm^3}{2} = 25\,906{,}75\ cm^3$

$h = 10{,}3\ cm$

$r = \sqrt{\frac{25\,906{,}75\ cm^3}{p \cdot 10{,}3\ cm}} \approx 28{,}3\ cm$

Der Radius beträgt **28,3 cm**.

★ 1

LOS ANGELES, 21. Mai 2010
Für die Rekordsumme von 7,85 Mio. Dollar (6,36 Mio. €) ist in Kalifornien jetzt ein Silberdollar aus dem Jahr 1794 verkauft worden. Von den Münzen wurden 1758 geprägt. Die jetzt verkaufte ist die älteste von den 150, die es noch gibt.

Flowing Hair Dollar

Masse	27 g
Durchmesser	39 bis 40 mm
Zusammensetzung	90 % Silber 10 % Kupfer
Prägung	1794 bis 1795

a) Bestimme anhand der Angaben im Nachrichtentext den Wechselkurs zwischen Euro und Dollar im Mai 2010.

b) Silber besitzt eine Dichte von 10,5 $\frac{g}{cm^3}$, Kupfer von 8,9 $\frac{g}{cm^3}$. Für die Silberlegierung des Flowing Hair Dollars wird die Dichte mit 10,34 $\frac{g}{cm^3}$ angegeben. Erkläre.

c) Bestimme die Dicke der Münze.

d) 1 Gramm der Silberlegierung hatte Ende Mai 2010 einen Materialwert von etwa 0,80 €. Wie viel Prozent des Materialwerts des Flowing Hair Dollars entspricht die Rekordsumme aus dem Verkauf?

★ 2

Beim Aufschütten von Salz, Getreide, Sand usw. entstehen Schüttkegel. Wie hoch und wie breit ein Kegel wird, hängt von dem so genannten Böschungswinkel des Materials ab. Bei Mehl beträgt dieser Winkel zwischen Seitenlinie und Durchmesser ca. 45°. Der abgebildete Mehlkegel besteht aus 250 g Mehl, sein Durchmesser beträgt etwa 12 cm.

a) Wie viel wiegt ungefähr 1 cm³ Mehl?

b) Wie hoch wäre der Kegel, wenn statt 250 g die doppelte Menge verwendet worden wäre?

⭐ 15 Kapitalanlage (von S. 47)

Zur Konfirmation erhält Henrik 1000 € von seinen Großeltern. Er legt das Geld zu 1,5 % an und will den Betrag so lange unangetastet lassen, bis sich sein Anfangskapital verdoppelt hat.
a) Wie viele Jahre muss Henrik warten?
b) In welcher Zeit würde sich bei gleicher Verzinsung ein Kapital von 10 000 € verdoppeln?

Zu a)
Um zu berechnen, in wie vielen Jahren das Anfangskapital von 1000 € bei einem Zinssatz von 1,5 % auf ein Endkapital von 2000 € anwächst, überlegt man sich:

Anfangskapital 1000,0 €
↓ · 1,015
Kapital nach 1 Jahr 1015,00 €
↓ · 1,015   · $1{,}015^2$
Kapital nach 2 Jahren 1030,225 €   · $1{,}015^x$
Kapital nach x Jahren 2000,00 €

Die Anzahl der Jahre bis zur Verdoppelung des Anfangskapitals auf 2000 € liefert demnach die Gleichung:

$$1000\ \text{€} \cdot 1{,}015^x = 2000\ \text{€} \quad | : 1000\ \text{€}$$

$$1{,}015^x = \frac{2000\ \text{€}}{1000\ \text{€}}$$

$$1{,}015^x = 2$$

Lösen der Gleichung:
① durch probierendes Einsetzen von ganzzahligen Exponenten
   oder
② durch Logarithmieren
   $x \cdot \log 1{,}015 = \log 2 \quad | : \log 1{,}015$
   $x = \frac{\log 2}{\log 1{,}015} \approx 46{,}6$

Die Antwort lautet also:
Henrik muss etwa **47 Jahre** bis zur Verdoppelung seines Anfangskapitals warten.

Zu b)
Die Lösung zu a) zeigt, dass die Höhe des Betrages keinen Einfluss auf die Verdoppelungszeit hat. Richtig ist daher: Auch ein Kapital von 10 000 € verdoppelt sich bei einem Zinssatz von 1,5 % in etwa **47 Jahren**.

⭐ **1** Berechne die fehlenden Angaben mithilfe der Zinseszinsformel: $K_n = K_0 \cdot (1 + \frac{p}{100})^n$.

	a)	b)	c)
Kapital (K_0)	2000 €		1560 €
Zinssatz (p %)	1,4 %	1,6 %	1,5 %
Laufzeit (n)	4 Jahre	1 Jahr	
Endkapital (K_n)		751,84 €	1705,77 €

⭐ **2** Legt man einen Betrag von 2000 € fest zu 1,6 % Zinsen an, so verdoppelt sich das Kapital durch Zins und Zinseszins nach etwa 44 Jahren. Wie viele Jahre dauert es ungefähr, bis sich das Kapital vervierfacht hat?
☐ etwa 66 Jahre   ☐ etwa 100 Jahre
☐ etwa 88 Jahre   ☐ etwa 135 Jahre

⭐ **3** Im Diagramm ist die Entwicklung eines Anfangskapitals von 500 € bei einem festen Zinssatz über mehrere Jahre dargestellt. Das Endkapital y nach x Jahren kann durch die Gleichung
$y = 500 \cdot (1 + \frac{p}{100})^x$ berechnet werden.

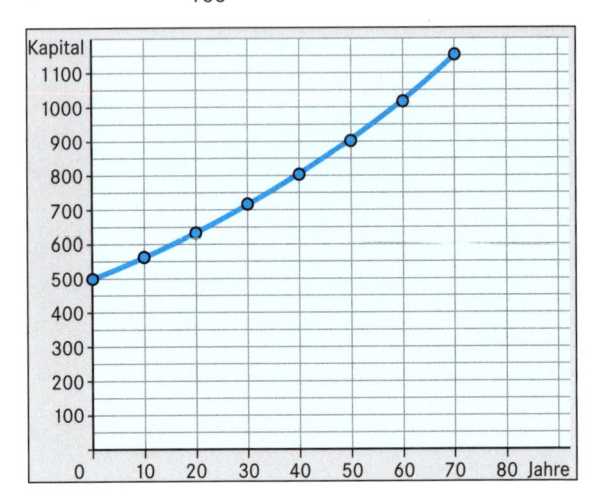

a) Lies aus dem Diagramm ab, nach welcher Zeit sich das Anfangskapital verdoppelt hat.

b) Gib an, zu welchem gleichbleibenden Zinssatz das Anfangskapital angelegt wurde. Notiere deine Rechnung. Runde das Ergebnis auf Zehntel %.

c) Wie lange würde es bei gleicher Verzinsung dauern, bis sich ein Kapital von 50 000 € verdoppelt hätte?

⑯ Zwei Würfel (von S. 48)

Es wird gleichzeitig mit einem blauen und einem schwarzen Würfel gewürfelt.
Das Ergebnis (3|5) bedeutet: Mit dem blauen Würfel wurde eine 3 und mit dem schwarzen Würfel eine 5 gewürfelt.
a) Wie viele Ergebnisse sind möglich?
b) Wie groß ist die Wahrscheinlichkeit für das Ergebnis (3|5)?
c) Wie groß ist die Wahrscheinlichkeit, einen Pasch, d. h. zwei gleiche Zahlen, zu würfeln?

Zu a)
Die möglichen Ergebnisse kann man sich in einer Tabelle darstellen.

	1	2	3	4	5	6
1	(1|1)	(1|2)	(1|3)	(1|4)	(1|5)	(1|6)
2	(2|1)	(2|2)	(2|3)	(2|4)	(2|5)	(2|6)
3	(3|1)	(3|2)	(3|3)	(3|4)	(3|5)	(3|6)
4	(4|1)	(4|2)	(4|3)	(4|4)	(4|5)	(4|6)
5	(5|1)	(5|2)	(5|3)	(5|4)	(5|5)	(5|6)
6	(6|1)	(6|2)	(6|3)	(6|4)	(6|5)	(6|6)

Das blau unterlegte Feld zeigt das Wurfergebnis: schwarzer Würfel 5, blauer Würfel 3.

Es gibt 6 · 6 = **36 mögliche Ergebnisse.**

Zu b)
(1) Von den 36 möglichen Ergebnissen ist nur ein einziges Ergebnis (3|5). $P(3|5) = \frac{1}{36}$

(2) Das Würfeln mit zwei Würfeln kann als zweistufiger Versuch aufgefasst werden. Für das Ergebnis (3|5) können wir ein vereinfachtes Baumdiagramm zeichnen.

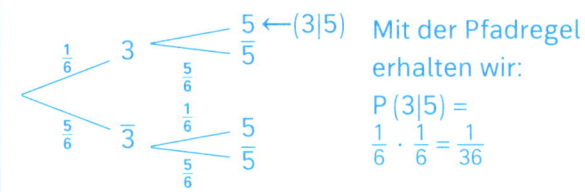

Mit der Pfadregel erhalten wir:
$P(3|5) = \frac{1}{6} \cdot \frac{1}{6} = \frac{1}{36}$

Zu c)
Es gibt die sechs Pasche (1|1), (2|2), (3|3), (4|4), (5|5) und (6|6).

$P(\text{Pasch}) = \frac{6}{36}$ $P(\text{Pasch}) = \frac{1}{6}$

---

① ★ Es wird mit den beiden Würfeln aus der nebenstehenden Aufgabe ⑯ gewürfelt. Benutze zur Beantwortung der folgenden Fragen die Tabelle aus der Lösungsspalte der Aufgabe ⑯.

a) Wie groß ist die Wahrscheinlichkeit, zwei verschiedene Zahlen zu würfeln?

b) Wie groß ist die Wahrscheinlichkeit, mindestens die Augensumme 10 zu würfeln?

c) Wie groß ist die Wahrscheinlichkeit, zwei ungerade Zahlen zu würfeln?

② ★ Herr Schmidt und Frau Schäfer würfeln abwechselnd mit zwei Würfeln, Frau Schäfer beginnt. Sie muss versuchen, die Augensumme 12 zu erzielen, Herr Schmidt ist erfolgreich mit der Augensumme 7.
Das Spiel ist zu Ende, wenn Frau Schäfer 3-mal die Augensumme 12 oder Herr Schmidt 15-mal die Augensumme 7 erzielt hat.
Begründe, wer von den beiden die besseren Gewinnchancen hat.

③ ★ Abgebildet sind die Netze von zwei Würfeln, mit denen gleichzeitig gewürfelt wird.

(1)   (2)

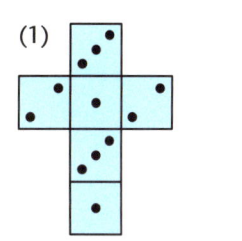

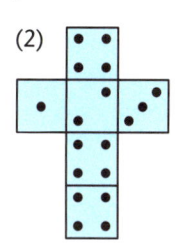

a) Wie groß ist die Wahrscheinlichkeit, eine gerade Augensumme zu würfeln?

b) Wie groß ist die Wahrscheinlichkeit, zwei gleiche Zahlen zu würfeln?

c) Wie groß ist die Wahrscheinlichkeit, die Augensumme 6 zu würfeln?

④ ★ Die vier Könige eines Skatspiels werden gemischt und verdeckt auf den Tisch gelegt. Du drehst nacheinander zwei der vier Spielkarten um. Wie groß ist die Wahrscheinlichkeit,

a) die beiden schwarzen Könige umzudrehen?

b) einen roten und einen schwarzen König in beliebiger Reihenfolge umzudrehen?

17 Die Welt als Dorf (von S. 48)

Die unten stehende Grafik vergleicht die Entwicklung der Bevölkerung auf der Welt mit einem Dorf.

Die Welt als Dorf

2015 — Stellt man sich die Weltbevölkerung des Jahres 2015 (etwa 7 Milliarden Menschen) als Dorf mit 100 Einwohnern vor, dann ...

...lebten dort:
60 Asiaten
16 Afrikaner
10 Europäer
8 Lateinamerikaner
1 Ozeanier und
5 Nordamerikaner.

Zukunft 2050 — Im Jahr 2050 würden bereits 133 Menschen im Dorf leben.

Davon wären:
73 Asiaten
33 Afrikaner
10 Europäer
10 Lateinamerikaner
1 Ozeanier und
6 Nordamerikaner.

a) Wie groß war im Jahr 2015 der prozentuale Anteil der Lateinamerikaner an der Gesamtbevölkerung des 100-Einwohner-Dorfes?

b) „Auf allen Kontinenten nimmt die Zahl der Dorfbewohner bis zum Jahr 2050 zu". Stimmt das?

★c) Laut Angaben der UN-Statistik vermehrt sich die Menschheit zurzeit um 1,1 % pro Jahr. Überprüfe rechnerisch, ob die Angaben für 2050 in der Grafik mit dem beschriebenen Wachstum von 1,1 % pro Jahr übereinstimmen. Beschreibe deinen Lösungsweg.

Zu a)
8 von 100 Einwohnern des Weltdorfes sind Lateinamerikaner, also $\frac{8}{100}$ = **8 %**

Zu b)
In Ozeanien und Europa nimmt die Einwohnerzahl nicht zu. **Die Aussage stimmt also nicht.**

Zu c)
Um die Angaben in der Grafik zu überprüfen, nutzt man den Wachstumsfaktor der laut UN-Statistik 1,011 (1 + p %) beträgt.

Erdteil	Einwohnzahl im Jahr 2050	
	lt. Wachstumsfaktor	lt. Grafik
Afrika	$16 \cdot 1{,}011^{35} \approx 23$	33
Nordamerika	$5 \cdot 1{,}011^{35} \approx 7$	6
Europa	$10 \cdot 1{,}011^{35} \approx 14$	10
Lateinamerika	$8 \cdot 1{,}011^{35} \approx 11$	10
Ozeanien	$1 \cdot 1011^{35} \approx 1$	1
Asien	$60 \cdot 1{,}011^{35} \approx 87$	73

Nur für Ozeanien stimmen die berechneten Werte mit den Angaben in der Grafik überein. Gründe hierfür sind, dass sich das Bevölkerungswachstum von Jahr zu Jahr verändert und diese Änderung auf jedem Kontinent unterschiedlich ausfallen kann. Bei der Rechnung nimmt man aber an, dass sich der aktuelle Wachstumsfaktor 35 Jahre lang nicht verändert, und zwar in allen Kontinenten.

★ **1** Unter günstigen Bedingungen vermehren sich Fruchtfliegen täglich um 25 %. Angenommen, anfangs waren es 10 Fruchtfliegen.

a) Wie viele Fruchtfliegen sind es nach 7 Tagen?

b) Bestimme den Zeitraum, in dem sich die Anzahl der Fruchtfliegen verhundertfacht.

★ **2** Im Jahr 2013 hatte China 1,36 Mrd. Einwohner, Indien 1,24 Mrd. Einwohner. Damit lebte mehr als ein Drittel der gesamten Weltbevölkerung von ungefähr 7 Milliarden Menschen in diesen beiden Ländern. In China wächst derzeit die Bevölkerung um 1,014 % pro Jahr, in Indien beträgt das Bevölkerungswachstum rund 1,7 %.

a) Wie viele Menschen werden bei einem angenommenen jährlichen Wachstum von 1,014 % im Jahr 2050 in China leben?

b) Angenommen, in beiden Ländern bleibt es bei der derzeitigen Wachstumsrate. Bestimme das Jahr, in dem Indien dann erstmals vor China hinsichtlich der Einwohnerzahl auf dem 1. Platz der Länder steht.

★ **3** Gute Unterwasserfotos sind nur bei ausreichend guten Lichtverhältnissen möglich. Selbst bei klaren Gewässern nimmt die Lichtstärke an der Oberfläche (L_0) pro Meter Wassertiefe um etwa 10 % ab.

a) An der Wasseroberfläche beträgt die Lichtstärke 1. Gib die Lichtstärken für Wassertiefen von 1 m, 2 m, 3 m, 4 m, 5 m an.

b) Inas Unterwasserkamera benötigt 50 % der Lichtstärke 1, um gute Aufnahmen zu machen. Ab welcher Tauchtiefe sollte Ina auf Unterwasserfotos verzichten?

c) Mit welcher Funktion kann die Lichtstärke L für jede Wassertiefe x (in m) in Abhängigkeit von der Lichtstärke an der Oberfläche (L_0) berechnet werden? Kreuze an.

☐ $L(x) = L_0 - 0{,}9^x$ ☐ $L(x) = L_0 \cdot 0{,}9^x$

☐ $L(x) = L_0 \cdot 0{,}1^x$ ☐ $L(x) = L_0 - 0{,}1x$

18 Zahlenrätsel (von S. 49)

(1) Subtrahiere vom Dreifachen einer Zahl 8, dann erhältst du 5 mehr als die Zahl.
(2) Verdreifachst du die Differenz aus einer Zahl und 8, so erhältst du 5 weniger als die Zahl.
(3) Subtrahiert man 8 von einer Zahl, so erhält man das Dreifache der Summe aus 5 und der Zahl.
a) Welches Zahlenrätsel gehört zu der Gleichung x − 8 = 3(5 + x)?
b) Löse die Gleichung x − 8 = 3(5 + x).
c) Schreibe auch zu den anderen Zahlenrätseln eine passende Gleichung auf.

Zu a)
Um zu überprüfen, welches Zahlenrätsel zu der Gleichung x − 8 = 3(5 + x) gehört, „übersetzen" wir die Terme rechts und links vom Gleichheitszeichen.
„x − 8" heißt „die Differenz aus einer Zahl und 8" oder „Subtrahiere 8 von einer Zahl";
„3(5 + x)" heißt „das 3-Fache der Summe aus 5 und einer Zahl" oder „Verdreifache die Summe aus 5 und einer Zahl".
Diese Formulierung findet man nur bei **Zahlenrätsel (3)**.

Zu b)
Die Lösung der Gleichung erhält man so:
x − 8 = 3(5 + x) | Klammer ausmultiplizieren
x − 8 = 15 + 3x | +8
x = 23 + 3x | −3x
−2x = 23 | :(−2)
x = −11,5
Die gesuchte Zahl lautet **−11,5**.

Zu c)
Zahlenrätsel (1):
„Subtrahiere vom Dreifachen einer Zahl 8" heißt in der mathematischen Sprache: „3x − 8".
„5 mehr als die Zahl" heißt „x + 5".
„Erhältst du" steht für das Gleichheitszeichen.
Zum **Zahlenrätsel (1)** lautet die passende Gleichung also: **3x − 8 = x + 5**

Zahlenrätsel (2):
„Verdreifache die Differenz aus einer Zahl und 8" heißt in mathematischer Sprache: „3 · (x − 8)". „5 weniger als die Zahl" heißt „x − 5".
„Erhält man" steht für das Gleichheitszeichen.
Zum **Zahlenrätsel (2)** lautet die passende Gleichung also: **3(x − 8) = x − 5**

★ **1** Ordne jedem Zahlenrätsel die passende Gleichung zu und bestimme die Lösung.

Die Differenz aus 3 und dem 3. Teil einer Zahl a ist 8. ④

$\frac{3a}{8} = \frac{1}{2}a$ (C)

$3 - \frac{1}{3}a = 8$ (B)

Die Summe aus einer Zahl a und dem Dreifachen dieser Zahl a ergibt 8. ①

$8 : 3a = 0,5a$ (D)

Multipliziere das Dreifache einer Zahl a mit 8, so erhältst du 3. ③

$a + 3a = 8$ (E)

$3a \cdot 8 = 3$ (A)

Der Quotient aus dem Dreifachen einer Zahl a und 8 ist gleich der Hälfte von a. ②

★ **2** Mit Termen lassen sich auch geometrische Sachverhalte beschreiben.
Skizziere das 4. Muster und schreibe einen Term auf, mit dem sich die Anzahl der Stäbe im n-ten Muster berechnen lässt.

a)
Nummer	n = 1	n = 2	n = 3
Muster	□	□□	□□□
Hölzer	4 = 1 + 3	7 = 1 + 2 · 3	10 = 1 + 3 · 3

b)
Nummer	n = 1	n = 2	n = 3
Muster	△	△△	△△△
Hölzer	3	5 = 3 + 2	7 = 3 + 2 · 2

★ **3** a) Schreibe für das Zahlenrätsel eine Gleichung auf und löse sie: „Subtrahiere von der Hälfte einer Zahl ein Drittel der Zahl, dann erhältst du 4."
b) Erfinde ein Zahlenrätsel zur Gleichung 7x − 48 = 2x. Löse auch die Gleichung.

★ **4** Subtrahiert man vom dreifachen Alter der Frau Krause 5 Jahre, so erhält man dieselbe Zahl, wie wenn man in 15 Jahren Frau Krauses Alter verdoppelt. Stelle eine Gleichung auf und berechne das heutige Alter von Frau Krause.

⑲ Smartphone-Nutzung (von S. 49)

Die Schülerinnen und Schüler aller 10. Klassen einer Schule wurden befragt, wie oft sie ihr Smartphone am Tag vor der Befragung zum Telefonieren, Simsen oder Surfen ungefähr benutzt haben. Das Ergebnis wurde in einem Boxplot dargestellt.

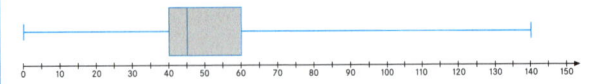

a) Entnimm dem Boxplot folgende Werte: Spannweite, Median (Zentralwert), unteres Quartil, oberes Quartil

b) Felix behauptet: „Die meisten Schüler haben mehr als 60-mal mit dem Smartphone telefoniert, gesimst oder gesurft." Nimm Stellung.

Zu a)
Spannweite: 140 – 0 = **140**
(größter Wert – kleinster Wert)

Median (Zentralwert): 45
(mittlerer Wert aller Werte)

unteres Quartil: 40
(mittlerer Wert der unteren Hälfte)

oberes Quartil: 60
(mittlerer Wert der oberen Hälfte)

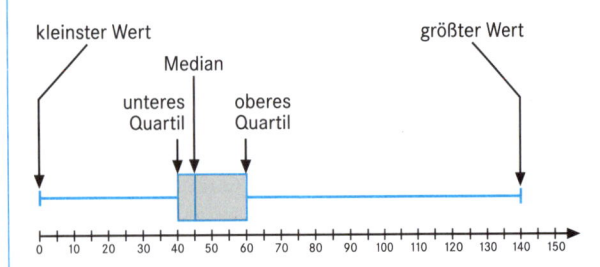

Zu b)
Die Aussage ist falsch. Lediglich ein Viertel aller befragten Schülerinnen und Schüler hat mehr als 60-mal telefoniert, gesimst oder gesurft.
Der Boxplot verdeutlicht die Streuung der gegebenen Werte.
Die Streuung ist im oberen Viertel am größten. Durch die Länge der Strecke zwischen oberem Quartil und größtem Wert hat sich Felix täuschen lassen.

---

① Gehe davon aus, dass in den 10. Klassen (Aufgabe ⑲, links abgebildet) 79 Schülerinnen und Schüler an der Befragung teilgenommen haben und dass nur Vielfache von 5 bei den Antworten genannt wurden.

a) Wie viele Antworten liegen unter 40, zwischen 45 und 60 sowie über 60?
Hinweis: Jeweils genau eine Antwort gab es für 40, 45 und 60.

b) Stelle in einer Tabelle ein mögliches Befragungsergebnis zusammen, das zum abgebildeten Boxplot passt.

② Notenspiegel einer Klassenarbeit:

Note	1	2	3	4	5	6
Anzahl	3	8	6	4	3	1

Stelle das Ergebnis in einem Boxplot dar.

③ In einer Umfrage wird das Interesse von Schülerinnen und Schülern der Abschlussklassen am Lesen ermittelt.
Die Tabelle zeigt die Ergebnisse.

Lesezeit in Stunden pro Monat	0	1	2	4	5	6	7	8	9
Anzahl der Jugendlichen	2	1	2	3	7	6	2	6	3

Stunden	10	11	12	13	14	15	16	17	20
Jugendliche	7	6	3	2	4	3	10	2	6

Stunden	21	22	23	24	28	32	40	48
Jugendliche	5	3	2	6	1	1	1	1

a) Gib folgende Kennwerte zu dieser Umfrage an: Spannweite, Median, unteres Quartil und oberes Quartil.

b) Stelle das Ergebnis zusätzlich in einem Boxplot dar.

c) Liegt das arithmetische Mittel oberhalb oder unterhalb des Medians? Begründe ohne Rechnung.

Lösungen zum Eingangstest und Übungsaufgaben | Teil B Komplexe Aufgaben | 71

20 Fläche Berlin-Brandenburg (von S. 49)

Der Kartenausschnitt zeigt die Hauptstadtregion Berlin-Brandenburg. Bestimme näherungsweise die Größe der Fläche der Hauptstadtregion. Benutze den Maßstab der Karte. Begründe dein Vorgehen.

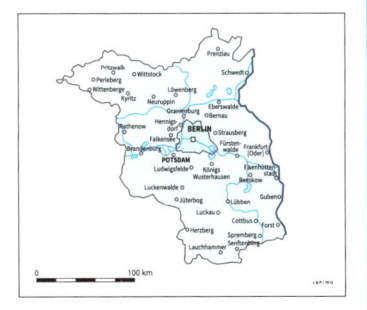

Man versucht, die Fläche so durch berechenbare Figuren abzudecken, dass sich „Gewinne" und „Verluste" ungefähr ausgleichen. Dafür gibt es viele verschiedene Möglichkeiten; hier ist eine dargestellt.

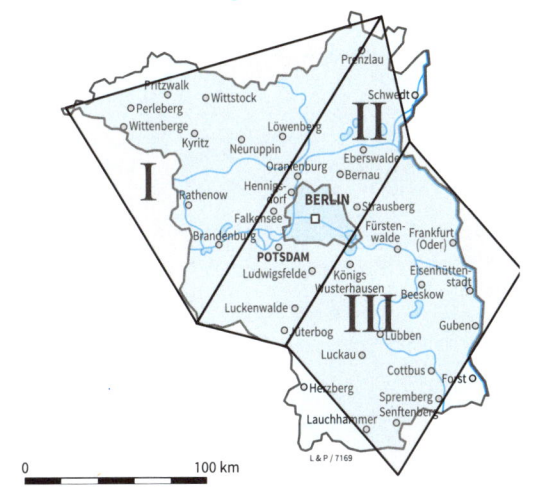

Der Maßstabsleiste ist zu entnehmen: „2,5 cm auf der Karte" entsprechen „100 km in Wirklichkeit".
Die gemessenen „cm auf der Karte" muss man also mit 40 multiplizieren, um „km in Wirklichkeit" zu erhalten.

Dreieck:
$A_I = \frac{192 \text{ km} \cdot 120 \text{ km}}{2} = 11\,520 \text{ km}^2$

Trapez:
$A_{II} = \frac{192 \text{ km} + 128 \text{ km}}{2} \cdot 48 \text{ km} = 7\,680 \text{ km}^2$

Parallelogramm:
$A_{III} = 128 \text{ km} \cdot 88 \text{ km} = 11\,264 \text{ km}^2$

$A_I + A_{II} + A_{III} \approx 30\,464 \text{ km}^2$

Nach dieser Näherung ist die Hauptstadtregion Berlin-Brandenburg ungefähr **30 500 km²** groß.
Laut Lexikon beträgt die Fläche von Berlin-Brandenburg 30 370 km².

1 Wie viel Quadratkilometer ist Frankreich ungefähr groß?
Vergleiche dein Ergebnis mit Angaben aus dem Lexikon oder dem Internet.
Beachte: Zu Frankreich gehört auch die Mittelmeerinsel Korsika, die rechts abgebildet ist. Ihre Größe musst du beim Vergleich mit der offiziellen Größe Frankreichs berücksichtigen.

2 Ebenfalls im Maßstab 1:15 Mio. ist Ägypten abgebildet.
Bestimme näherungsweise die Größe der Fläche Ägyptens, das im Osten vom Roten Meer begrenzt wird. Die Sinai-Halbinsel gehört zu Ägypten. Vergleiche dein Ergebnis mit offiziellen Angaben über die Größe des Landes.

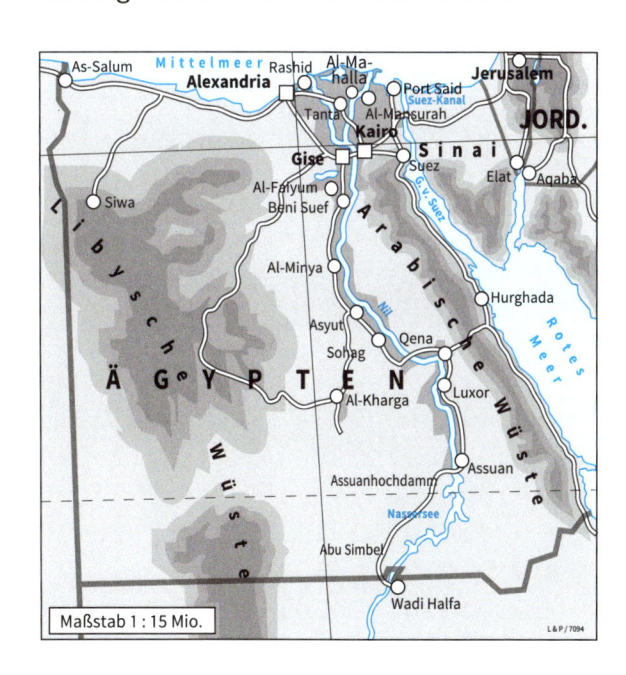

21 Quadratische Gleichungen (von S. 50)

In der Abbildung siehst du, wie zwei Schüler die Gleichung $x^2 - 8x + 20 = 0$ gelöst haben.

a) Prüfe die Lösungswege. Welcher Weg stimmt, welcher Fehler wurde gemacht?

Marcel	Paul
$x^2 - 8x + 20 = 0$	$x^2 - 8x + 20 = 0$
$x_{1/2} = 4 \pm \sqrt{16 + 20}$	$x_{1/2} = 4 \pm \sqrt{16 - 20}$
$x_{1/2} = 4 \pm \sqrt{36}$	$x_{1/2} = 4 \pm \sqrt{-4}$
$x_1 = 4 + 6 = 10$	keine Lösung
$x_2 = 4 - 6 = -2$	

b) Löse folgende Gleichungen. Nicht immer brauchst du eine Lösungsformel.
  (1) $(x + 7) \cdot (x - 7) = 0$
  (2) $x^2 + 8x + 16 = 0$
  (3) $x^2 - 5x = 0$
  (4) $4x^2 + 96x - 100 = 0$

Zu a)
Marcels Lösung ist falsch. Der Fehler geschah beim Einsetzen von q = 20 in die Formel:
$x_{1/2} = -\frac{p}{2} \pm \sqrt{\left(\frac{p}{2}\right)^2 - q} = +4 \pm \sqrt{16 - 20} = 4 \pm \sqrt{-4}$

Pauls Lösung stimmt. Es gibt keine Lösung, da die Diskriminante negativ ist.

Zu b)
(1) $(x + 7) \cdot (x - 7) = 0$ Ein Produkt aus zwei Faktoren ergibt 0, wenn einer der Faktoren gleich 0 ist.
Deshalb: $x + 7 = 0$ oder $x - 7 = 0$.
$x_1 = -7; \ x_2 = 7$

(2) Lösung mit der pq-Formel:
$x^2 + 8x + 16 = 0 \quad p = 8 \quad q = 16$
$x_{1/2} = -4 \pm \sqrt{16 - 16}$
$x = -4$

Lösung mit der 1. binomischen Formel:
$x^2 + 8x + 16 = 0$
$(x + 4)^2 = 0$
$x + 4 = 0$
$x = -4$

(3) $x^2 - 5x = 0$ x ausklammern ergibt
$x \cdot (x - 5) = 0$ also entweder
$x = 0$ oder $x - 5 = 0$
$x_1 = 0; \ x_2 = 5$

(4) $4x^2 + 96x - 100 = 0 \quad |:4$
$x^2 + 24x - 25 = 0 \quad p = 24 \quad q = -25$
$x_{1/2} = -12 \pm \sqrt{144 - (-25)}$
$x_{1/2} = -12 \pm \sqrt{169}$
$x_1 = -12 + 13 = \mathbf{1} \qquad x_2 = -12 - 13 = \mathbf{-25}$

★ 1 Löse die Gleichung.
  a) $(2x - 14) \cdot (15 - 3x) = 0$
  b) $4x^2 - 17 - 3x^2 - 8 = 0$
  c) $7x^2 - 6x - 5 - 5x^2 + 18x + 5 = 0$
  d) $3y^2 - 9y - 37 = 3y - 1$
  e) $(5 + a)^2 + a^2 = 3a + 29$

★ 2 Stelle eine Gleichung auf und löse sie.

  a) Addiert man zum Quadrat einer Zahl das Dreifache dieser Zahl, so erhält man dasselbe, wie wenn man vom Elffachen der Zahl 7 subtrahiert.

  b) Maik subtrahiert vom Doppelten einer Zahl 16. Fatima subtrahiert diese Zahl von 15. Anschließend multiplizieren Maik und Fatima ihre Ergebnisse und erhalten Null. Welche Zahl können Maik und Fatima gewählt haben?

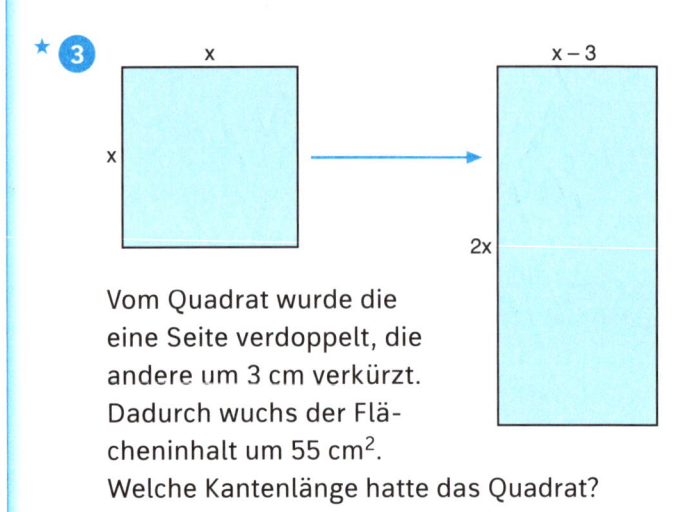

★ 3

Vom Quadrat wurde die eine Seite verdoppelt, die andere um 3 cm verkürzt. Dadurch wuchs der Flächeninhalt um 55 cm². Welche Kantenlänge hatte das Quadrat?

★ 4 Ein 6 cm hoher Zylinder hat eine Oberfläche von 169,646 cm².

  a) Wie groß ist der Radius des Zylinders?
    Hinweis: 169,646 ... = 54π

  b) Welches Volumen hat der Zylinder?

★ 5 Die Oberfläche eines geraden Kreiskegels mit der Kantenlinie s = 6 cm beträgt 172,788 cm³.

  a) Berechne den Radius der Grundfläche.

  b) Berechne die Höhe des Kegels und anschließend das Volumen.

22 Glücksrad (von S. 50)

Auf einem Schulfest kann man am Stand der Klasse 10a für einen Einsatz von 1 € zweimal das abgebildete Glücksrad drehen. Bleibt es beide Male auf der gleichen Farbe stehen, gewinnt man, und zwar bei „blau" einen Trostpreis im Wert von 0,30 € und bei „weiß" einen Sachpreis von 8 €.

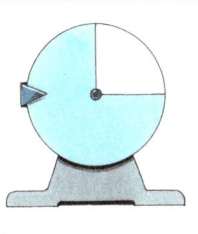

a) Zeichne ein Baumdiagramm und bestimme damit die Wahrscheinlichkeiten für die möglichen Gewinne
(1) P(blau/blau) und (2) P(weiß/weiß).
b) Wie groß ist die Wahrscheinlichkeit, bei diesem Spiel zu verlieren?
c) Es werden 400 Spiele durchgeführt. Mit welchem Gewinn kann die Klasse rechnen?

$\frac{1}{4}$ des Glücksrades ist weiß und $\frac{3}{4}$ sind blau gefärbt.

Mit einem Baumdiagramm und der Pfadregel kann man die Wahrscheinlichkeiten bei 2 Drehungen darstellen (b: blau, w: weiß).

Zu a)
Baumdiagramm (b: blau; w: weiß)

$P(w, w) = \frac{1}{4} \cdot \frac{1}{4} = \frac{1}{16}$

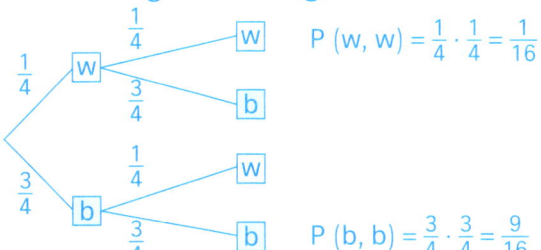

$P(b, b) = \frac{3}{4} \cdot \frac{3}{4} = \frac{9}{16}$

Zu b)
Subtrahiert man von 1 alle Gewinnwahrscheinlichkeiten, erhält man die Wahrscheinlichkeit für einen Verlust.

$P(\text{Verlust}) = 1 - \frac{9}{16} - \frac{1}{16} = \frac{6}{16} = \frac{3}{8}$

Oder: $P(\text{Verlust}) = P(w,b) + P(b,w)$

$= \frac{1}{4} \cdot \frac{3}{4} + \frac{3}{4} \cdot \frac{1}{4} = \frac{3}{16} + \frac{3}{16} = \frac{6}{16} = \frac{3}{8}$

Zu c)
Bei 400 Spielen muss die Klasse mit 25 Sachpreisen rechnen ($25 = 400 \cdot \frac{1}{16}$) und mit 225 Trostpreisen ($225 = 400 \cdot \frac{9}{16}$). Diese kosten 200 € und 67,50 €.
Die Klasse hat **400 € Einnahmen** und kann mit einem **Gewinn von 132,50 €** (= 400 € – 200 € – 67,50 €) rechnen.

---

1 In einem Gefäß sind 4 blaue und 7 rote Kugeln. Es werden nacheinander verdeckt zwei Kugeln gezogen, wobei die erste Kugel vor der zweiten Ziehung wieder zurückgelegt wird.

a) Zeichne ein Baumdiagramm und berechne die Wahrscheinlichkeiten für
(1) zwei blaue Kugeln;
(2) zwei Kugeln verschiedener Farbe;
(3) zwei Kugeln gleicher Farbe.

b) Wie ändern sich die Wahrscheinlichkeiten, wenn die zuerst gezogene Kugel nicht zurückgelegt wird?

2 Das Glücksrad hat abwechselnd weiße und blaue Felder gleicher Größe. Es wird zweimal nacheinander gedreht. Wie groß ist die Wahrscheinlichkeit für das genannte Ereignis?

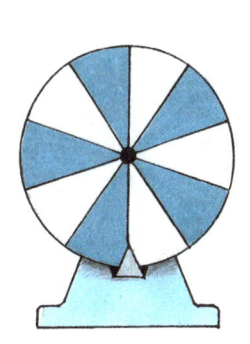

a) Es wird zweimal „blau" erzielt.
b) Die letzte Drehung führt zu „blau".
c) Keine Farbe tritt zweimal auf.
d) Die Farbe „weiß" tritt höchstens einmal auf.

3 Die Klasse 10b hat für das Schulfest einen Stand mit einem Würfelspiel aufgebaut. Im Würfelbecher sind zwei Würfel, die gleichzeitig geworfen werden.
Einen Hauptpreis im Wert von 10 € gibt es bei der Augensumme 12; bei den Augensummen 11 und 10 gibt es einen kleineren Preis im Wert von 2 €. Der Einsatz pro Spiel beträgt 1 €.

Am Ende des Schulfestes hat die Klasse 10b 392 € bei dem Spiel verdient. Wie viele Gäste haben am Würfelspiel teilgenommen?
Eine Zahl stimmt; begründe deine Entscheidung.

| 457 | 893 | 1116 | 1431 | 1599 |

23 Angebote (von S. 50)

Frau Kurt kann für zwei Jahre einen Lottogewinn von 1 000 000,– € sparen. Drei Banken bieten ihr unterschiedliche Zinssätze an:
- **A** 1. Jahr 1,2 %; 2. Jahr 1,7 %
- **B** 1. Jahr 0,9 %; 2. Jahr 2,0 %
- **C** 1. Jahr 1,4 %; 2. Jahr 1,5 %

a) Welche Bank kannst du empfehlen? Begründe.
★b) Würdest du die gleiche Bank auch für jeden anderen Sparbetrag empfehlen? Begründe.

Zu a)

① Ein Lösungsweg besteht darin, für jede Bank die jährlichen Zinsen sowie das Kapital nach 2 Jahren zu ermitteln.

	Zinsen für das		
	1. Jahr	2. Jahr	Endkapital
A-Bank	12 000 €	17 204 €	1 029 204 €
B-Bank	9 000 €	20 180 €	1 029 180 €
C-Bank	14 000 €	15 210 €	**1 029 210 €**

Zu empfehlen ist also die **C-Bank**.

② Ein zweiter Lösungsweg betrachtet lediglich die auftretenden Faktoren, mit denen das Anfangskapital entsprechend der Zinseszinsformel multipliziert wird:

A-Bank: $1{,}012 \cdot 1{,}017 = 1{,}029204$
B-Bank: $1{,}009 \cdot 1{,}020 = 1{,}029180$
C-Bank: $1{,}014 \cdot 1{,}015 = \mathbf{1{,}029210}$

Angebot C liefert den größten Faktor, also auch das größte Endkapital:
$1{,}02921 \cdot 1\,000\,000\ € = \mathbf{1\,029\,210\ €}$

Zu b)

Das Angebot der C-Bank ist auch bei jedem anderen Sparbetrag zu empfehlen. Wie die Überlegung unter ② zeigt, bewirkt der größere Faktor den Vorteil der C-Bank und dies unabhängig von der Höhe des Sparbetrages.

Die Summe der Zinssätze beträgt bei allen drei Banken 2,9 %, die Produkte der Zinssätze jedoch sind verschieden. Dieser Zusammenhang lässt sich auch geometrisch interpretieren. Für alle Rechtecke mit derselben Summe von Länge und Breite gilt: Der Flächeninhalt ist umso größer, je geringer der Unterschied zwischen Länge und Breite ist.

---

1 Berechne jeweils den fehlenden Wert mithilfe der Zinsformel
$$Z = K \cdot p\% = K \cdot \frac{p}{100}$$

	a)	b)	c)
Kapital (K)	1800 €		3000 €
Zinssatz (p %)	0,5 %	1,8 %	
Zinsen (Z)		81 €	19,50 €

★**2** Tom hat seine Ersparnisse für ein Jahr fest angelegt. Am Jahresende erhält er 20 € Zinsen. Wie viele Zinsen würde Tom nach einem Jahr erhalten,

a) wenn er doppelt so hohe Ersparnisse bei doppelt so hohem Zinssatz angelegt hätte?

b) wenn er doppelt so hohe Ersparnisse bei halb so großem Zinssatz angelegt hätte?

c) wenn er nur die Hälfte seiner Ersparnisse bei doppelt so hohem Zinssatz angelegt hätte?

3 Welche Person hat in 10 Jahren den höchsten Zinssatz für ihr Kapital erzielt?

	Anfangskapital	Endkapital
☐ Anja	2 400 €	2 925,59 €
☐ Boris	1 800 €	2 281,77 €
☐ Pia	300 €	348,16 €
☐ Luca	600 €	798,83 €

4 Die Hausverwaltung bietet Frau Winter zwei Formen des Staffelmietvertrags an:

Angebot A: 3,5 % Mieterhöhung im 1. Jahr, 4,5 % im 2. Jahr

Angebot B: 4,5 % Mieterhöhung im 1. Jahr, 3,5 % im 2. Jahr

a) Auf den ersten Blick erscheinen ihr beide Angebote gleich gut. Stimmt das? Begründe.

b) Mit welcher gleich bleibenden prozentualen Mieterhöhung könnte die Hausverwaltung nach 2 Jahren dieselbe Miete erzielen?

Lösungen zum Eingangstest und Übungsaufgaben | Teil B Komplexe Aufgaben | 75

24 Brückenkonstruktion (von S. 51)

Über den Fluss soll eine Brücke führen, die in A beginnt und B endet. Vermesser haben am unteren Flussufer eine 400 m lange Strecke $\overline{AC}$ abgesteckt und von dort folgende Winkel vermessen:
∡ BAC = 67,8° und ∡ ACB = 49,3°
Bestimme die Länge der Brücke durch eine maßstäbliche Zeichnung und durch Berechnung.

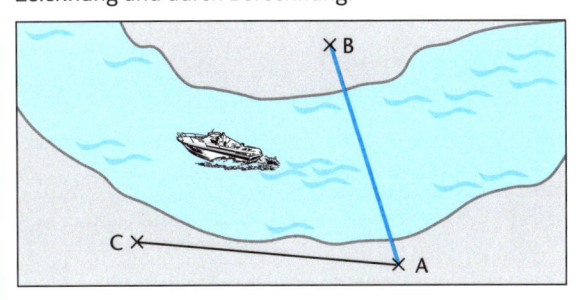

① *Zeichnerische Lösung*
Maßstab 1 : 10 000
(1 cm ≙ 100 m).
Messung: x = 3,4 cm
In Wirklichkeit:
$\overline{AB}$ = 3,4 cm · 10 000
$\overline{AB}$ = 340 m

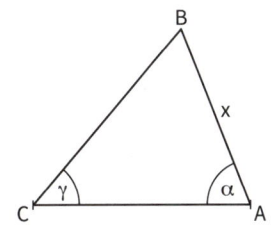

② *Rechnerische Lösung*
α = ∡BAC = 67,8°
γ = ∡ACB = 49,3°
β = 180° − α − γ = 62,9°

Das Dreieck wird durch die Höhe h in zwei rechtwinklige Dreiecke zerlegt.

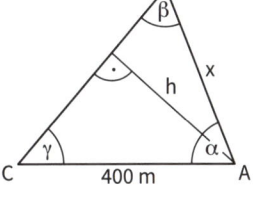

$\sin \gamma = \frac{h}{400}$ m

h = 400 m · sin 49,3° ≈ 303,25 m

$\sin \beta = \frac{h}{x} = \frac{303{,}25 \text{ m}}{x}$

$x = \frac{303{,}25 \text{ m}}{\sin 62{,}9°} \approx 340{,}65$ m

Die Brücke muss rund **341 m** lang werden.

Falls der Sinussatz behandelt wurde, gibt es noch einen einfacheren Weg:

$\frac{x}{\sin 49{,}3°} = \frac{400 \text{ m}}{\sin 62{,}9°}$

$x = \frac{400 \text{ m} \cdot \sin 49{,}3°}{\sin 62{,}9°}$

x = 340,65 … m   **x ≈ 341 m**

---

① Die Heini-Klopfer-Skiflugschanze in Oberstdorf gilt als eine der größten Skiflugschanzen der Welt. Sie wird im Volksmund auch „Schiefer Turm von Oberstdorf" genannt.
Welchen Höhenunterschied hat die Anlaufbahn und wie lang ist diese?

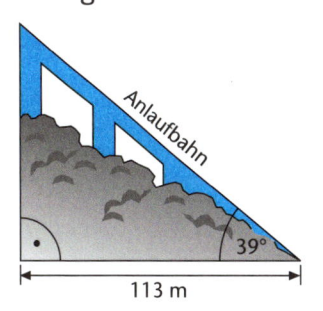

② Abgebildet ist ein Segelschiff, das von zwei Leuchttürmen angepeilt wird. Wie weit ist es von den beiden Leuchttürmen jeweils entfernt?

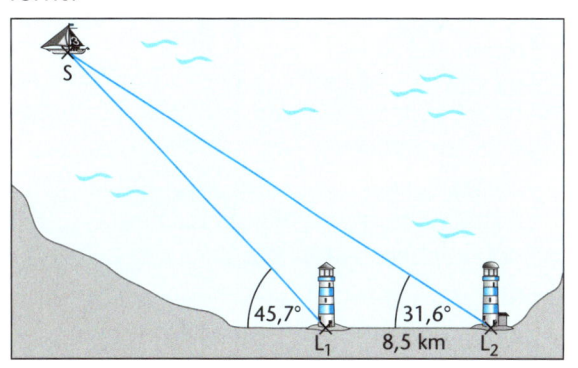

③ Im Maßstab 1 : 5000 sieht man eine Passstraße von oben. Sie beginnt an Punkt A und erreicht an Punkt B die Passhöhe. Punkt A befindet sich auf einer Höhe von 620 m, die durchschnittliche Steigung beträgt 14 %. Wie hoch liegt Punkt B und wie weit fährt man von A bis B?

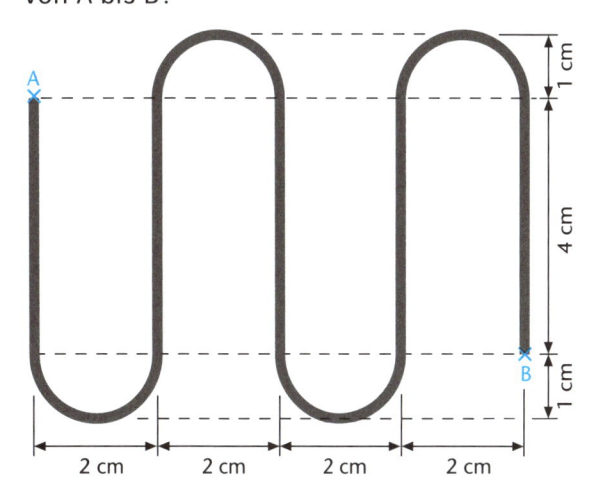

25 Tabellenkalkulation (von S. 51)

Paul untersucht Umfang und Flächeninhalt bei Quadraten unterschiedlicher Seitenlängen mithilfe einer Tabellenkalkulation.
a) Wie groß ist der Umfang u eines Quadrats mit der Seitenlänge 1,5 cm?
b) Notiere die Formel, die Paul in die Zelle B2 eingegeben hat.
c) Welche Eingaben liefern das korrekte Ergebnis in Zelle F3? Kreuze an.
   ☐ 4*F1   ☐ =4*F1   ☐ =E3+4*0,5   ☐ =4*x
d) Stelle den Zusammenhang zwischen Seitenlänge und Umfang im Koordinatensystem dar.

Zu a)
Der Umfang ist in der Zelle D3 abzulesen.
Er beträgt **6 cm.**

Zu b)
Die Tabellenkalkulation hat Paul so angelegt, dass in Zelle B2 das Programm mit folgender Formel rechnet:
=B1*B1   oder   **=B1^2**

Zu c)
1. Möglichkeit: **=4*F1** (Der Umfang ist das Vierfache der Kantenlänge 2,5 cm.)
2. Möglichkeit: **=E3+4*0,5** (In der Zelle E3 steht der Umfang für die Kantenlänge 2 cm, dazu kommen noch 4 mal 0,5 cm.)

Zu d)
Die Zuordnung *Seitenlänge x → Umfang u* ordnet jeder Seitenlänge x den Wert
$y = 4 \cdot x$ zu.
Für die Darstellung der Zuordnung im Koordinatensystem fasst man jedes Wertepaar (x|y) als Koordinaten von Punkten auf.

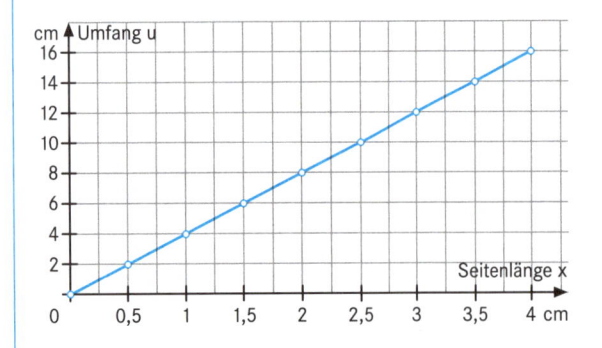

Da der Zusammenhang zwischen Umfang und Seitenlänge eines Quadrats immer gilt, darf man die Punkte verbinden.

---

1 Tanja untersucht mit einer Tabellenkalkulation die Veränderung des Würfelvolumens beim Anwachsen der Kantenlänge.

	A	B	C	D	E	F	G
1	Kantenlänge a	2	3	4	5	6	7
2	Volumen V	8	27				

a) Durch welche Eingabe berechnet das Programm den Wert in Zelle D2?
b) Welche Zellen würdest du vergleichen, um die folgende Frage zu beantworten: Wie verändert sich das Würfelvolumen, wenn sich die Kantenlänge verdoppelt?

2 Untersucht werden Quader mit quadratischer Grundfläche und einer Höhe, die doppelt so groß wie die Kantenlänge der Grundfläche ist. Arne und Bettina berechnen Volumen und Oberfläche mit einer Tabellenkalkulation.

	A	B	C	D
1	a (cm)	h (cm)	O (cm²)	V (cm³)
2	2	4		
3	3	6		
4	4	8		
5	5	10		
6	6	12		
7	7	14		
8	8	16		

a) Welche Formeln liefern das korrekte Ergebnis in Zelle D7?
   ☐ =A7^2*2*A7   ☐ =A7+B7*B7
   ☐ =C7*B7   ☐ =A7*A7*B7
b) Mit welcher Formel berechnet das Programm den Wert in Zelle C6?

3 Wie entwickelt sich der Preis von 80 € für ein Paar Schuhe, wenn er abwechselnd um 20% herauf und um 20% herabgesetzt wird? Eine Tabellenkalkulation hilft.

	A	B
1	q	80
2	1,2	
3	0,8	
4	1,2	
5	0,8	
6	1,2	
7	0,8	

a) Die Zahl in Zelle B2 wird mit der Formel =B1*A2 berechnet. Erkläre.
b) Erkläre die Zahl in A3.
c) Welche Formel steht in Zelle B5? Welche in Zelle B6?
d) Wie entwickelt sich der Preis für die Schuhe? Probiere es am Computer aus.

Lösungen zum Eingangstest und Übungsaufgaben | Teil B Komplexe Aufgaben | 77

26 Riesentasse (von S. 51)

In Koblenz steht vor einem Café die rechts abgebildete Riesentasse.
a) Schätze folgende Größen:
   Tassenhöhe; oberer/unterer Tassendurchmesser
b) Jenny hat die folgenden drei Körper gezeichnet, um das Volumen der Riesentasse damit abzuschätzen. Welcher der drei Körper wird das beste Ergebnis liefern? Kreuze an und begründe deine Antwort.

☐   ☐   ☐

c) Wie teuer wäre ein Cappuccino in dieser Riesentasse, wenn 0,2 l Cappuccino in diesem Café 2,80 € kosten?

Die folgenden Maßangaben beziehen sich auf das Foto vorn im Text. Dabei wird die Tasse mit der vermutlich 1,75 m großen Frau verglichen.

Zu a)
Tassenhöhe: ca. 50 cm
Oberer/unterer Tassendurchmesser:
50 cm/30 cm

Zu b)
Wenn Jenny das Volumen der Riesentasse mit dem Zylinder berechnet, wird das Ergebnis am genauesten das tatsächliche Volumen der Riesentasse beschreiben. Der Zylinder ist oben zwar etwas zu klein, dafür unten aber etwas zu breit. Der Kegel wird einen zu kleinen Wert und der Würfel einen zu großen Wert liefern.

Zu c)
Benutzt man den Zylinder aus Aufgabenteil b), so ergibt sich mit einer Höhe von 50 cm und einem Radius von 20 cm folgendes Volumen:
$V = \pi \cdot r^2 \cdot h = \pi \cdot (20\,cm)^2 \cdot 50\,cm \approx 62\,800\,cm^3$
Das entspricht 62,8 l, sodass sich für den Preis des Riesencappuccinos ergibt:
$\text{Preis}_{Riesencappuccino} = \frac{62,8\,l}{0,2\,l} \cdot 2,80\,€ = \mathbf{879{,}20\,€}$
Ein Riesencappuccino würde ungefähr 900 € kosten.

---

1 Im Jahr 1834 bekam Frankreich vom Ägyptischen Vizekönig den abgebildeten Obelisken aus Granit geschenkt. Der Obelisk wurde auf einen Sockel gestellt und mit einer 3,6 m hohen goldenen Spitze versehen.

a) Wie hoch ist der Obelisk ungefähr?
b) Durch welche geometrische Form kann das Volumen des Obelisken ungefähr bestimmt werden?
c) Berechne die ungefähre Masse des Obelisken (Dichte Granit: 2,8 Tonnen pro m³).

2 Wie groß müsste ein Mensch sein, zu dem dieser Rucksack passt?

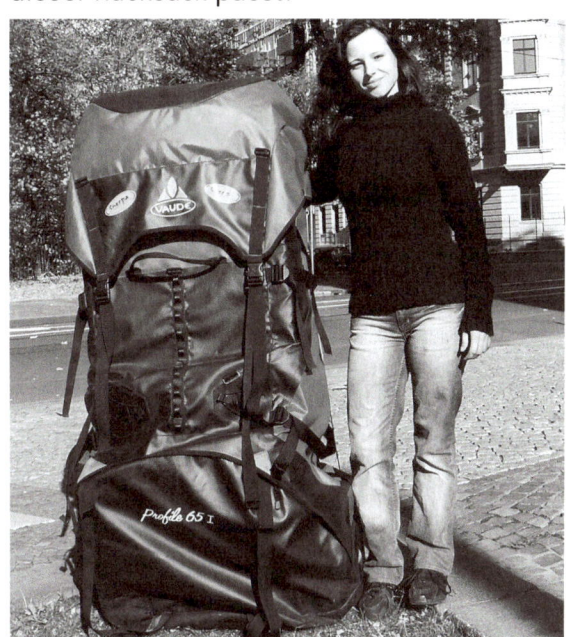

3 Wie viele Vögel sind auf dem Foto rechts ungefähr abgebildet?

Abschlusstest – Komplexe Aufgaben

1 Neue Preise

a) Vor einem Monat kostete ein BMX-Fahrrad, für das Anna sich interessiert, noch 639 €. Inzwischen ist es 15 % teurer geworden.
Wie hoch ist der neue Preis gerundet auf Euro?

Neuer Preis: _____

b) Der Preis für einen Sturzhelm wurde von 59 € auf 49 € gesenkt. Berechne die Preisänderung in Prozent. Runde auf ganze Prozent.

Preissenkung: _____

c) Eine orange Sicherheitsweste kostet nach einer Preissenkung um 5 % jetzt 14,80 €. Wie teuer war sie vor der Preissenkung? Runde auf eine Stelle nach dem Komma.

Alter Preis: _____

2 Autofarben

Ein Autohändler führt Statistik darüber, welche Fahrzeuge von den Käufern bevorzugt werden. Am beliebtesten sind silbergrau und schwarz (s. Tabelle).
Im letzten Jahr verkaufte der Autohändler 228 Autos.

a) Rechne und ergänze die Häufigkeitstabelle. Gib die Anteile als vollständig gekürzten Bruch und in Prozent an.

Farbe	Anzahl	Anteil als Bruch	in %
silbergrau	76		
schwarz	57		
Sonstige			

b) Der Autohändler will in diesem Jahr 300 Autos verkaufen. Mit wie vielen schwarzen Autos kann er dann rechnen?

_____

★ c) Angenommen, die Farbe silbergrau wird mit einer Wahrscheinlichkeit von $\frac{1}{3}$ und die Farbe schwarz mit einer Wahrscheinlichkeit von $\frac{1}{4}$ gewählt. Wie groß ist dann die Wahrscheinlichkeit, dass bei zwei verkauften Autos
(1) beide Autos silbergrau sind,
(2) ein Auto silbergrau und das andere schwarz ist?
Vervollständige und beschrifte zunächst das folgende Baumdiagramm:

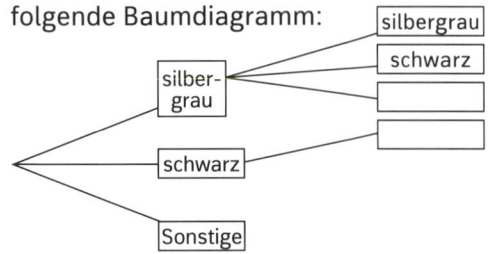

3 Busfahrt

Das Reiseunternehmen „Grenzenlos" bietet Busfahrten nach Paris an. Die Abbildung zeigt die Tankfüllung des Reisebusses während der Fahrt von Köln (**K**) nach Paris (**P**).

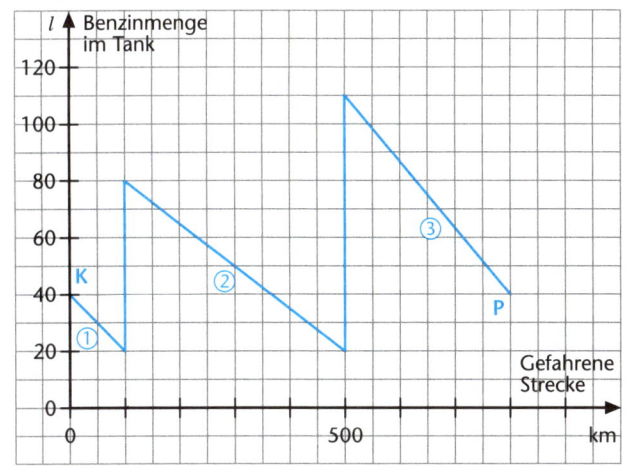

a) Wie oft wurde angehalten, um zu tanken?

_____

b) Wie groß ist die Entfernung von Köln nach Paris ungefähr?

_____

c) Auf welcher Teilstrecke ①, ② oder ③ war der Benzinverbrauch pro 100 km am größten?

_____

d) Wie viel Liter Benzin verbrauchte der Bus auf der gesamten Fahrt?

_____

4 Lotterie

Die 2 000 Lose einer Lotterie setzen sich so zusammen:

- 80 % Nieten
- 15 Hauptgewinne von je 50,00 €
- 4 % Preise von je 6,00 €
- Rest Trostpreise von je 0,50 €

Ein Los kostet 1,00 €.

a) Hat der Losverkäufer Recht? Begründe.

_____

_____

b) Es wurden alle Lose verkauft. Berechne den Gewinn der Lotterie.

_____

80 Teil B Komplexe Aufgaben | Abschlusstest

★ 5 Flugzeug

Nach 26,3 km Flug befindet sich das Flugzeug über Alsburg.
In welcher Höhe überfliegt es Alsburg und mit wie viel Prozent Steigung ist es aufgestiegen?

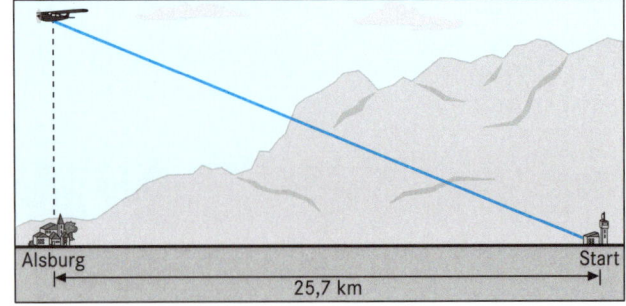

6 CD

a) Wie groß ist der Datenbereich, also die beschreibbare Fläche einer CD?

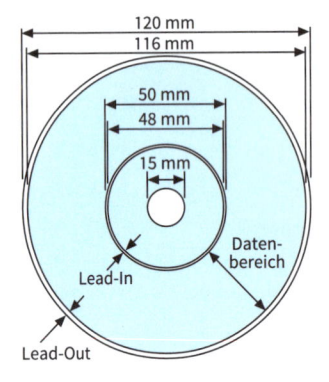

b) Eine CD wird von innen nach außen beschrieben. Diesen beschriebenen Anteil kann man sehen. Wie weit muss die CD beschrieben sein, damit der Datenbereich zur Hälfte gefüllt ist? (Wann ist die CD „halb voll"?)

★ 7 Sportverein

40 % aller Mitglieder eines Sportvereins sind weiblich. Davon gehören 15 % zur Fußballabteilung. Bei den männlichen Mitgliedern spielen 32 % Fußball.
Stelle die Angaben in einem Baumdiagramm dar und berechne, wie viel Prozent aller Mitglieder zur Fußballabteilung gehören.

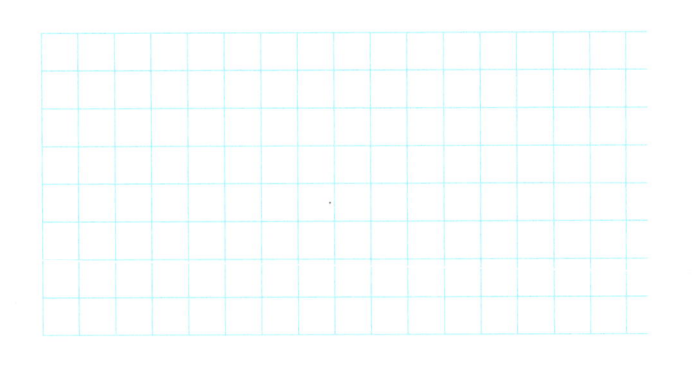

Abschlusstest | Teil B Komplexe Aufgaben | 81

8 Ferienplanung

Die vierköpfige Familie Dogan sucht eine Ferienwohnung in Österreich. Die drei abgebildeten Angebote kommen in die engere Wahl.

Ferienwohnung Sonne
70 € pro Nacht · Nebenkosten (Strom und Endreinigung: 40 € pro Person

Ferienwohnung Alpenblick
Endreinigung EUR 50,00 pro Aufenthalt, keine weiteren Nebenkosten
EUR 80 pro Nacht

Ferienappartement Höhenluft
90 € pro Nacht · Keine weiteren Nebenkosten

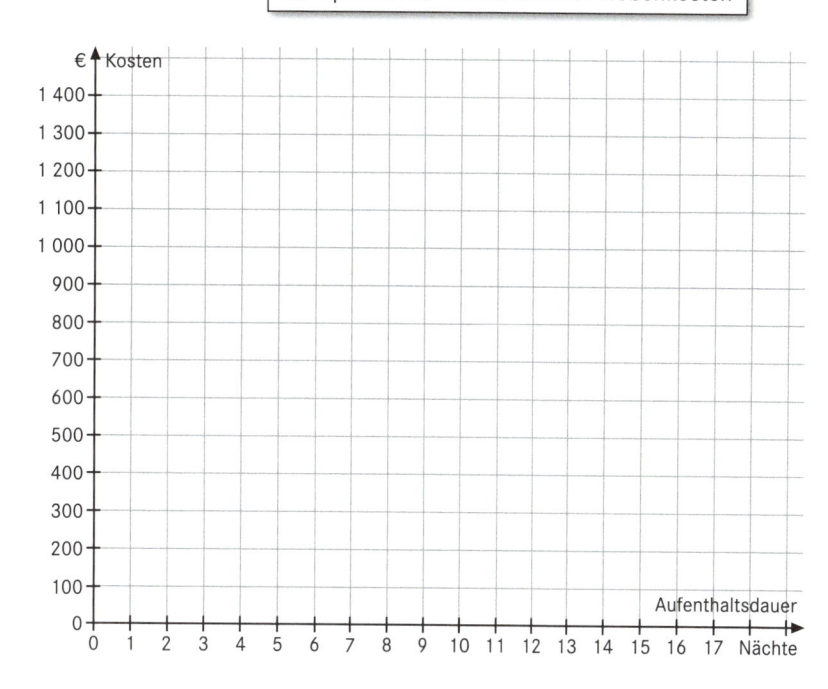

a) Beschreibe das Angebot „Ferienwohnung Sonne" durch eine Funktionsgleichung.

   y = _____

b) Stelle die Zuordnungen im Koordinatensystem dar.

c) Familie Dogan will genau zwei Wochen bleiben. Schlage mithilfe der Grafik vor, für welches Angebot sich die Familie entscheiden sollte.

   _____
   _____

9 Sonnenfinsternis

Am 19. März 2015 berichtete ein Internetdienst:

> **Stromnetz vor Härtetest**
> Während der morgigen Sonnenfinsternis werden die Solaranlagen in Deutschland (Gesamtleistung: ca. 18 Gigawatt) maximal 6 Gigawatt liefern. Das sind gerade mal 3 % der normalen Leistung!

Die nebenstehende Meldung ist fehlerhaft. Begründe.

_____
_____
_____

10 Verein

Rechts abgebildet siehst du eine Umfrage unter 325 Jugendlichen, die in ihrer Freizeit Fußball spielen.

	spielen in ihrer Freizeit Fußball	davon im Verein
Mädchen	75	15
Jungen	250	35

a) Wie viel Prozent derjenigen, die Fußball in ihrer Freizeit spielen, sind auch Mitglied im Fußballverein?

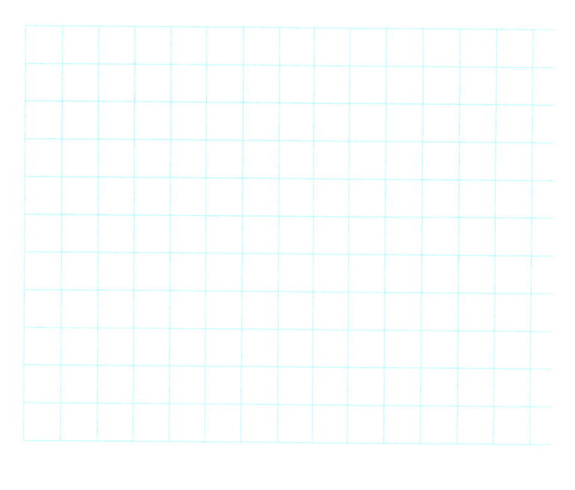

_____

b) Helena meint dazu: „Von allen, die in einem Verein Fußball spielen, sind nur 30 % Mädchen." Stimmt das? Begründe deine Antwort.

_____

c) Justus ergänzt: „Wenn Jungen in ihrer Freizeit Fußball spielen, dann sind sie auch deutlich häufiger im Verein als Mädchen, die in ihrer Freizeit Fußball spielen." Hat Justus recht? Begründe.

_____

★ ⑪ Zahlenrätsel

a) Finde zu den Zahlenrätseln eine passende Gleichung und löse sie.

(1) Verdoppelst du die Summe aus dem Fünffachen einer Zahl und 7, so erhältst du das um 53 vermehrte Produkt aus dieser Zahl und – 3.

(2) Subtrahierst du von einer Zahl – 8, so erhältst du das Fünffache dieser Zahl vermehrt um 64.

(3) Max verringert das Vierfache einer Zahl um 17, Moritz verdreifacht die Differenz zwischen dieser Zahl und 2. Beide erhalten das gleiche Ergebnis.

(A) 2 (5x + 7) = – 3x + 53

(B) 2 · 5x + 7 = – 3x + 53

(C) 2 (5x + 7) = – 3x · 53

(D) x – 8 = 5x + 64

(E) x : 8 = 5x + 64

(F) x – (– 8) = 5x + 64

(G) 4x – 17 = 3x – 2

(H) 4x – 17 = 3 (x – 2)

(I) 4 (x – 17) = 3 (x – 2)

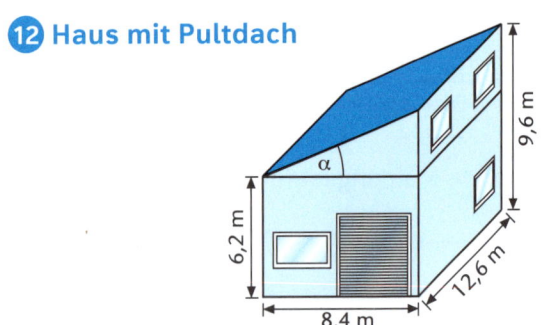

(1) _____ (2) _____ (3) _____

⑫ Haus mit Pultdach

a) Berechne den umbauten Raum des Hauses.

_____

b) Wie groß ist der Flächeninhalt der Seitenflächen?

_____

★ c) Berechne den Neigungswinkel α des Daches.

⑬ Taschengeld

Eine Gruppe von Jugendlichen wurde nach der Höhe ihres monatlichen Taschengeldes befragt. Das Ergebnis wurde in einem Boxplot dargestellt. Formuliere einige Aussagen, die du am Boxplot ablesen kannst. Benutze dabei auch die Begriffe *Spannweite*, *Median*, *unteres Quartil*, *oberes Quartil* und *Streuung*.

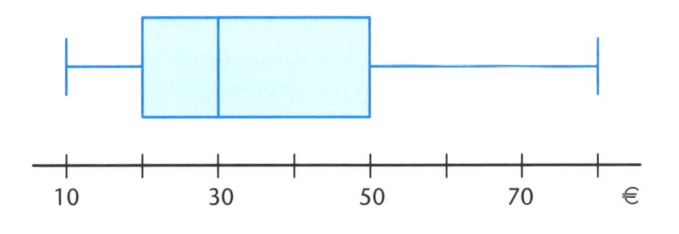

_____

_____

_____

14 Elefantenfüße

Die blaue Moschee in Istanbul gehört zu den beeindruckendsten Bauten der Welt. Ihre 43 m hohe Hauptkuppel, die einen Durchmesser von knapp 24 m aufweist, wird von vier dicken massiven Pfeilern getragen, die wegen ihres Aussehens auch „Elefantenfüße" genannt werden. Alle vier Elefantenfüße sind gleich hoch. Auf dem Foto ist ungefähr das unterste Viertel eines Elefantenfußes zu sehen.

a) Schätze die Maße des Elefantenfußes.

   Durchmesser: _____   Höhe: _____

b) 1 m³ des Pfeilers wiegt ca. 2 t. Wie viel Tonnen wiegen die vier Elefantenfüße ungefähr zusammen? Rechne mit den Schätzwerten aus a).

   Masse: _____

15 Strom

Die nebenstehende Grafik zeigt die Entwicklung der Solarstromerzeugerkosten im Vergleich zum „normalen" Strompreis.

a) Um wie viel Cent ist der Preis für die Solarstromerzeugung im Durchschnitt pro Jahr zwischen 2000 und 2010 gefallen?

b) In welchem Jahr betrugen die Kosten für die Solarstromerzeugung das Doppelte der „normalen" Strompreise?

c) Die Prognose ab dem Jahr 2012 geht von einer konstanten jährlichen Abnahme des Solar-Strompreises in Cent aus. Begründe, warum sich der Strompreis für Solarstrom in den nächsten 30 Jahren nicht in dieser Weise weiterentwickeln kann.

d) In 20 Jahren haben sich die „normalen" Strompreise verdoppelt. Erstelle in deinem Heft ein Diagramm, das den Eindruck vermittelt, dass die Kosten für „normalen" Strom nahezu konstant bleiben bzw. nur sehr langsam steigen.

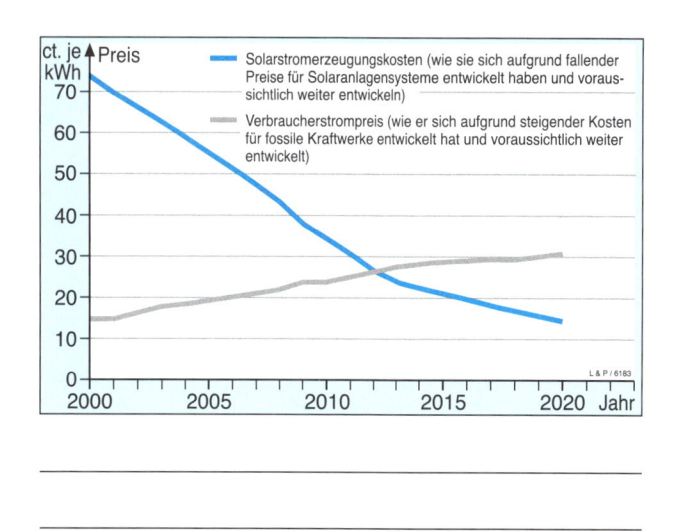

⭐ 16 Gleichungen

Löse die Gleichungen. Überlege zuerst, ob du eine Lösungsformel brauchst.

(1) $(x + 3) \cdot (8 - 2x) = 0$
Lösungen: _____

(2) $x^2 + 5x = 0$
Lösungen: _____

(3) $3x^2 - 8 = 4$
Lösungen: _____

(4) $2x^2 - 12x + 4 = 18$
Lösungen: _____

⭐ 17 Bogenbrücke

Die Abbildung zeigt den parabelförmigen Bogen einer steinernen Brücke.

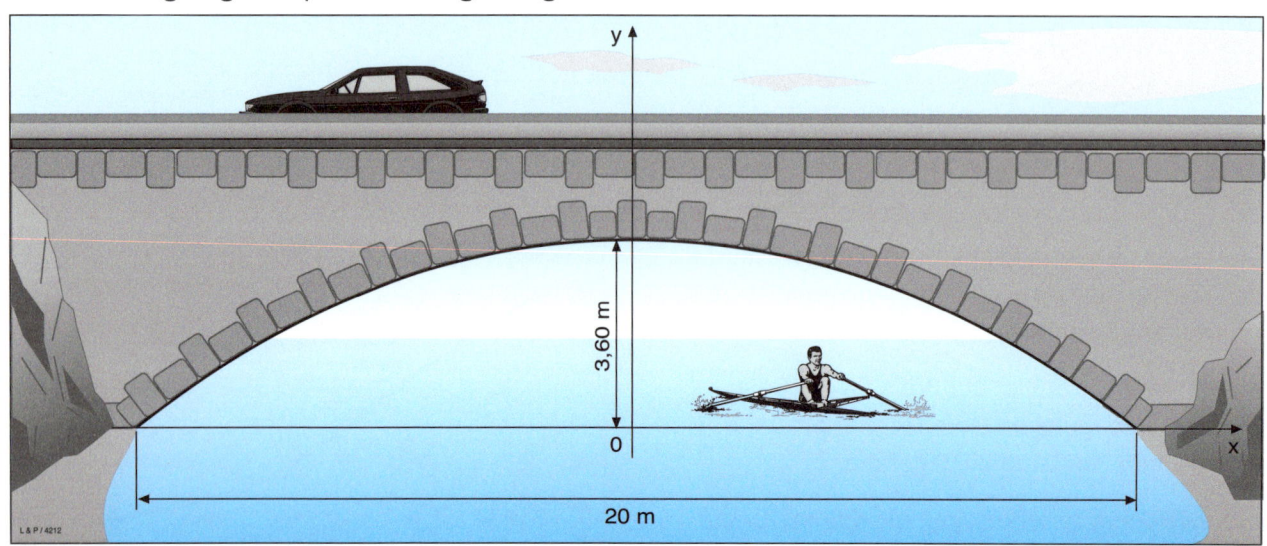

Der Bogen unter der Brücke kann mit einer Funktionsgleichung der Form $y = ax^2 + c$ beschrieben werden.

a) Bestimme c in dieser Funktionsgleichung. c = _____

b) Bestimme a in dieser Funktionsgleichung. a = _____

Abschlusstest | Teil B Komplexe Aufgaben | 85

18 Nerobergbahn

Seit mehr als 120 Jahren fährt in Wiesbaden die Nerobergbahn, die ausschließlich durch Schwerkraft einen Höhenunterschied von 83 m überwindet. Und das geht so: Der talwärts fahrende Wagen zieht den anderen Wagen nach oben. Das nötige Gewicht liefert das sogenannte Ballastwasser, das jeweils der nach unten fahrende Wagen in einem Tank mit sich führt.
Ermittle die Länge der blauen Gleisstrecke von Nerotal nach Neroberg.

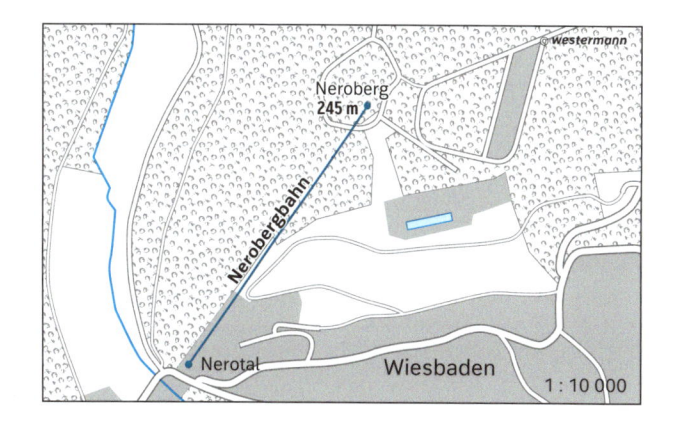

★ 19 Weltbevölkerung

Im Oktober 2011 meldeten die Medien: Die Weltbevölkerung hat die Marke von sieben Milliarden erreicht. 1804 gab es 1 Mrd. Menschen, 1927 waren es 2 Mrd. und 1974 schon 4 Mrd.

a) Welche (durchschnittliche, gleichbleibende) Wachstumsrate pro Jahr zwischen 1927 und 1974 passt hierzu? Kreuze an. Schreibe zur Begründung deinen Rechenweg dazu auf.

☐ 1,01 %   ☐ 1,28 %   ☐ 1,45 %
☐ 1,49 %   ☐ 2,12 %

b) Im Dezember 2015 lebten rund 7,3 Mrd. Menschen auf der Erde. Schätzungen für die Weltbevölkerung nach 2015 rechnen mit etwas weniger als 1 % Zuwachs pro Jahr. Wie viele Menschen leben dann höchstens im Jahr 2050 auf der Erde?

20 Maßänderungen

a) Richtig oder falsch? Korrigiere falsche Aussagen und begründe.
   (1) Verdreifacht man den Radius eines Kreises, verdreifacht sich auch der Umfang.
   (2) Verdoppelt man den Radius eines Kreises, verdoppelt sich auch der Flächeninhalt.

b) Wie verändert sich das Volumen eines Kegels, wenn man seine Höhe und zugleich seinen Radius verdoppelt? Schreibe auf, wie du rechnest.

21 Liebesschlösser

Das Foto zeigt die Hohenzollernbrücke in Köln. An einer Seite der Brücke gibt es zwischen jeweils zwei von 50 senkrechten Stahlträgern sechs Gitter, an denen „Liebesschlösser" hängen.

a) Schätze die Anzahl aller Schlösser an dieser Brückenseite mithilfe des abgebildeten Gitters.

b) In einer Zeitung stand: „Mehr als 40 000 Schlösser hängen dort." Wie viele hängen dann durchschnittlich an jedem Gitter?

22 Pausenhof der da-Vinci-Schule

Im Bundesland der da-Vinci-Schule gibt es eine Vorschrift für die Größe des Pausenhofes an Schulen: Pro Schüler müssen 5 m² Platz sein.
Die da-Vinci-Schule hat 640 Schüler und Schülerinnen. Der rechteckige Pausenhof ist 40 m breit und 73 m lang.

a) Genügt der Pausenhof den Vorschriften?

b) Wie ist die Länge des Pausenhofs bei gleicher Breite zu ändern, damit er exakt die Vorschriften erfüllt?

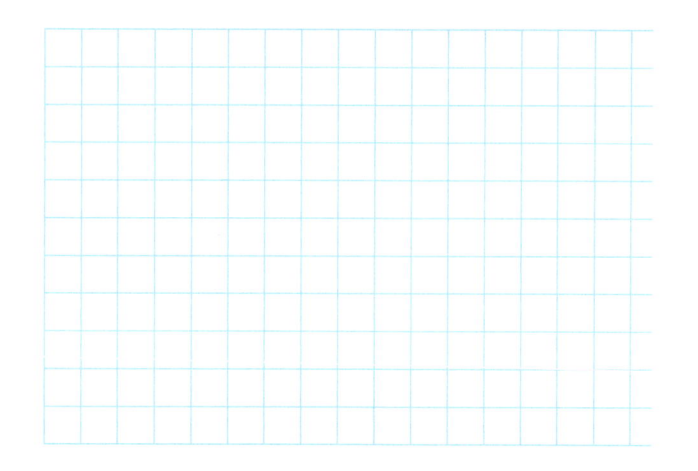

23 Wohnmobil

Für die kommenden Sommerferien plant Familie Wiener, drei Wochen (21 Tage) lang mit dem Wohnmobil Südfrankreich zu erkunden. Die geplante Reiseroute umfasst etwa 2500 km. Welches der drei Angebote würdest du Familie Wiener empfehlen? Begründe.

Die Angebote von drei Verleihfirmen lauten:

	Mietgebühr pro Tag	€ pro gefahrene Kilometer
Firma A:	48,00 €	0,20 €
Firma B:	72,00 €	0,10 €
Firma C:	80,00 €	– €

Abschlusstest | Teil B Komplexe Aufgaben | 87

24 Riesen-Kürbis

Der Amerikaner Chris Stevens hat 2010 den größten Kürbis der Welt gezüchtet und sich damit einen Eintrag ins Guinnessbuch der Rekorde gesichert. Sein Kürbis brachte es auf einen Umfang von 4,7 m. Mit 821,24 kg war das Gewicht zudem 38,56 kg schwerer als der bisherige Rekordhalter. Auf die Seite gelegt, reicht der Kürbis einem normal großen Menschen bis zur Hüfte. Malte möchte wissen, wie groß das Volumen des Kürbisses in etwa ist. Zunächst schätzt er mithilfe der Angaben im Text und des Fotos die Maße des Kürbisses ab. Dann stellt er sich den Kürbis nacheinander als Quader mit quadratischer Grundfläche, als Zylinder und als Kugel vor und schätzt so auf drei verschiedene Arten das Volumen des Kürbisses ab.

a) Gehe wie Malte vor. Schätze die benötigten Maße und führe die drei Rechenwege aus.

b) Welche der drei Abschätzungen eignet sich am besten? Begründe.

Quader:

Zylinder:

Kugel:

25 Sonderpreis

a) Kreuze an, mit welchen Methoden (1), (2) oder (3) der Mofapreis bei Barzahlung richtig berechnet wird.
- ☐ (1) Man berechnet 15 % von 1500,– € und subtrahiert das Ergebnis von 1500,– €.
- ☐ (2) Man berechnet 85 % von 1500,– € und zieht noch 3 % des gesenkten Preises ab.
- ☐ (3) Den Preis bei Barzahlung kann man so berechnen: 1500 € · 0,85 · 0,97.

b) Was kostet das Mofa bei Barzahlung?

Preis: _____

1500 €
Sonderaktion: 15 % billiger!!!
Bei Barzahlung: Noch einmal 3 % Rabatt auf den gesenkten Preis!!!

★ 26 Behälter mit Kugeln

In einem Behälter sind 3 blaue und 4 weiße Kugeln. Marc schlägt Björn folgendes Spiel vor:

„Du darfst verdeckt nacheinander zwei Kugeln ziehen, ohne die zuerst gezogene Kugel in den Behälter zurückzulegen. Du gewinnst, wenn die beiden Kugeln die gleiche Farbe haben, sonst gewinne ich."

Zeichne ein Baumdiagramm und berechne die Gewinnchancen.

Baumdiagramm:

Gewinnchance für Marc: _____

Gewinnchance für Björn: _____

Bearbeitungshinweis: Die Bearbeitungszeit beträgt 135 Minuten.
Alle Lösungswege müssen nachvollziehbar dokumentiert sein. Denken Sie* an Begründungen und bei Textaufgaben an den Antwortsatz.
Erlaubte Hilfsmittel sind: eine Formelsammlung, ein Nachschlagewerk der deutschen Rechtschreibung und ein wissenschaftlicher Standard-Taschenrechner; nicht grafikfähig, nicht programmierbar, nicht symbolisch rechnend.
Aufgaben auf dem Erweiterungsniveau (E-Niveau) sind mit einem Stern (*) gekennzeichnet.

Aufgabe 1: Basisaufgaben

a) Die Wahrscheinlichkeit, ohne Hinzusehen eine weiße Kugel zu ziehen, soll 50 % betragen.

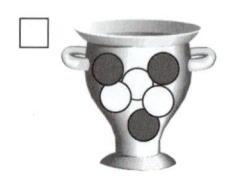

Kreuzen Sie an, aus welchem Topf gezogen werden muss.

b) Geben Sie eine Zahl an, die größer als – 150 ist.

_____

c) Kreuzen Sie die wahre Aussage an.

☐ $1{,}5 < \frac{3}{2}$ ☐ $\frac{8}{5} > \frac{3}{2}$ ☐ $\sqrt{2} > \frac{3}{2}$

d) Die Geraden g und h sind parallel zueinander.
Geben Sie die Größe des Winkels α an.

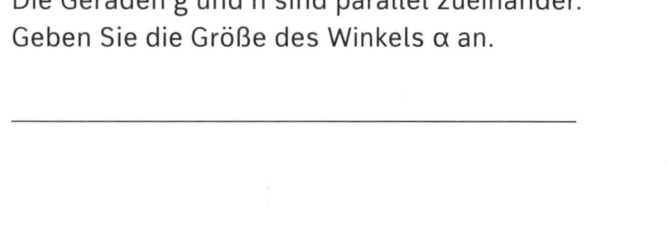

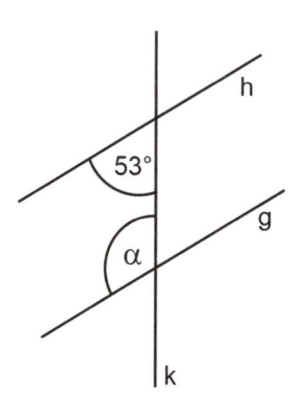

_____

(Skizze nicht maßstabsgerecht)

e) Max hat 400 € auf seinem Konto. Er erhält 2 % Zinsen im Jahr.
Geben Sie an, wie viel Euro Zinsen er nach einem Jahr bekommt.

_____

f) Geben Sie den Zentralwert (Median) folgender Messdaten an.
5 °C   7 °C   3 °C   8 °C   1 °C   8 °C   5 °C

_____

_____

(*) In den MSA-Prüfungsarbeiten von Berlin und Brandenburg werden die Schülerinnen und Schüler mit „Sie" angesprochen.

g) Kreuzen Sie die wahre Aussage an.

Multipliziert man eine positive Zahl mit einer negativen Zahl, so ist das Ergebnis

☐ ... immer positiv.

☐ ... immer negativ.

☐ Das kann man nicht entscheiden.

h) Eine Wassertonne mit 600 Liter Fassungsvermögen ist zu $\frac{2}{3}$ gefüllt.

Geben Sie an, wie viel Liter Wasser nachgefüllt werden müssen, damit die Tonne voll ist (ohne überzulaufen).

_____

* i) Die abgebildete Normalparabel soll um zwei Einheiten nach rechts verschoben werden.

Geben Sie die Koordinaten des Scheitelpunktes der **verschobenen** Parabel an.

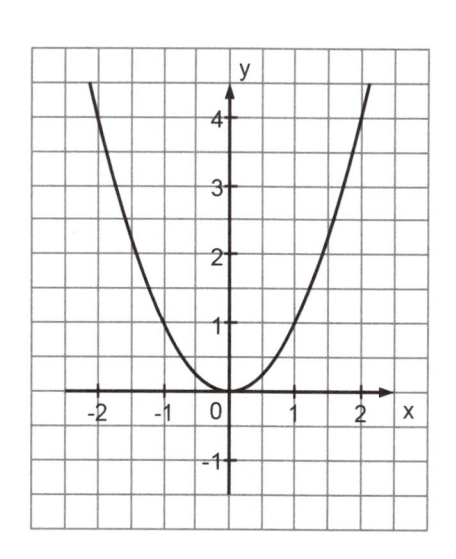

S (___ | ___)

* j) Kreuzen Sie die wahre Aussage an.

☐ $\sqrt{(-4)^2} = -4$ ☐ $\sqrt{(-4)^2} = +4$ ☐ $\sqrt{(-4)^2}$ ist nicht definiert.

Aufgabe 2: Fernsehturm

Der Berliner Fernsehturm ist ein beliebtes Ausflugsziel.

Eintrittspreise: Erwachsene: 12,00 €
Kinder (3 bis 16 Jahre): 7,50 €

Im Winter gibt es ein Sonderangebot:

20 % Rabatt auf den Eintrittspreis

(Hinweis: „Rabatt" bedeutet „Preisnachlass")

a) Familie Krause (Vater, Mutter, der 13-jährige Sohn und der Großvater) besucht im Winter den Fernsehturm und nutzt das Sonderangebot.

Entscheiden Sie jeweils, ob der Term für die Berechnung des Rabatts richtig oder falsch ist.

Kreuzen Sie an.

Berechnung des Rabatts	richtig	falsch
$(2 \cdot 12\ € + 2 \cdot 7{,}50\ €) \cdot \frac{20}{100}$	☐	☐
$\frac{1}{5} \cdot (36\ € + 7{,}50\ €)$	☐	☐
$\frac{20 \cdot (12\ € + 12\ € + 12\ € + 7{,}50\ €)}{100}$	☐	☐

b) Berechnen Sie, wie viel Euro Familie Krause für den Eintritt bezahlt.

Aufgabe 3: Sterne

Die Entfernung zwischen Sternen kann in Lichtjahren angegeben werden.
Ein Lichtjahr ist die Strecke, die das Licht in einem Jahr zurücklegt.

Es gilt: 1 Lichtjahr = 9 460 000 000 000 km.

a) Geben Sie an, wie viele Kilometer 100 Lichtjahren entsprechen.

_____

b) Welcher Zahl entspricht $9{,}46 \cdot 10^{12}$?

  Kreuzen Sie an.

  ☐ 94 600 000 000 000

  ☐ 9 460 000 000 000

  ☐ 946 000 000 000 000

* **c)** Das Licht legt in einer Sekunde einen Weg von ca. $3 \cdot 10^5$ km zurück.
  Der Stern Proxima Centauri ist ca. $4{,}03 \cdot 10^{15}$ km von der Sonne entfernt.

  • Berechnen Sie die Zeit, die das Licht für den Weg von der Sonne bis zum Stern
    Proxima Centauri benötigt.
    Geben Sie das Ergebnis in Sekunden an.

  • Ermitteln Sie, wie viele Jahre das Licht dann für diesen Weg benötigt.
    (1 Jahr = 365 Tage)

Aufgabe 4: Fallschirmspringer

Tom springt mit einem Fallschirm aus einem Flugzeug.
In den ersten 20 Sekunden fällt Tom frei, d. h. ohne geöffneten Fallschirm.
Dann öffnet er den Fallschirm und sein Gleitflug beginnt.
Der Graph G stellt Toms Flughöhe in Abhängigkeit von der Zeit dar.

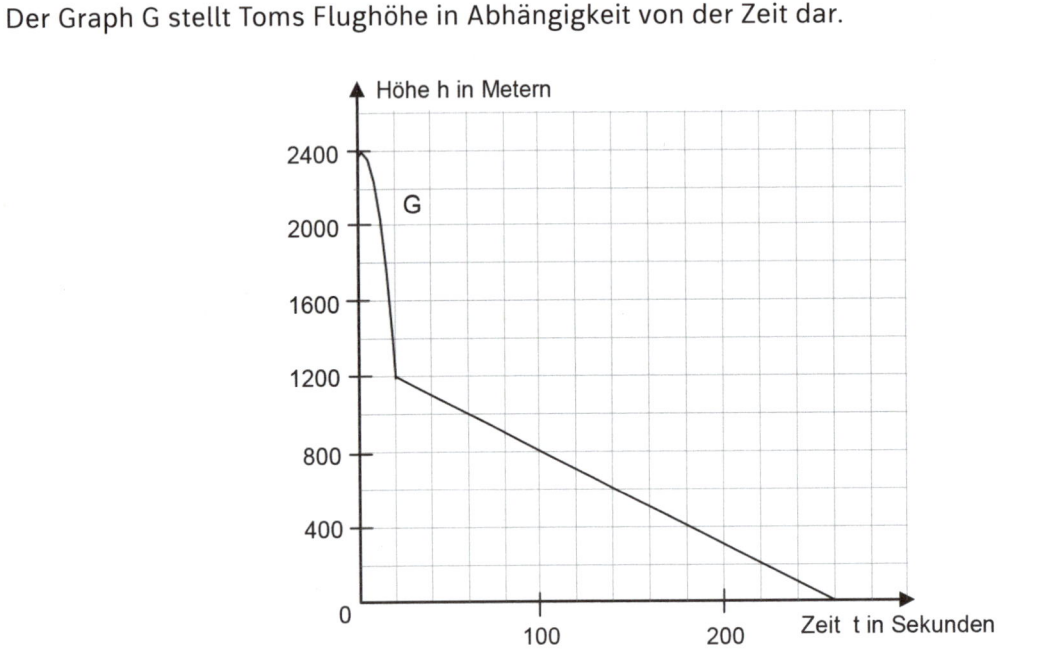

a) Geben Sie an, in welcher Höhe Tom das Flugzeug verlassen hat und nach welcher Zeit er auf dem Boden gelandet ist.

* b) Kreuzen Sie an, welche der folgenden Parabelgleichungen zum Graphen G in den ersten 20 Sekunden passen könnte.

   ☐ $h(t) = 3t^2 + 2400$ ☐ $h(t) = 3t^2 - 2400$

   ☐ $h(t) = -3t^2 + 2400$ ☐ $h(t) = -3t^2 - 2400$

   Begründen Sie Ihre Entscheidung.

   _____

   _____

* c) Nach 20 Sekunden öffnet Tom in 1200 m Höhe den Fallschirm und nach weiteren 100 Sekunden hat er eine Höhe von 700 m erreicht. Er schwebt mit einer konstanten Geschwindigkeit dem Erdboden entgegen.
   Berechnen Sie diese Geschwindigkeit in $\frac{km}{h}$.

* d) Der Graph für den Gleitflug bei geöffnetem Fallschirm liegt auf einer Geraden.
   Stellen Sie eine Gleichung für diese Gerade auf.

Aufgabe 5: Drachenviereck

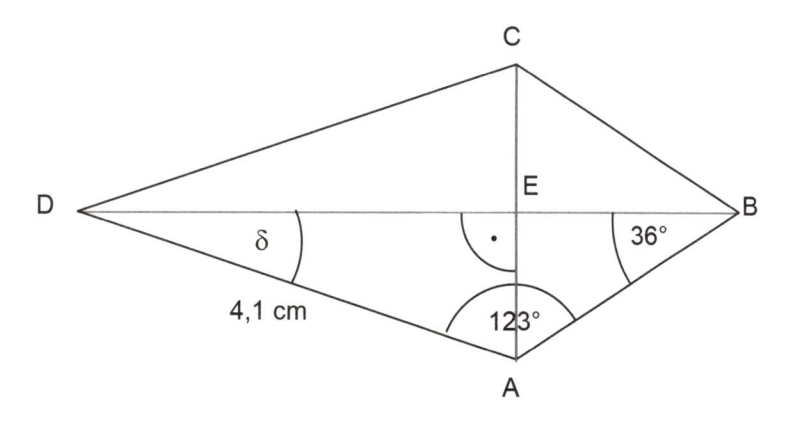

(Skizze nicht maßstabsgerecht)

a) Wie viele verschiedene Dreiecke lassen sich bilden, bei denen drei der Punkte A, B, C, D und E die Eckpunkte sind?

Kreuzen Sie an.

☐ 6   ☐ 8   ☐ 10   ☐ 12

b) Geben Sie die Größe des Winkels δ an.

_____

* c) Berechnen Sie die Länge der Strecke $\overline{BD}$.

d) Der Flächeninhalt des Dreiecks AED soll ermittelt werden.

   • Geben Sie die benötigten Seiten und Winkel an.
   • Notieren Sie eine Reihenfolge der Schritte, die zur Berechnung des gesuchten Flächeninhaltes notwendig sind.

Aufgabe 6: Karlsruher Pyramide

Das Bild zeigt das Wahrzeichen der Stadt Karlsruhe, eine quadratische Pyramide aus Sandstein.

Tim hat ein Modell der Pyramide im Maßstab 1 : 10 gebaut.

Sein Modell ist 0,68 m hoch.
Die Grundkante ist im Modell 0,80 m lang.

a) Geben Sie an, wie hoch die Karlsruher Pyramide tatsächlich ist und welche Länge ihre Grundkante hat.

b) Zeichnen Sie die Höhe ein und beschriften Sie die Skizze der Modellpyramide mit den gegebenen Maßen.

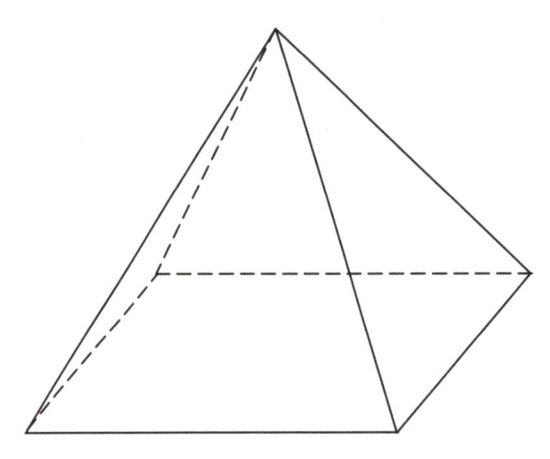

(Skizze nicht maßstabsgerecht)

c) Die Seitenflächen der Modellpyramide baut Tim aus dünnem Sperrholz. Weisen Sie nach, dass er für eine Seitenfläche ca. 0,32 m² Sperrholz braucht.

d) Abschließend streicht Tim alle Seitenflächen außen mit farbigem Lack zweimal an. Ein Liter farbiger Lack reicht für das Anstreichen von 10 m².

Farbigen Lack gibt es im Baumarkt in folgenden Abpackungen:

Dosengröße	S	M	L
Inhalt	375 ml	750 ml	2,5 l
Preis	8,49 €	12,49 €	31,95 €

Tim möchte die Dosengröße **M** kaufen. Paul sagt, die Dosengröße **S** reicht.

• Entscheiden Sie, wer recht hat.

• Begründen Sie Ihre Entscheidung.

Aufgabe 7: Fußball

In der Saison 2012/13 hat Hertha BSC in der 2. Bundesliga gespielt.

a) Zu den 17 Heimspielen kamen insgesamt 680 353 Zuschauer.
Berechnen Sie, wie viele Zuschauer durchschnittlich ein Heimspiel besucht haben.
Runden Sie sinnvoll.

b) Von den insgesamt 34 Spielen hat die Mannschaft 22-mal gewonnen,
10-mal unentschieden gespielt und 2-mal verloren.
Geben Sie die relative Häufigkeit an, mit der ein Spiel gewonnen wurde.

c) In allen Spielen der 2. Bundesliga wurden in dieser Saison 83 Elfmeter gegeben.
Davon wurden 71 verwandelt.

- Berechnen Sie den prozentualen Anteil der nicht verwandelten Elfmeter in dieser Saison.
- Zeichnen Sie diesen Anteil in das vorbereitete Kreisdiagramm ein.
- Geben Sie die Größe des zugehörigen Winkels an.

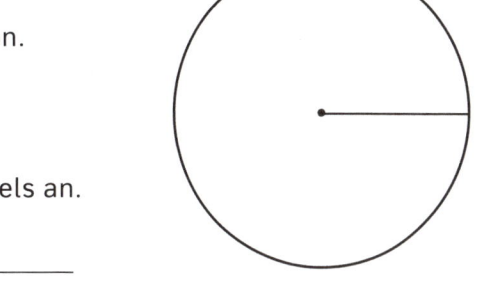

* **d)** Beim Training für das Elfmeter-Schießen stehen 11 Spieler zur Verfügung.
Jeder darf höchstens einmal schießen. Die Reihenfolge der Schützen wird zufällig ausgewählt.
Die Fans von Hertha hoffen darauf, dass Torjäger Ronny unter den ersten drei Schützen ist.

- Vervollständigen Sie dazu das vorgegebene Baumdiagramm und tragen Sie die fehlenden Wahrscheinlichkeiten ein.

Ronny wird ausgewählt: R
Ronny wird nicht ausgewählt: nR

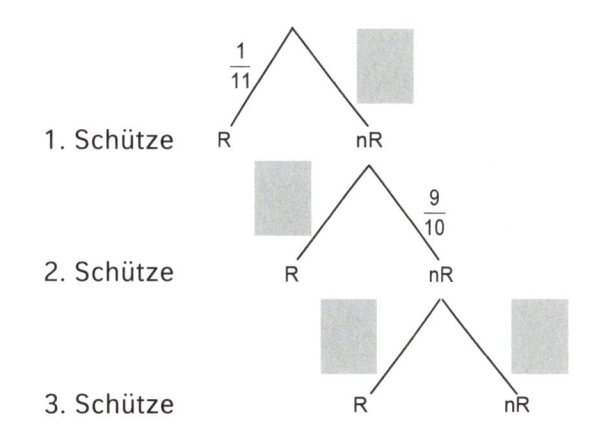

- Berechnen Sie die Wahrscheinlichkeit dafür, dass Ronny unter den ersten drei Schützen ist.

Aufgabe 1: Basisaufgaben

a) Bestimmen Sie 13 % von 50 €.

_____

b) Eine Lostrommel enthält 80 Nieten und 20 Gewinnlose.
   Geben Sie die Gewinnwahrscheinlichkeit P an.

   P(Gewinn) = _____

c) Geben Sie eine Zahl an, die zwischen $\frac{1}{2}$ und $\frac{4}{5}$ liegt.

_____

d) Ein Spielwürfel wird einmal geworfen.
   Geben Sie die Wahrscheinlichkeit dafür an,
   dass weder eine 1 noch eine 6 gewürfelt werden.

_____

e) Frau Klein erhält in einem Jahr für ihre 10 000 € Sparguthaben 230 € Zinsen.
   Bestimmen Sie den Zinssatz.

_____

f) Es gilt: α = 50° und γ = 30°.
   Geben Sie die Größe des Winkels β an.

   β = _____

   (Skizze nicht maßstabsgerecht)

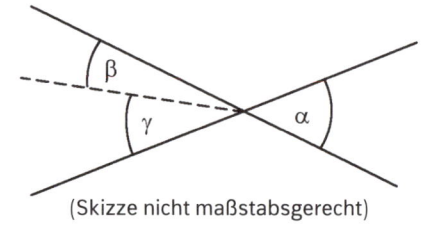

g) Geben Sie einen Term für die Berechnung des
   Umfangs u der grauen Fläche an.

   _____

h) Ordnen Sie die Zahlen nach ihrer Größe.
   Beginnen Sie mit der kleinsten Zahl.

   $-\frac{1}{2}$; 1,4; −0,512; $\sqrt{2}$

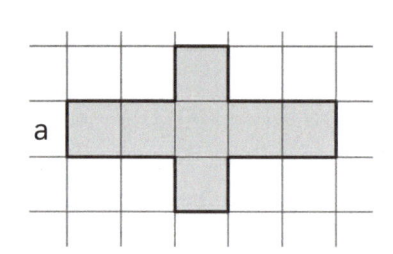

_____

i) Geben Sie den Anteil der grau gefärbten Fläche
   als Bruch und in Prozent an.

_____

Aufgabe 2: Wanderung

Zwei Wandergruppen aus Berlin und Potsdam sind in einer Jugendherberge untergebracht. Beide Gruppen wollen zur Badestelle laufen.

a) Die Potsdamer Gruppe entscheidet sich für den Weg zur Badestelle, der am **Forsthaus** vorbeiführt.

   Ermitteln Sie die Länge des Weges in km.

* b) Die Berliner Gruppe wandert zuerst zum Restaurant und danach zur Badestelle.

   Berechnen Sie die Gesamtlänge dieses Weges.

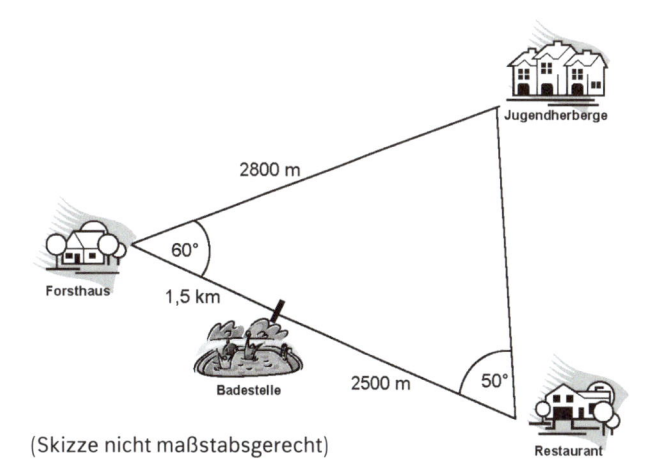

* c) Die Berliner Gruppe ist mit einer durchschnittlichen Geschwindigkeit von 5 $\frac{km}{h}$ unterwegs. Um 11:30 Uhr ist die Gruppe am Restaurant, macht dort 45 Minuten Pause und wandert dann weiter zur Badestelle.

   Berechnen Sie, zu welcher Uhrzeit die Berliner Gruppe an der Badestelle ankommt.

Aufgabe 3: Sparbuch

Ab seinem 11. Geburtstag zahlt Tom immer an seinem Geburtstag 200,00 € auf sein Sparbuch ein. An seinem 15. Geburtstag fertigt Tom folgende Tabelle an:

Geburtstag	11.	12.	13.	14.	15.
Zinsen	–	4,00 €	8,08 €	12,24 €	
Einzahlung	200,00 €	200,00 €	200,00 €	200,00 €	200,00 €
Guthaben	200,00 €	404,00 €	612,08 €		1 040,81 €

a) Der Zinssatz für Toms Guthaben beträgt 2 % pro Jahr.

   Weisen Sie für das erste Jahr nach, dass das richtig ist.

b) Vervollständigen Sie die Tabelle.

c) Tom entschließt sich bei einer anderen Bank 1 000 € für 5 Jahre anzulegen. Der Zinssatz beträgt 3 % pro Jahr.

   Berechnen Sie, welches Guthaben sich nach 5 Jahren auf Toms Konto befinden wird.

* d) Bei einer anderen Bank erhält man einen Zinssatz von nur 0,25 % jährlich.

   Erklären Sie, wodurch es der Bank trotzdem gelingt, die Guthabenentwicklung in der Grafik günstig aussehen zu lassen.

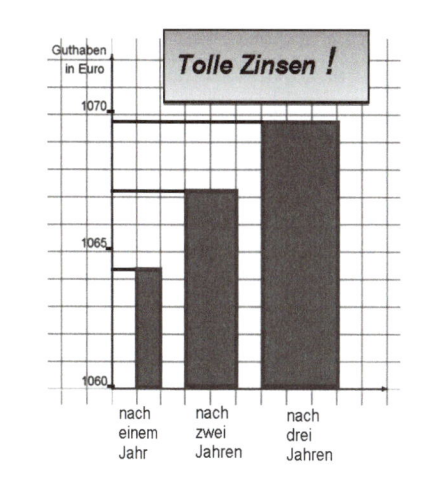

Aufgabe 4: Kraftstoffpreise

In der Tabelle stehen die Preise an einer Tankstelle für die beiden Kraftstoffe E 10 und Diesel.
Die Preise sind in Cent pro Liter angegeben.
Die Tabelle zeigt den Zeitraum vom 03.07. bis zum 04.09.2012:

	03.07.	10.07.	17.07.	24.07.	31.07.	07.08.	14.08.	21.08.	28.08.	04.09.
E 10	154,2	157,4	158,8	159,7	159,1	161,0	164,8	169,2	168,1	167,0
Diesel	139,6	142,5	144,2	145,4	146,2	147,1	150,7	154,0	153,1	152,0

a) Geben Sie das Minimum und das Maximum des Preises für **E 10** in diesem Zeitraum an.

b) Berechnen Sie die Spannweite des Preises für **Diesel** in diesem Zeitraum.

Herr Meier ist Taxifahrer. Sein Taxi verbraucht rund neun Liter Diesel auf 100 Kilometer.

c) Im Jahr 2011 betrug der durchschnittliche Preis für einen Liter Diesel 145,5 Cent.
   Herr Meier fuhr im Jahr 2011 insgesamt 100 000 km.

   Berechnen Sie die Kraftstoffkosten von Herrn Meier für das Jahr 2011.

d) Im Herbst 2012 stöhnt Herr Meier: „Wenn ich genauso viel fahre wie im vergangenen Jahr und der durchschnittliche Preis in diesem Jahr 152,0 Cent beträgt, dann habe ich in diesem Jahr 585 € mehr Kraftstoffkostenkosten als im letzten Jahr."

   Weisen Sie nach, dass Herr Meier recht hat.

e) Herr Meier behauptet: „Der Preis für einen Taxikilometer müsste um ca. 6 Cent erhöht werden, um diesen Anstieg auszugleichen."

   Er hat gerechnet: 585 € = 585 000 ct
                        585 000 ct : 100 000 = 5,85 ct

   Erklären Sie, was Herr Meier in seiner Rechnung falsch gemacht hat.
   Korrigieren Sie seine Rechnung und seine Behauptung.

Aufgabe 5: Glücksrad

Pauls Vater hat für den Kindergeburtstag im Garten ein Glücksrad aufgebaut (siehe Abbildung). Für eine Spielrunde wird das Rad zweimal nacheinander gedreht.

Jedes Feld auf dem Glücksrad hat die gleiche Wahrscheinlichkeit.

a) Ermitteln Sie die Wahrscheinlichkeit dafür, dass der Pfeil auf ein „B" zeigt.
   Notieren Sie das Ergebnis als Bruch und in Prozent.

b) Ergänzen Sie in dem gegebenen Baumdiagramm die passenden Wahrscheinlichkeiten.

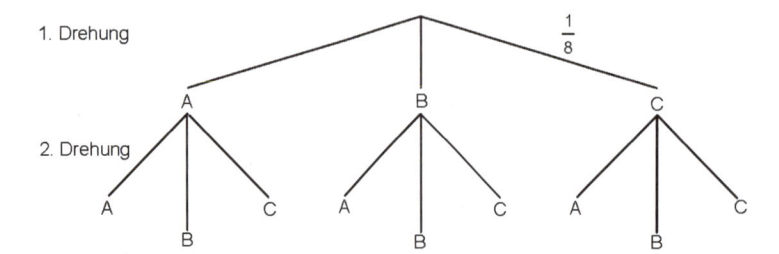

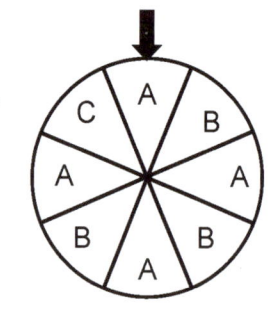

c) Berechnen Sie die Wahrscheinlichkeit dafür, dass der Pfeil zweimal nacheinander auf gleiche Buchstaben zeigt.

Aufgabe 6: Vitrine

Bäckermeister Neumann beauftragt einen Handwerksbetrieb mit dem Bau einer Kühlvitrine für sein neues Café.

Die Vitrine soll die Form eines Prismas haben.
Als Grundfläche ist ein **gleichschenkliges** Trapez mit einem Flächeninhalt von 5 225 cm² vorgesehen.

a) Berechnen Sie das Volumen der Vitrine.

b) Vervollständigen Sie die Skizze des Netzes der Vitrine. Ergänzen Sie die fehlenden Maße.

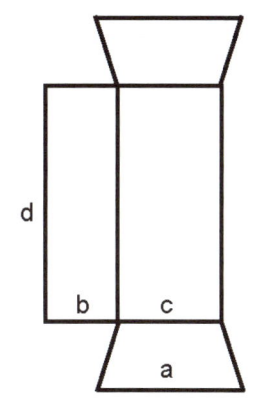

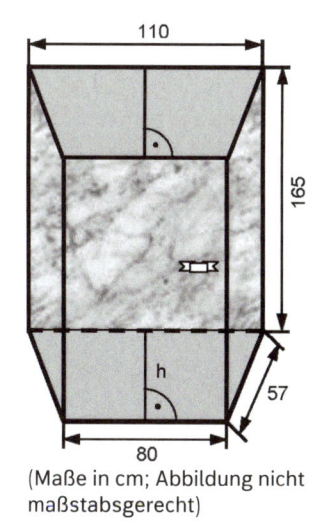

(Maße in cm; Abbildung nicht maßstabsgerecht)

a = _____

b = _____

c = 80 cm

d = _____

* c) Weisen Sie nach, dass die Tiefe h der Vitrine für Kuchenplatten mit einem Durchmesser von 50 cm ausreicht.

d) Die Rückwand der Vitrine soll aus einer rechteckigen Platte ausgesägt werden.
Es steht eine 1,8 m² große Platte zur Verfügung. Sie ist 1,20 m breit.

Kann die Platte verwendet werden? Entscheiden Sie mit Hilfe einer Rechnung.

Aufgabe 7: Funktionen

* a) Zur Parabel p gehört die Funktionsgleichung $p(x) = -x^2$.
Zur Geraden g gehört die Funktionsgleichung $g(x) = 2x - 3$.

Überprüfen Sie rechnerisch, ob der Punkt S(−3|−9) ein Schnittpunkt der Parabel p mit der Geraden g ist.

* b) Abgebildet sind eine Parabel p und eine Gerade g.
Eine weitere Gerade f soll so verlaufen, dass sie mit der Parabel p keine gemeinsamen Punkte hat.

Geben Sie eine mögliche Funktionsgleichung für f an.

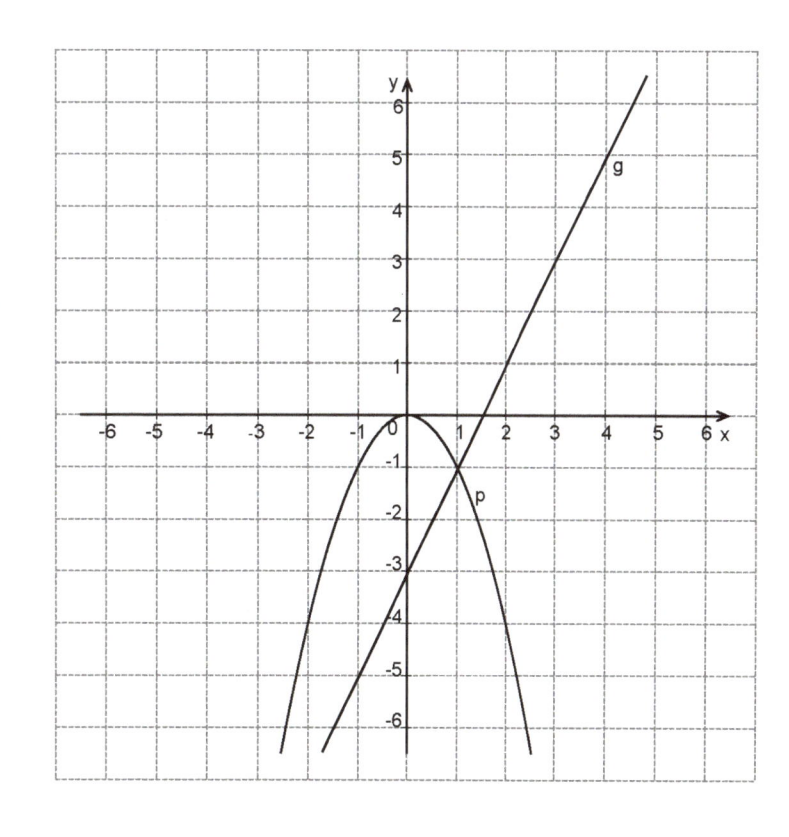

Aufgabe 1: Basisaufgaben

a) Geben Sie 5,75 Stunden (h) in Minuten (min) an. 5,75 h = _____ min

b) Max würfelt mit einem Würfel einmal. Er gewinnt, wenn er eine „1" oder eine „6" würfelt. Wie groß ist die Wahrscheinlichkeit dafür?

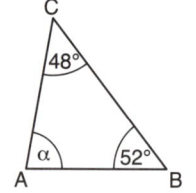

_____

c) Bestimmen Sie die Größe des Winkels α.   α = _____

(Skizze nicht maßstabsgerecht)

d) Kreuzen Sie an, welcher der vorgegebenen Terme dem Term $-(-x + 10)$ entspricht.

☐ $-x - 10$ ☐ $x + 10$ ☐ $x - 10$ ☐ $10 - x$

e) Vereinfachen Sie den Term $\sqrt{3x \cdot 27x}$ (x > 0) schrittweise so weit wie möglich.

_____

f) Ein Trapez ist ein Viereck mit genau zwei Symmetrieachsen.
Kreuzen Sie an, ob diese Aussage wahr oder falsch ist.   ☐ wahr   ☐ falsch

g) In einer Berliner Schulklasse sind 12 Kinder aus dem Umland. Das sind $\frac{3}{7}$ aller Kinder der Klasse. Geben Sie an, wie viele Kinder die Klasse besuchen.

_____

h) Kreuzen Sie an, welche Gleichung zu der dargestellten Geraden gehört.

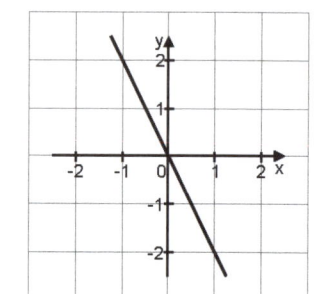

☐ $y = 2x$

☐ $y = -\frac{1}{2}x$

☐ $y = -2x$

Aufgabe 2: Quadratische Funktionen

Gegeben ist folgende verschobene Normalparabel:

a) Lesen Sie die Koordinaten des Scheitelpunkts S ab.

★ b) Geben Sie eine Funktionsgleichung dieser verschobenen Normalparabel an.

★ c) Eine andere Parabel p hat die Gleichung
$p(x) = x^2 + 2x + q$.
Ersetzen Sie das q in dieser Gleichung durch eine Zahl, so dass die zugehörige Parabel genau eine Nullstelle hat.
Begründen Sie Ihre Entscheidung.

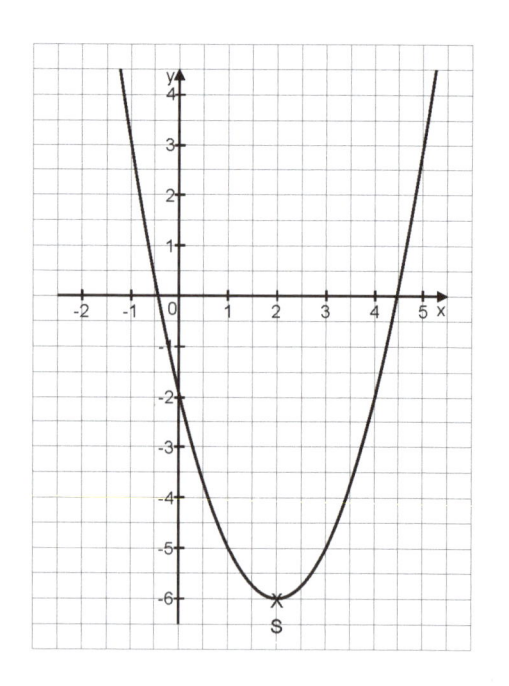

Aufgabe 3: Gewächshaus

Herr Schreber hat sich in einem Baumarkt ein Gewächshaus ausgesucht.
Im Katalog findet er folgende Abbildung:

a) Überprüfen Sie die Angabe zur Größe der rechteckigen Grundfläche im Katalog durch eine Rechnung.

b) Die grau eingefärbte Dachfläche soll einen Sonnenschutz bekommen.
Berechnen Sie die Größe dieser Dachfläche.
Runden Sie auf volle Quadratmeter.

c) Bestimmen Sie die Größe des Neigungswinkels α der Dachfläche.

Aufgabe 4: Eiffelturm

Ein Extremsportler möchte vom Punkt B auf einem Drahtseil zur Plattform des Eiffelturms laufen. Ihm steht ein 500 m langes Seil zur Verfügung. Er ermittelt durch Anpeilen von A und B aus die in der Skizze dargestellten Größen.

* a) Geben Sie die Größe des Winkels α an.
Weisen Sie nach, dass gilt: γ = 12°.

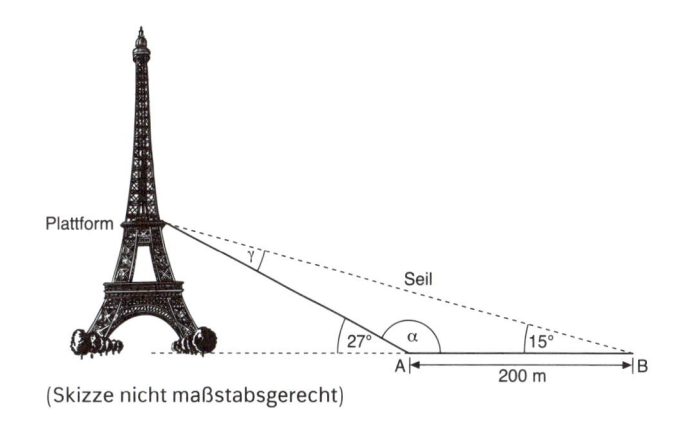

* b) Überprüfen Sie rechnerisch, ob die Länge des Seiles ausreicht.

Aufgabe 5: Hausarbeit

Anna oder Paula sollen Geschirr spülen. Beide haben keine Lust.

Anna schlägt vor:
„Der Zufall soll entscheiden, wer von uns beiden spülen muss. Jede von uns würfelt mit zwei Würfeln gleichzeitig.
Du, Paula, musst spülen, wenn die Augensumme 6, 7, 8 oder 9 fällt.
Ich muss bei allen anderen Augensummen spülen.
Das ist doch großzügig von mir."

„Du bist gar nicht großzügig!", sagt Paula, „die Augensummen sind doch nicht alle gleich wahrscheinlich."

* a) Warum meint Anna, dass sie großzügig ist? Begründen Sie.

* b) Schreiben Sie alle Möglichkeiten auf, mit 2 Würfeln die Augensumme 9 zu würfeln.

* c) Berechnen Sie die Wahrscheinlichkeit dafür, dass Paula spülen muss.
Entscheiden Sie, ob Paula benachteiligt ist. Begründen Sie.

Aufgabe 6: Aids

Der Weltgesundheitsorganisation waren im Jahr 1981 rund 1000 Fälle von an Aids erkrankten Personen bekannt.
Diese Anzahl nahm in den 80er Jahren jährlich um ca. 60 % zu.

a) Geben Sie den Wachstumsfaktor für diese Zunahme an.

b) In welchem Jahr überstieg die Zahl der Kranken erstmals 20.000? Kreuzen Sie an.

☐ 1986   ☐ 1987   ☐ 1988   ☐ 1989

c) Im Diagramm ist die Entwicklung der Anzahl der bekannten AIDS-Fälle dargestellt.

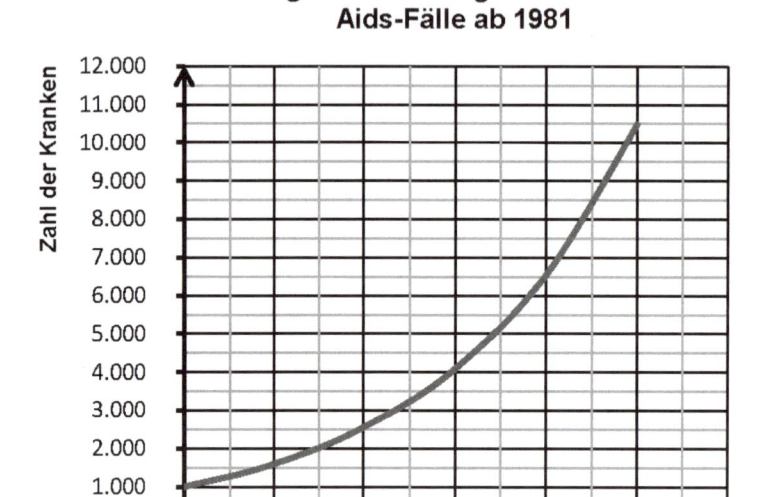

Der Weltgesundheitsorganisation bekannte Aids-Fälle ab 1981

Entscheiden Sie jeweils, ob die Aussage wahr oder falsch ist. Kreuzen Sie an.

	Aussage	wahr	falsch
1	Die Anzahl der erkrankten Personen nahm jährlich um die gleiche Anzahl zu.	☐	☐
2	Bei der Zunahme der Aids-Fälle handelte es sich um exponentielles Wachstum.	☐	☐
3	Bei der Zunahme der Aids-Fälle handelte es sich um lineares Wachstum.	☐	☐
4	Die Anzahl der Neuerkrankten stieg in jedem Jahr.	☐	☐

Aufgabe 7: Straßenbäume

Die Übersicht zeigt, dass in Berlin von 2005 bis 2009 24 753 Straßenbäume gefällt wurden.
Davon wurden 62,8 % durch neue Bäume ersetzt.

a) Geben Sie einen Berliner Bezirk an, in dem mehr Straßenbäume gepflanzt als gefällt wurden.

b) Notieren Sie unter dem Diagramm die beiden dargestellten Berliner Bezirke.
Ergänzen Sie die Säule für Steglitz-Zehlendorf.

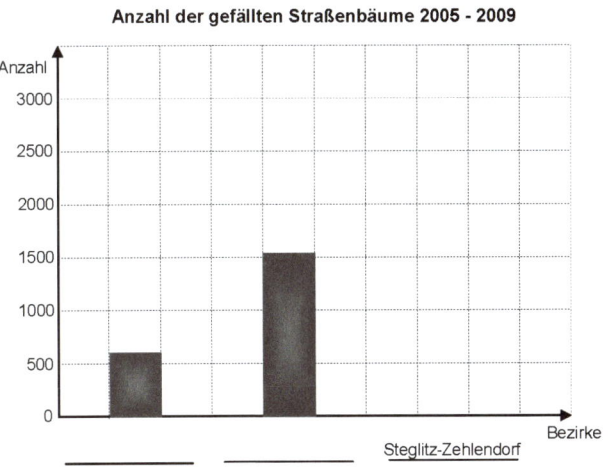

Berliner Straßenbäume
Bilanz 2005 bis 2009 nach Bezirken

	Fällungen	Nachpflanzungen in Prozent (gerundet)
Mitte	1003	213 %
Friedrichshain-Kreuzberg	856	116 %
Treptow-Köpenick	4474	82 %
Neukölln	1335	67 %
Reinickendorf	2498	65 %
Pankow	4497	56 %
Lichtenberg	1545	54 %
Tempelhof-Schöneberg	1376	51 %
Spandau	615	49 %
Marzahn-Hellersdorf	1129	43 %
Steglitz-Zehlendorf	2531	29 %
Charlottenb.-Wilmersdorf	2894	22 %
Berlin gesamt	**24 753**	**62,8 %**

Quelle: Bund für Umwelt u. Naturschutz Deutschland   Tsp/Kroupa

c) Saskia behauptet: „In Mitte wurden die meisten Bäume nachgepflanzt."
Fabian sagt: „In Treptow-Köpenick sind aber mehr Bäume nachgepflanzt worden."
- Weisen Sie durch Rechnung nach, dass Fabian Recht hat.
- Benennen Sie Saskias Denkfehler.

Aufgabe 8: Kerzenverpackung

Der Hersteller einer kugelförmigen Kerze mit dem Durchmesser 5 cm möchte die Kerze in einer neuen Verpackung anbieten.
Die Kerze soll in eine Kunststoffschachtel gestellt werden, wie es die Abbildung zeigt.

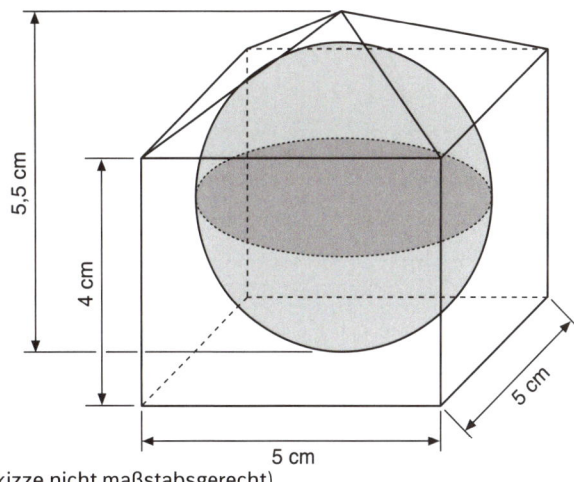

a) Vervollständigen Sie das Netz der Verpackung.

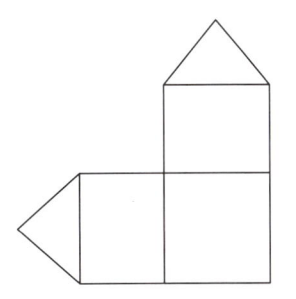

(Skizze nicht maßstabsgerecht)

b) Berechnen Sie das Volumen der kugelförmigen Kerze.

c) Um die Kerze vor Beschädigungen zu schützen, wird der Hohlraum der Verpackung mit Füllmaterial ausgepolstert.
Ermitteln Sie, wie viele Kubikzentimeter Hohlraum ausgepolstert werden müssen.

Formelsammlung

Prozentrechnung (Grundformel)	$\frac{W}{p} = \frac{G}{100}$	G: Grundwert W: Prozentwert p %: Prozentsatz
Zinsrechnung Kapital nach n Jahren Zinssatz	$K_n = K_0 \cdot \left(1 + \frac{p}{100}\right)^n$ $\frac{p}{100} = \sqrt[n]{\frac{K_n}{K_0}} - 1$	n: Anzahl der Jahre p %: Zinssatz K_n: Kapital nach n Jahren K_0: Anfangskapital
Dichte eines Stoffes	$\rho = \frac{m}{V}$	ρ: Dichte m: Masse V: Volumen
Geschwindigkeit einer gleichförmigen Bewegung	$v = \frac{s}{t}$	v: Geschwindigkeit s: zurückgelegter Weg t: benötigte Zeit
Potenzen und Wurzeln	$a^n := a \cdot a \cdot \ldots \cdot a$ (n-mal) $a^0 := 1$ $\sqrt[n]{a} = a^{\frac{1}{n}}$ für Spezialfall n = 2 gilt: $\sqrt[2]{a} = \sqrt{a} = a^{\frac{1}{2}}$ $a^{-n} := \frac{1}{a^n}$	für $a \in \mathbb{R}$, $a \neq 0$, $n \in \mathbb{N}$
Quadratische Funktionen und Gleichungen		
Scheitelpunktform der verschobenen Normalparabel	$f(x) = (x + d)^2 + e$	Scheitelpunkt: S (−d | e)
Normalform einer quadratischen Gleichung	$0 = x^2 + px + q$	$p, q \in \mathbb{R}$
Lösungsformel für quadratische Gleichungen in Normalform und zur Bestimmung von Nullstellen	$x_{1,2} = -\frac{p}{2} \pm \sqrt{\left(\frac{p}{2}\right)^2 - q}$	

Formelsammlung

Rechtwinkliges Dreieck		
Satz des Pythagoras	$c^2 = a^2 + b^2$	
Umfang	$u = a + b + c$	
Flächeninhalt	$A = \frac{1}{2} a \cdot b = \frac{1}{2} c \cdot h_c$	
Seiten-Winkel-Beziehungen	$\sin \alpha = \frac{\text{Gegenkathete von } \alpha}{\text{Hypotenuse}} = \frac{a}{c}$	
	$\cos \alpha = \frac{\text{Ankathete von } \alpha}{\text{Hypotenuse}} = \frac{b}{c}$	
	$\tan \alpha = \frac{\text{Gegenkathete von } \alpha}{\text{Ankathete von } \alpha} = \frac{a}{b}$	
Beliebiges Dreieck		
Sinussatz	$\frac{a}{\sin \alpha} = \frac{b}{\sin \beta} = \frac{c}{\sin \gamma}$	
Umfang	$u = a + b + c$	
Flächeninhalt	$A = \frac{1}{2} c \cdot h_c$ bzw. $A = \frac{1}{2} a \cdot b \cdot \sin \gamma$	
Rechteck		
Umfang	$u = 2a + 2b = 2(a + b)$	
Flächeninhalt	$A = a \cdot b$	
Diagonalen	$e = f = \sqrt{a^2 + b^2}$	
Trapez		
Mittellinie	$m = \frac{1}{2}(a + c)$	
Flächeninhalt	$A = m \cdot h = \frac{1}{2}(a + c) \cdot h$	
Kreis		
Durchmesser	$d = 2 \cdot r$	
Umfang	$u = 2 \cdot \pi \cdot r$	
Flächeninhalt	$A = \pi \cdot r^2$	

Formelsammlung

Würfel		
Grundfläche	$A_G = a^2$	
Oberfläche	$A_O = 6 \cdot a^2$	
Volumen	$V = a^3$	
Raumdiagonale	$d = a \cdot \sqrt{3}$	
Quader		
Grundfläche	$A_G = a \cdot b$	
Oberfläche	$A_O = 2ab + 2ac + 2bc$	
Volumen	$V = a \cdot b \cdot c$	
Raumdiagonale	$d = \sqrt{a^2 + b^2 + c^2}$	
Prisma (dreiseitig, gerade)	A_G = Grundfläche	
	u_G = Umfang der Grundfläche	
Mantelfläche	$A_M = u_G \cdot h$	
Oberfläche	$A_O = 2A_G + A_M$	
Volumen	$V = A_G \cdot h$	
Pyramide (quadratisch, gerade)		
Grundfläche	$A_G = a^2$	
Mantelfläche	$A_M = 2a \cdot h_s$	
Oberfläche	$A_O = A_G + A_M$	
Volumen	$V = \frac{1}{3} A_G \cdot h$	
Zylinder (gerader)		
Grundfläche	$A_G = \pi \cdot r^2$	
Mantelfläche	$A_M = 2 \cdot \pi \cdot r \cdot h$	
Oberfläche	$A_O = 2A_G + A_M$	
Volumen	$V = A_G \cdot h = \pi \cdot r^2 \cdot h$	

Formelsammlung

Kugel		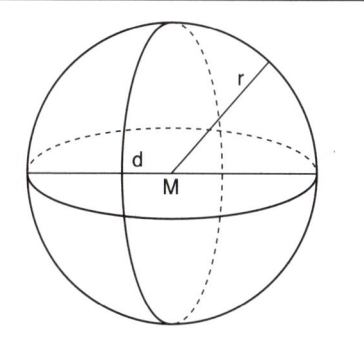
Oberfläche	$A_O = 4\pi \cdot r^2$	
Volumen	$V = \frac{4}{3}\pi \cdot r^3$	

Kegel (gerader)		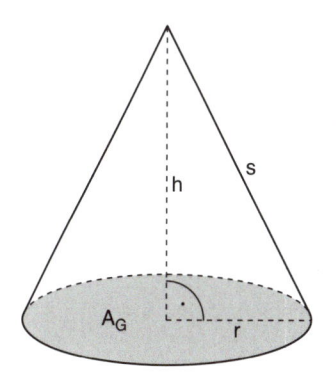
Mantellinie	$s^2 = r^2 + h^2$	
Grundfläche	$A_G = \pi \cdot r^2$	
Mantelfläche	$A_M = \pi \cdot r \cdot s$	
Oberfläche	$A_O = \pi \cdot r(r + s)$	
Volumen	$V = \frac{1}{3} A_G \cdot h = \frac{1}{3}\pi \cdot r^2 \cdot h$	

Stochastik		
Zufallsexperimente	Sind alle Ergebnisse bei einem Zufallsexperiment gleich wahrscheinlich, so gilt für ein Ereignis A: $$P(A) = \frac{\text{Anzahl der für A günstigen Ergebnisse}}{\text{Anzahl der möglichen Ergebnisse}}$$	$P(A)$: Wahrscheinlichkeit von A
Pfadregel für mehrstufige Zufallsexperimente	Produktregel: Die Wahrscheinlichkeit eines Ergebnisses D ist gleich dem Produkt der Wahrscheinlichkeiten entlang des jeweiligen Pfades im Baumdiagramm. Bsp.: $$P(D) = P_1 \cdot P_4$$ Summenregel: Die Wahrscheinlichkeiten eines Ereignisses H ist gleich der Summe der Wahrscheinlichkeiten aller Pfade, die für dieses Ereignis günstig sind. Bsp.: $$H = \{D, E\}$$ $$P(H) = P_1 \cdot P_4 + P_2 \cdot P_5$$	Baumdiagramm: 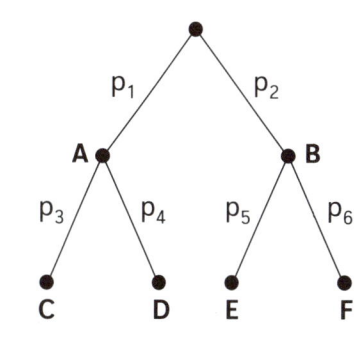

Stichwortverzeichnis

Ähnlichkeit 11, 34, 41
Achsenabschnitt 34
Anteil 6, 7, 14, 16, 36, 38, 46, 48, 55, 63
antiproportionale Zuordnung 7, 16, 37
arithmetisches Mittel 8, 20, 38

Baumdiagramm 50, 62, 67, 73, 78, 80, 87
Boxplot 49, 70, 82

Diagramm 42, 43, 46, 54, 55, 59, 63, 66, 79, 83
Dichte 47, 65, 104
Dreieck 11, 30, 75, 105
-, Flächeninhalt 9, 22, 34, 61, 71
-, Umfang 22, 37
Dreisatz 10, 16, 55, 83
Durchmesser 51, 64, 77
Durchschnitt 38, 55, 63, 83
Dynamische Geometrie-Software 11, 30, 37

Ergebnis 10, 26, 32, 41, 48, 67, 73
Ereignis 26, 32, 73

Flächeninhalt 9, 11, 24, 30, 45, 49, 61, 71, 82, 86
-, Dreieck 9, 22, 61, 71
-, Kreis 53, 80, 85
-, Parallelogramm 22, 61, 71
-, Quadrat 36, 47, 51, 53, 72, 76
-, Rechteck 6, 12, 36, 45, 61, 71
-, Trapez 57, 71
Funktion 7, 8, 11, 18, 30, 34, 37, 38, 40, 42, 58, 60, 68, 81, 83, 84
-, Graph 8, 11, 18, 30, 34, 37, 38, 40, 42, 44, 54, 58, 60

Gleichung 8, 10, 18, 26, 38, 40, 41, 49, 50, 69, 72, 82, 84, 105
Gleichungssystem 8, 22, 37
Größe 9, 10, 24, 28
Grundwert 16, 104

Halbkugel 42, 44, 53, 58
Häufigkeit 6, 14, 32, 36, 78
-, absolute 32
-, relative 6, 14, 32, 36

Jahreszinsen 7, 16, 40, 47, 50, 66, 74

Kapital 7, 16, 40, 47, 50, 66, 74, 104
Kegel 44, 53, 58, 64, 65, 72, 83, 107
Koordinatensystem 8, 9, 18, 22, 30, 34, 37, 54, 58, 81
Kosinussatz 105

Kreis 11, 28, 30, 44, 53, 57, 64, 80, 85, 106
Kreisdiagramm 6, 14, 36, 55
Kugel 53, 107
-, Oberfläche 42
-, Volumen 44, 53, 58, 64, 87

lineare Funktion 11, 18, 34
Logarithmieren 66, 68

Maßstab 43, 49, 56, 71, 75, 85
Median 8, 20, 49, 70, 82
Mittelwert (arithmetischer) 8, 20, 38

Netz 28, 41

Oberfläche 9, 24, 39, 106
-, Kegel 53
-, Kugel 42
-, Pyramide 53, 64
-, Quader 42, 53, 64, 76
-, Zylinder 10, 28, 53, 64
Ordnen 6, 12, 36, 38

Parabel 10, 18, 26, 39, 45, 60, 84
Parallelogramm 22, 61, 71
Pfadregel 46, 62, 67, 73
Potenzen 104
Prisma 39, 45, 61, 82, 106
proportionale Zuordnung 7, 16, 37
Prozent 6, 7, 10, 11, 14, 16, 28, 34, 36, 38, 39, 40, 42, 43, 44, 46, 48, 52, 55, 59, 62, 63, 68, 78, 80, 81, 87, 104
Prozentsatz 16, 59, 104
Prozentwert 16, 104
Pyramide 53, 64, 107
Pythagoras 43, 45, 56, 61, 80, 82, 85, 105

Quader 106
-, Volumen 9, 24, 39, 42, 53, 58, 61, 64, 87
-, Oberfläche 42, 53, 64, 76
Quadrat 36, 47, 51, 53, 72, 76
quadratische Funktion 8, 18, 38, 45, 50, 60, 84, 104
quadratische Gleichung 7, 18, 40, 45, 50, 60, 72, 84, 104
Quartil 49, 70, 82

Radius 10, 44, 47, 53, 57, 64, 65, 72, 83, 85
Rechteck 105
-, Flächeninhalt 6, 12, 36, 45, 61, 64, 71
-, Umfang 6, 12, 36, 53, 64

Säulendiagramm 6, 14, 46, 55, 63
Schätzen 9, 24, 51, 77, 83, 86

Schrägbild 39
Sechseck 57
Sinussatz 51, 75, 105
Spannweite 8, 20, 49, 70, 82
Steigung 18, 34, 54
Stichprobe 8, 20
Strahlensatz 11, 34, 41, 105
Streifendiagramm 6, 14, 36
Streuung 49, 70, 82

Tabellenkalkulation 7, 18, 40, 51, 76
Term 39, 69
Trapez 57, 71, 82, 106
Trigonometrie 51, 61, 75, 80, 105

Umfang
-, Dreieck 22, 37, 57
-, Kreis 44, 57, 85
-, Quadrat 36, 42, 47, 51, 53, 76
-, Rechteck 6, 12, 36, 53, 64

Verhältnisgleichung 11, 34, 41
Volumen 9, 24, 39, 47, 87
-, Kegel 44, 53, 58, 64, 65, 72, 85
-, Kugel 42, 44, 53, 58, 64, 87
-, Prisma 39, 45, 61, 82
-, Pyramide 53, 64
-, Quader 9, 24, 42, 53, 58, 61, 64, 76, 87
-, Würfel 64, 76
-, Zylinder 28, 39, 47, 53, 64, 65, 72, 83, 87

Wachstum 48, 68, 85
Wahrscheinlichkeit 10, 11, 26, 32, 38, 41, 48, 50, 67, 73, 78, 79, 87
Winkel 14, 45, 51, 57, 61, 75, 80, 82
Würfel 106
-, Volumen 64, 76
Wurzeln 104

Zahlen
-, negative 6, 12, 36
-, positive 6, 12, 36
Zahlengerade 12, 36
Zahlenrätsel 49, 69, 82
Zentralwert 8, 20, 49, 70, 82
Zinsen 7, 28, 38, 47, 50, 66, 74, 104
Zinssatz 16, 28, 66, 74, 104
Zufallsversuch 10, 26, 32, 41, 87
Zuordnung 7, 16, 40, 42, 44, 54, 79, 81, 86
Zylinder 107
-, Oberfläche 10, 28, 53, 72
-, Volumen 28, 39, 47, 53, 64, 65, 72, 83, 87